Von Fall zu Fall

Von Fall zu Fall

Antragstellung und Falldokumentation in der kognitiven Verhaltenstherapie

Barbara Rabaioli-Fischer
Sibylle Kraemer
(Hrsg.)

 PABST

Im Institut für Therapieforschung (IFT) bereits erschienen:

Lohmann, Bettina: *Effiziente Supervision*. Schneider Verlag Hohengehren, 2001.
Spies, Gabriele/Kröger, Christoph (Hrsg.): *Verhaltenstherapie und Übergewicht*. Schneider Verlag Hohengehren, 1996.

Die Deutsche Bibliothek – CIP-Einheitsaufnahme

Von Fall zu Fall . Antragstellung und Falldokumentation
in der kognitiven Verhaltenstherapie / Barbara Rabaioli-Fischer,
Sibylle Kraemer (Hrsg.).– Lengerich ;Berlin ;Bremen ;
Riga ;Rom ;Viernheim ;Wien ;Zagreb :
Pabst Science Publishers, 2002
 ISBN 3-936142-55-6

Das Werk, einschließlich aller seiner Teile, ist urheberrechtlich geschützt.
Jede Verwertung außerhalb der engen Grenzen des Urheberrechtsgesetzes
ist ohne Zustimmung des Verlages unzulässig und strafbar. Das gilt
insbesondere für Vervielfältigungen, Übersetzungen, Mikroverfilmungen
und die Einspeicherung und Verarbeitung in elektronischen Systemen.

© 2002 Pabst Science Publishers, D-49525 Lengerich

Gestaltung und Satz:satz & repro Grieb, München
Druck:Digital Druck AG, D-96158 Frensdorf
Printed in Germany

ISBN 3-936142-48-3

Inhaltsverzeichnis

Vorwort   8

Geleitwort zum Fallbuch   9

Einführung   15

Liste der Diagnosen   24

Fallberichte   25

Anhang   175

Literatur   179

Autorenverzeichnis   183

Die Autorinnen   184

Vorwort

Kennen Sie die beste Strategie, um von einem Kollegen vollstes Mitgefühl zu bekommen? Sie brauchen nur zu erwähnen, dass Sie noch vier Fallberichte schreiben müssen, um die Finanzierung Ihrer Therapien zu beantragen...

Und kennen Sie die beste Strategie, um den gesamten Neid Ihrer Ausbildungskollegen in Sekundenschnelle auf sich zu ziehen? Sie brauchen nur zu erwähnen, dass Sie alle Ihre Falldokumentationen für die Ausbildung fertiggestellt haben...

Doch was geschieht eigentlich genau, wenn ansonsten eloquente Akademiker, die allesamt schon etliche Seiten für Diplomarbeiten oder gar Dissertationen geschrieben haben, vor einem weissen Blatt sitzen, um einen Fallbericht zu schreiben? Der Stimulus »Fallbericht« löst offenbar dysfunktionale Kognitionen des antizipierten Versagens aus, die von Schweißausbrüchen und Anspannung begleitet werden, Gefühle der Hilflosigkeit machen sich breit. Ein Beobachter würde einen auf einem Bleistift kauenden und ansonsten motorisch unbewegten Menschen sehen. Was folgt, ist die Vermeidung in Form von Essen, mailen, PC-Spielen, Telefonieren und 1000 anderen Ablenkungsstrategien, die kurzfristig vom Fallbericht ablenken und die Anspannung verringern. Die langfristigen Konsequenzen sind bestens bekannt: der sogenannte »Berg« von Fallberichten wächst, Selbstzweifel stellen sich ein. Die Motivation für das Schreiben der Berichte sinkt zunehmend und das Vertrauen in die eigenen intellektuellen Leistungen auch. Der Teufelskreislauf ist perfekt.

Die Autorinnen dieses Buches haben sich die Aufgabe gestellt, diesen circulus vitious zu unterbrechen. Sie hoffen, dass sich über das Modelllernen die dysfunktionalen Gedanken verändern lassen. Als konkrete Intervention bieten sie an, die in diesem Buch zusammengestellten Fallberichte zu unterschiedlichen Störungsbildern zu lesen. Sie arbeiten dabei mit Coping-Modellen, also mit realen ungeschönten Fallbeispielen aus der Praxis von verhaltenstherapeutisch orientierten psychologischen Psychotherapeuten.

Ich hoffe, dass die Absicht der Autorinnen, Ausbildungkandidaten und Psychotherapeuten das Schreiben von Fallberichten zu erleichtern, Erfolg haben wird.

München im Februar 2002 *Christoph Kröger*

Geleitwort zum Fallbuch

Die Beschreibung des Verhaltens und Erlebens und deren Veränderungen im Verlauf der Zeit ist eine wesentliche methodische und praktische Grundlage für die Psychotherapie. Als Falldarstellung, Fallbericht (»case report«), Falldokumentation, Einzelfallstudie (»single case study«), Fallvignette dient diese Beschreibung sehr verschiedenen Aufgaben. Während die Einzelfallstudie und die Fallvignette vor allem der Entdeckung oder der Illustration besonders bemerkenswerter oder exemplarischer klinischer Phänomene dienen, müssen der Fallbericht und die Falldokumentation vornehmlich dem Alltag der psychotherapeutischen Arbeit gerecht werden.

Entsprechend sind auch die Erfordernisse und die Kriterien für eine angemessene und gute Fallbeschreibung sehr unterschiedlich: Was für eine forschungsbezogene Einzelfallstudie gilt, muss nicht für eine alltagstaugliche Falldokumentation optimal sein.

Insofern sind Einzelfallstudien als Forschungsinstrument und Falldokumentationen als Alltagsinstrument aus durchaus unterschiedlichen Blickwinkeln zu betrachten. Für die verschiedenen Aufgaben die gleichen Kriterien anlegen zu wollen, würde der Sache nicht gerecht.

Falldarstellungen in der Forschung

Falldarstellungen (Einzelfallstudien) haben im klinisch-psychologischen und psychotherapeutischen Bereich eine lange Tradition (Kazdin, 1980). Bereits Skinner hat mit seinen experimentellen Einzelfallstudien nicht nur die theoretischen Grundlagen des operanten Konditionierens untersucht, sondern auch das methodische Design für Einzelfall-Analysen vorgegeben.

Vielfach werden Einzelfalldarstellungen kontrovers diskutiert, da ihnen unterschiedliche Vor- und Nachteile zugeschrieben werden. *Vorteile* werden vor allem in folgenden Aspekten gesehen (Perst & Baumann, 1999):
- Die Kluft zwischen klinischer Forschung und Praxis lässt sich überbrücken, da Einzelfallstudien Vorgangsweisen im Detail nachvollziehbar machen und so den Transfer in die Praxis erleichtern.
- Einzelfallstudien benötigen keine homogenen PatientInnen-Stichproben, was eine Reduktion des zeitlichen und finanziellen Forschungsaufwandes zur Folge hat.
- Bei Interventionsstudien entfallen ethische Probleme insofern, als es keine unbehandelten oder wenig behandelten Kontrollgruppen gibt und die Behandlung an die jeweiligen PatientInnen angepasst werden kann.

- Bei Befunddarstellungen kann der individuelle Aspekt herausgearbeitet werden, was bei der Durchschnittsbildung von Stichproben nicht möglich ist.
- Wirksamkeitsnachweise sind in kontrollierter Form möglich, indem die Einzelperson selbst zur Kontrollperson wird.
- Einzelfallstudien können zur Generierung von Hypothesen verwendet werden.
- Mittels der Ergebnisse von Einzelfallstudien können Theorien vorläufig bestätigt oder theoretische Annahmen in Frage gestellt werden.

Es werden aber auch *Nachteile* der Einzelfallstudien erwähnt (Perst & Baumann, 1999):
- Fallstudien sind zum Teil subjektiv und unsystematisch, insbesondere wenn ein/e TherapeutIn den Heilungsprozess sowohl beobachtet als auch an ihm teilnimmt.
- Veröffentlichte Einzelfallstudien sind vermutlich nicht repräsentativ für alle durchgeführten Einzelfallstudien, da – wie in Gruppenstudien – vor allem positive Fälle berichtet werden.
- Ein weiteres Problem bei der Publikation von Einzelfalldarstellungen besteht in der Schweigepflicht und im Datenschutz. Einerseits sollten Einzelfalldarstellungen aus Datenschutzgründen modifiziert werden, andererseits benötigt man die klinischen Daten für Forschungszwecke.
- Bei Fallstudien ist vielfach die interne Validität (Schlüssigkeit) eingeschränkt, da sich dies nur mittels experimentellen Einzelfalldesigns erreichen lässt, was aber selten realisiert wird.
- Die Möglichkeit zur Generalisierung (externe Validität) ist bei Stichprobenstudien deutlich höher als bei Einzelfallstudien. Durch die Agglutination von Einzelfällen lässt sich aber dieser Einwand entkräften.

Einzelfallstudien können unterschiedlich konzipiert werden; es lassen sich inhaltliche und methodische Gesichtspunkte heranziehen:
- *Inhaltlicher Gesichtspunkt.* Bei Einzelfalldarstellungen wird seit den Sechzigerjahren zwischen Biographie und Kasuistik unterschieden (Kächele, 1981). Eine Einzelfalldarstellung kann sich zum einen auf das gesamte Leben eines Individuums beziehen, was vielfach mit dem Begriff der *Biographie* umschrieben wird. Zum anderen können in Einzelfalldarstellungen bestimmte Ausschnitte, z. B. krankheits- oder problemorientierte Aspekte einer Person im Vordergrund stehen, was als Kasuistik bzw. als *Einzelfallstudie* oder *Fallstudie* bezeichnet wird.
- *Methodischer Gesichtspunkt.* Bezüglich der angewandten Methode lassen sich Einzelfalldarstellungen nach quantitativer (mit Messung zumindest auf Nominalskalenniveau) und beschreibender (ohne Messung) Vorgehensweise

unterscheiden. Der quantitative Ansatz kann unterteilt werden in experimentelles (Daten aufgrund einer Manipulation der unabhängigen Variablen gewonnen) und in nicht-experimentelles Vorgehen (z. B. Darstellung und Diskussion eines Testprofiles bezüglich statisch signifikanter Unterschiede der Untertests).

Aus der Unterteilung der Einzelfalldarstellungen hinsichtlich inhaltlicher und methodischer Gesichtspunkte ergeben sich unterschiedliche Konstellationen:
- *Biographie:* quantitativ-nicht experimentell oder beschreibend (experimentelles Vorgehen nicht möglich).
- *Einzelfallstudie:* alle drei methodischen Varianten sind möglich, so dass wir Einzelfallexperimente, quantitative Einzelfallanalysen und Fallstudien (beschreibende Einzelfallstudie) haben (Hilliard, 1993).Die häufig verwendeten Bezeichnungen »N = 1-Studie«, Einzelfalluntersuchung und Einzelfalldiagnose stellen entweder Zwischenkategorien oder Synonyme für die hier angeführten Begriffe dar. Zur Durchführung von Einzelfallexperimenten wurden im Laufe der Zeit verschiedenste Versuchspläne entwickelt (vgl. Hayes, 1981; Hersen & Barlow, 1976; Petermann, 1996); bezüglich der Auswertung von Einzelfallexperimenten liegt eine Vielzahl an Möglichkeiten vor (vgl. Glass, Wilkson & Gottman, 1975; Huber, 1973; Petermann, 1996).

Trotz aller methodischer Bedenken sind Einzelfalldarstellungen für Forschung und Praxis wichtig. Umso erstaunlicher ist,dass diese in der klinisch psychologischen Forschung nur einen verschwindend geringen Anteil einnehmen (Galassi & Gersh,1993). Diese Tendenz wurde von Shapiro im Jahr 1966 belegt und konnte ebenso von Baumann und Scheer (1987) für die Jahrgänge 1973 und 1983 des *Journal of Consulting and Clinical Psychology* und für den Jahrgang 1973 (nicht aber 1983) der *Zeitschrift für Klinische Psychologie* nachgewiesen werden.An dieser Situation hat sich nicht viel geändert, wie Perst und Baumann (1999) gezeigt haben (s. Tabelle folgende Seite).

In einer systematischen Analyse diverser klinisch-psychologischer bzw. psychotherapeutischer Fachzeitschriften der Jahre 1992 bis 1996 beinhalten insgesamt 2,5% der publizierten Arbeiten Einzelfallstudien. Berücksichtigt man bei dieser Analyse die therapeutische Orientierung und die Publikationssprache, so wurden in den deutschsprachigen verhaltenstherapeutischen Zeitschriften mehr Einzelfalldarstellungen publiziert als in den englischsprachigen; dieses Zahlenverhältnis ist bei den psychoanalytischen Zeitschriften eher umgekehrt. In den psychoanalytischen Zeitschriften wurden die meisten Einzelfallstudien publiziert, da das Verhältnis zwischen der Anzahl der Einzelfallstudien und der Artikelanzahl etwa 1:14 beträgt, während dieses Verhältnis in den verhaltenstherapeutischen Zeitschriften ca. 1:26 und in den allgemeinen klinisch-

Überblick über Zeitschriften und Anteil der Einzelfallstudien (1992–1996)

Zeitschriftentitel	Heftanzahl	Anzahl Artikel NA f	%	Anzahl Einzelfallstudien ES f	%	Anzahl Einzelfälle f	%	ES/NA %
Zeitschrift für Klinische Psychologie	20	141	4.4	2	2.5	3	3.1	1.4
Zeitschrift für Klinische Psychologie, Psychopathologie und Psychotherapie	20	118	3.7	5	6.3	5	5.2	4.2
The Journal of Abnormal Psychology	20	407	12.6	2	2.5	2	2.1	0.5
Journal of Clinical Psychology	30	526	16.3	0	0.0	0	0.0	0.0
The Journal of Consulting and Clinical Psychology	30	685	21.2	7	8.8	9	9.3	1.0
Verhaltenstherapie	21	127	3.9	17	21.3	18	18.6	13.4
Behavior Modification	20	129	4.0	10	12.5	15	15.5	7.8
Behaviour Research and Therapy	42	498	15.4	8	10.0	15	15.5	1.6
Cognitive Therapy and Research	30	196	6.1	1	1.3	1	1.0	0.5
Psyche	60	215	6.7	12	15.0	12	12.4	5.6
Journal of the American Psychoanalytic Association	20	184	5.7	16	20.0	17	17.5	8.7
Summe	**313**	**3226**	**100.1**	**80**	**100.2**	**97**	**100.2**	**2.5**

psychologischen Zeitschriften ca. 1:177 ausmacht. Insgesamt gesehen stellen Einzelfalldarstellungen für die Forschung eine eher seltene wissenschaftliche Form dar.

In neuerer Zeit haben Einzelfallstudien in der Forschung vermehrt Beachtung gefunden, als sie bei dem Konzept der *empirisch validierten Therapieverfahren* (empirically validated/supported treatments) als Beleg den Gruppenstudien gleichgestellt wurden, sofern sie den erforderlichen methodischen Gesichtspunkten genügen (Chambless & Ollendick, 2001). Die Möglichkeiten und die Bedeutung von systematischen Analysen des Einzelfalls für die Begründung effektiver und kostengünstiger psychologischer Therapien im Gesundheitsversorgungssystem wurden kürzlich erneut betont (Morgan & Morgan, 2001).

Falldokumentationen in der Ausbildung und Praxis

Die eher stiefmütterliche Behandlung von Einzelfallstudien steht im Kontrast zu der Praxis. Fallarbeiten sind im Studium wesentliche Elemente der Ausbildung in Praxisfeldern. Allerdings können Falldokumentationen über Planung und Verlauf einer Therapie im Gesamtrahmen des Studiums allein aus Zeitgründen nur eine untergeordnete Rolle spielen, im Gegensatz zur postgradualen Ausbildung und psychotherapeutischen Tätigkeit. Und auch hier stellt die Ausbildung andere Anforderungen als die psychotherapeutische Tätigkeit im Alltag.

In der psychotherapeutischen Ausbildung sollen Falldokumentationen vor allem dazu dienen, ein rational begründetes therapeutisches Vorgehen zu planen und den Verlauf und das Ergebnis einer Therapie kritisch evaluieren zu können. Sie sind die Basis für Supervision, aber auch Elemente von Examen. Eine Falldokumentation wird hierbei ausführlicher und differenzierter sein müssen, als es später der therapeutische Alltag erfordert.

In der alltäglichen therapeutischen Tätigkeit dient die Falldokumentation vor allem der fachlichen Verständigung. Als besonders kritisch wird unter den gegebenen gesetzlichen Bedingungen die notwendige Verständigung mit einem Gutachter über die Angemessenheit eines Therapieplans gesehen. Ein Gutachter muss möglichst ökonomisch davon überzeugt werden, dass die Art und der Umfang der geplanten Psychotherapie der Problemlage eines Patienten angemessen ist. Im Sektor des Kassen- und Versicherungswesens stellen daher Falldarstellungen ein zentrales Element des klinischen Alltags dar, da durch diese Falldarstellungen die finanzielle Basis der Praktiker und Praktikerinnen gewährleistet wird.

Im klinischen Alltag werden Falldarstellungen für verschiedene weitere Zwecke erstellt: Gutachten für Gerichte etc.; Arztbriefe; Dokumentationsunterlagen; Fallkonferenzen in Institutionen etc. Um so erstaunlicher ist es, dass Bücher mit Falldarstellungen eher selten vorgelegt wurden. (Als Beispiele seien genannt: Eysenck, 1976; Freeman & Dattilio, 1992; Last & Hersen, 1994; Reinecker, 1995; Scott, Williams & Beck, 1989; Strotzka, 1979; Vogel, Merod, Stark, Strauß & Zilly, 1994). Zu erwähnen sind dabei auch die Fallbücher zu den Diagnoseschemata ICD-10 und DSM-IV (Freyberger & Dilling, 1993; Spitzer, Gibbon, Skodol, Williams & First, 1994). Bisher liegen aber kaum Bücher vor, die das Thema Fallarbeit methodisch zum Inhalt haben. Auch der vorliegende Band erfüllt diese Forderung nicht.

Er füllt aber insofern eine Lücke, als Beispiele vorgelegt werden, für die die Behandlung im gutachterlichen Verfahren der kassenärztlichen Bundesvereinigung genehmigt worden ist.

Bemerkenswert an diesen Falldokumentationen ist vor allem, dass beispielhaft sehr unterschiedliche Verläufe differenziert dargestellt werden, und dass nicht nur »glatte« idealtypische Diagnosen ausgewählt wurden. Damit liegt also keinesfalls ein Rezeptbuch für Falldokumentationen vor, sondern vielmehr ein anschauliches Arbeitsmaterial mit Beispielen und vielfältigen Anregungen. Bei den vorliegenden Fällen werden aber auch immer wiederkehrende Schwierigkeiten sichtbar, insbesondere wenn es um die Verhaltens- oder Problemanalyse geht. Darin spiegelt sich allerdings auch der Stand der Diskussion, in der es schwer fällt, theoretisch akzeptable und gleichzeitig für den therapeutischen Alltag praktikable Konzepte zu finden. Trotz vielfältiger und immer komplizierter werdender Vorschläge (Caspar, 1996; Schulte, 1999) erscheinen hierfür noch konzeptuelle Klärungen (Haynes & O'Brien, 1990) und praktikable Verbesserungen wünschenswert. Immerhin liefert die Darstellung von Bartling, Echelmeyer, Engberding und Krause (1992) zumindest für die Ausbildung einen brauchbaren Ansatz. Auf jeden Fall sollte in der Ausbildung die Problem- oder Verhaltensanalyse weiterhin ein Schwerpunktthema darstellen, da sie ein zentrales Element der Falldokumentation darstellt. Im weiteren fällt bei der Darstellung von Therapieverläufen auf, wie schwierig es – und sei es nur hypothetisch – offensichtlich ist, die positiven Veränderungen bei den Patienten auf spezifische Wirkfaktoren oder Mechanismen zurückzuführen. Gerade Überlegungen dazu, was von den komplexen Maßnahmen in einem speziellen Fall in welcher Weise wirkt (oder fehlschlägt), ist für die weitere Arbeit in der Praxis wichtig.

Mit den vorliegenden Falldarstellungen wird erstmals Einblick in das Handwerk der psychologischen Psychotherapie gegeben, indem keine »geschönten« Falldarstellungen vorgelegt werden. Es ist zu hoffen, dass dieser Band zu weiterführender methodischer und inhaltlicher Fachliteratur anregt, die der Fallarbeit gewidmet sind.

Den beiden Herausgeberinnen – Frau Barbara Rabaioli-Fischer und Frau Sibylle Kraemer – beide mit langjähriger Erfahrung in freier Praxis bzw. in der Psychiatrie – haben dieses Buch vor allem aufgrund der Erfordernisse zusammengestellt, die sich in der psychotherapeutischen Aus- und Weiterbildung immer wieder als besonders schwierig erweisen. Ihnen sei an dieser Stelle für ihren Wagemut und ihre Beharrlichkeit gedankt, ein Praxisbuch mit all seinen damit verknüpften Vor- und Nachteilen herauszugeben. Mit ihrem Buch wird ein wichtiger Beitrag zur Qualitätssicherung (Laireiter & Vogel, 1998) geleistet, da das Handeln in der psychotherapeutischen Ausbildung und Praxis und damit auch im Kassenwesen ein Stück transparent gemacht wird. Wir wünschen daher dem Buch viele Leserinnen und Leser, die durch die Falldarstellungen Anregungen für ihren klinischen Alltag finden.

Februar 2002, Urs Baumann und Heiner Ellgring

Einführung

Die Motivation für dieses Fallbuch entwickelte sich durch unsere Tätigkeit als Ausbilderinnen in der Verhaltenstherapie. Die Ausbildungskandidaten baten uns immer wieder darum, sie beim Schreiben der Fallberichte auch dadurch zu unterstützen, dass wir ihnen Berichte von Kollegen als Musterfälle vorlegen sollten. Dies führte dazu, die Fallberichte zu sammeln, die wir als sinnvolle und gute Modelle ansahen. Es ging uns hierbei jedoch nicht darum, absolut perfekte Fallberichte zu präsentieren. Solche sind wegen unterschiedlichster Perspektiven und Gewichtungen nicht möglich. Die Ausbildungsinstitute und jeder Ausbilder legen jeweils Wert auf unterschiedliche Schwerpunkte und schlagen entsprechend verschiedene Gliederungen oder Vorgehensweisen vor. Es ging uns auch nicht darum, die Ausbildungskandidaten unnötig zu ängstigen, indem wir einen neuen kognitiven Irrtum in die Welt setzen. Das wäre eben die Vorstellung, dass perfekte Fallberichte machbar sind. Da die Berichte, abgesehen vom Therapieverlauf, ja bereits nach der vierten oder fünften Therapiesitzung erstellt werden, beinhalten sie immer eine bis dahin getroffene Auswahl von Informationen über die Patienten, die von beiden Seiten subjektiv vorgenommen wird. Diese Selektion von Information ist nicht nur durch das nonverbale und verbale Verhalten der Therapeuten, sondern natürlich auch davon geprägt, was die Patienten zunächst berichten mögen. Erst nach Abschluss der Therapie kann wahrscheinlich beurteilt werden, was wirklich relevant war und auch dann bleibt oft noch ein Rest an Unsicherheit. Im Sinne der Toleranz gegenüber Ambiguität sollten wir das akzeptieren.

Außerdem kennen wir die individuell unterschiedliche Art wie Patienten über sich und ihre Problematik erzählen – von völlig verschlossenen bis hin zu ausufernd in vielen Details erzählenden Personen. Da wir gerade zu Beginn der gemeinsamen Arbeit den Schwerpunkt auf eine tragfähige Beziehung legen, geben wir den Patienten anfangs auch möglichst viel Raum, sich spontan zu entfalten.

Dieses Vorgehen liefert uns Informationen über den Interaktionsstil des Patienten und damit zu einem ebenfalls wichtigen Teilbereich der Problematik. Deshalb ist ein Wechsel zwischen Lenkung durch gezielte Fragen zu Symptomatik, Krankheitsanamnese und Biographie und nicht-direktiver Gesprächsführung gerade in den ersten Sitzungen sinnvoll.

Wir hoffen, dass dieses Praxisbuch Ausbildungskandidaten positive Anregungen für die Falldokumentation geben kann. Sie sollen Modelle erhalten, die

---

Wir bitten die Leserinnen dafür um Verständnis, dass im Text der besseren Lesbarkeit halber überwiegend die männliche Form verwendet wird.

als Gerüst dienen, Ideen für die eigenen Berichte anregen und so das eigene Schreiben erleichtern. Wir wollen aber auch erfahrene niedergelassene Kollegen ansprechen, da wir vielfach gehört haben, dass ein Therapieantrag höchst ungern formuliert wird. Unsere Vorlagen und Hilfen können vielleicht sogar diesen Kollegen die Arbeit erleichtern, zumal selbst in Fallberichten in Fachzeitschriften, wie z. B. der »Verhaltenstherapie«, Ungenauigkeiten zum Beispiel in der Verhaltensanalyse, dem wirklich schwierigen Herzstück der Verhaltenstherapie, zu finden sind.

Bezogen auf die Auswahl der Fälle haben wir uns nach bestimmten Kriterien gerichtet:
1. Als Gliederung haben wir grundsätzlich das von der Kassenärztlichen Vereinigung vorgegebene System (Version Januar 2000) verwendet. Damit wollen wir verhindern, dass die Ausbildungskandidaten durch variierende Gliederungen zusätzlich in Entscheidungskonflikte kommen. Außerdem ist diese Gliederung bundesweit obligatorisch für niedergelassene Verhaltenstherapeuten. Wenn Interesse an anderen Konzeptualisierungen besteht, ist z. B. das interessante Fallbuch der DGVT (Vogel et al. 1994) oder das Fallbuch von Reinecker (1999) zu empfehlen (s. a. Geleitwort von Baumann und Ellgring).
Wir selbst vermissen in dieser Gliederung die spezielle Würdigung der Interaktionsanalyse. Es erscheint uns sehr wichtig, das Augenmerk auf die therapeutische Beziehung zu lenken, wenn diese auch nicht der einzige Wirkfaktor ist (s. z. B. Scholz, 1994; Zimmer, 1983). In der Sichtweise der therapeutischen Beziehung besteht eine hohe Varianz. Wir legen Wert darauf, dass eine »gute« therapeutische Beziehung nicht mit einer »freundschaftlichen« Beziehung verwechselt wird, dass diesbezügliche Interventionen (wie z. B. Validierung von Emotionen, emotionale Unterstützung, Verstärkung, Ressourcenorientierung) und Therapieprozess (z. B. Klärung, Problemfokussierung) reflektiert werden. Eine sogenannte »gute Beziehung« sollte als Voraussetzung, aber nicht als einziger Wirkfaktor gesehen werden. Bei schlecht verlaufenden Therapien sollte die Attribution differenziert betrachtet werden, d. h. dass nicht nur die Patienten als beziehungsunfähig oder unmotiviert erklärt werden, denn dies macht nach Kottler & Blau (1991) nur 10% der Varianz aus. Weiterhin sind auch geschlechtsspezifische Aspekte der Interaktion im Auge zu behalten (s. Bergin & Garfield, 1994).

2. Als Klassifikationssystem wurde, wie bundesweit vorgeschlagen, der ICD-10 Schlüssel benutzt. Einzelne Institute legen Wert auf die Klassifikation nach DSM IV. Beide Systeme sind aber so ähnlich, dass Missverständnisse in den diagnostischen Zuordnungen kaum auftreten können.

3. Wir haben versucht, Fälle möglichst aller großen Diagnosegruppen einzubringen. Bei der Auswahl der Fälle haben wir darauf geachtet, dass es sich um schwerer gestörte Patienten (meist mit mehreren Diagnosen) handelt und nicht etwa um einfache Phobien. Die Reihenfolge der Fälle wurde entsprechend den Erstdiagnosen nach der ICD-10 geordnet.

4. Zur Sicherheit haben wir nur solche Fallberichte verwendet, die von einem von der Kassenärztlichen Bundesvereinigung (KBV) zugelassenen Gutachter genehmigt wurden. Die Berichte erfüllen nach Durchsicht eines KBV-Gutachters – so ist anzunehmen – die Mindestkriterien. Dabei kann jedoch nicht davon ausgegangen werden, dass die Gutachter der KBV einen gemeinsamen Nenner für die Darstellung vertreten. Deshalb haben wir Wert darauf gelegt, dass verschiedene Gutachter tätig wurden.
In diesem Zusammenhang waren für einen Gutachter zwei Fälle wegen der Diagnose (organisch begründbare Demenz mit progredientem Verlauf) und dem daraus resultierenden Mangel an Veränderungsmöglichkeiten problematisch. Es handelte sich dabei um ältere demente Patienten, die der Gutachter besser in rein neuropsychologischen Trainings angesiedelt gesehen hätte. Wir meinen, dass dieses Problem allgemein-gesellschaftliche und insbesondere für die Berufsgruppe der Psychotherapeuten relevante Bereiche berührt. Wir sind der Auffassung (s. a. Ehrhardt et al. 1999), dass auch diesen Patienten die Möglichkeit gegeben werden sollte, ihre Erkrankung vielleicht zu mildern, aufzuschieben und die noch verbleibende Lebensqualität zu verbessern und das Verhalten der Angehörigen günstig daran anzupassen. Diese komplexeren Ziele gehen über ein sicher wichtiges neuropsychologisches Training hinaus und erfordern hohe psychotherapeutische Kompetenz.

5. Im Kontext dieser geschilderten Einstellung sind auch Therapien von älteren Patienten leider unterrepräsentiert. Dazu schreibt z. B. Hautzinger (1999, S. 360f): »Es ist unverändert eine Tatsache, dass eine Art »Indikationszensur« hinsichtlich psychotherapeutischer Behandlungen älterer und alter Menschen herrscht (weniger als 1 % aller Psychotherapiepatienten ist über 60 Jahre alt (Linden et al.1993). Die Ursachen der psychischen Erkrankungen werden bei älteren Patienten viel eher in organischen und irreversiblen Faktoren gesehen als bei jüngeren Patienten. Entsprechend wird in unberechtigter Weise angenommen, dass die Erfolgsprognose schlecht sei, da selbst erworbene Muster als so überlernt angesehen werden, dass eine Veränderung in der verbleibenden Lebenszeit nicht mehr gelingen könne. Trotz der inzwischen vorliegenden gerontologischen Forschungsergebnisse (z. B. Lehr & Thomae 1987; Mayer & Baltes 1996) zur fortbestehenden Kompetenz und Plastizität im Alter gelingt eine Abkehr vom Defizitmodell des Alterns nur mühsam.

Dabei sind es nicht nur die Kliniker, die den überholten Vorurteilen anhängen. Auch viele ältere Menschen selbst wissen von den Möglichkeiten nichts oder trauen sich nicht, sie in Anspruch zu nehmen. Trotz der Bereitschaft von Psychotherapeuten, ältere Patienten zu behandeln, suchen diese auch nicht um die verfügbaren Möglichkeiten nach (Zank & Niemann-Mirmehdi, 1998).«

Es ist also wichtig, ältere Menschen anzusprechen, auf sie zuzugehen, ihnen den Weg in eine indizierte Psychotherapie zu erleichtern. Hautzinger (1999) zeigt dies beispielhaft mit seinem Projekt einer Gruppentherapie für ältere depressive Patienten. In diesem Buch sind drei Beispiele zur Behandlung älterer Patienten dargestellt.

6. Alle Fälle sind anonymisiert. Darüber hinaus haben wir bestimmte, für das Verständnis des Falles allerdings irrelevante Merkmale und Daten verändert, so dass ein Wiedererkennen nicht möglich ist. Nach ethischen Kriterien (Reiter-Theil, mündliche Mitteilung, 1999) ist diese Form der zusätzlichen Anonymisierung ausreichend.

7. Wo nicht anders erwähnt, wurden die Behandlungen ambulant – entweder in einer Klinik- oder Instituts-Ambulanz oder in einer psychotherapeutischen Praxis – durchgeführt.

8. Zuletzt noch: Wir haben viele gute Fallberichte von unseren Ausbildungskandidaten zur Auswahl gehabt. Sie entsprachen aber entweder nicht ausreichend den Gliederungskriterien, waren viel zu lang oder wären schwer zu anonymisieren gewesen, ohne dass relevante biographische Inhalte verloren gegangen wären. Wir als Herausgeberinnen haben auch je ein Fallbeispiel zur Verfügung gestellt. Bezüglich der Gliederung haben wir darauf geachtet, dass möglichst immer alle Punkte enthalten sind. Innerhalb dieser Themen haben wir jedoch individuelle Freiheiten gelassen. So ist z. B. die Verhaltensanalyse bei manchen Kollegen ausformuliert, bei manchen formal entsprechend dem S-O-R-K-C-Modell dargestellt. Inhaltlich wurden alle Verhaltensanalysen natürlich nach den Regeln der Kunst ausgearbeitet.

Eine andere Variante stellt die Literatur dar, die bei einigen Fällen zitiert wurde, bei anderen nicht. Für eine Antragstellung an die KV ist dies nicht erforderlich. Manche Ausbildungsinstitute legen allerdings Wert darauf und wir haben dies individuell belassen.

Ebenfalls unterschiedlich wurde in den Berichten die Dokumentation mit Erhebungsinstrumenten gehandhabt. Zusammen mit den meisten Ausbildungsinstituten finden wir eine quantifizierende Dokumentation, wenn sie spezifisch ist, sowohl als zusätzliche Information für die Therapeuten als auch als Rückmeldemöglichkeit für die Patienten selbst, sinnvoll. Allerdings ist sie von der KBV nur erwünscht, aber nicht explizit erforderlich.

Auf eine spezielle Würdigung der einzelnen Fallberichte haben wir – auch im Vertrauen auf die Urteilsfähigkeit der Leser, die die Berichte sicherlich unterschiedlich gewichten werden – verzichtet, da unsere Auswahlkriterien auf alle zutreffen.

Zusammenfassend ist unser Anliegen, den Ausbildungskandidaten Hilfen für die Dokumentation ihrer Fälle zu vermitteln und trotzdem auch die Antragstellung an die Kassenärztliche Vereinigung dabei zu berücksichtigen. Deshalb zuletzt noch einige Anmerkungen dazu:

Die Antragstellung im Rahmen der kassenärztlichen verhaltenstherapeutischen und natürlich auch tiefenpsychologisch-analytischen Praxis wird durchaus auch kritisch bewertet (s. z. B. Köhlke, 1998).

Wir halten jedoch die Anträge besonders im Hinblick auf die kritische Reflexion der Patienten, ihrer Lerngeschichte und Problematik sowie der daraus resultierenden Behandlungsziele und Behandlungsverfahren für fruchtbar. Weiter ist es für den Lernprozess zur Verhaltenstherapeutin wichtig, wenn gefordert wird, sich nach den probatorischen Sitzungen nochmals einer schriftlichen Auseinandersetzung mit den Patienten zu unterwerfen. Ausbildungskandidaten (sicher auch erfahrenere Kollegen) erleben oft, dass sie gerade dabei erst bemerken, welche Inhalte sie nur theoretisch, aber noch nicht praktisch verstanden haben, welche Informationen zum Patienten noch fehlen oder, daß sie nicht wissen, wie sie das Erfasste darstellen sollen. Durch den Bericht sind sie gefordert, sich selbst oder den kollegialen Supervisoren relevante Fragen zu stellen. Dies führt dazu, dass auch die Patienten in die Reflexion über ihre Problematik miteinbezogen werden. Die Therapeuten selbst schildern diesbezüglich, dass dieser Prozess auch gleichzeitig die Klärung und verbesserte Strukturierung der Therapieplanung und -durchführung bewirkt. Bast (1996) und Tonscheidt (1994) gehen sehr differenziert auf die Belange der Entlassungsberichte für das stationäre Setting ein und geben gute Anregungen, die für die Erstellung von Anträgen auch im ambulanten Bereich nützlich sind (s. a. Sulz, 2000).

Da sich unser Buch in erster Linie an Ausbildungskandidaten richtet, ist in allen Beispielfällen zusätzlich der Behandlungsverlauf berücksichtigt worden. Grundsätzliche Richtlinien, die für die Darstellung gelten, sind folgende:

Der Behandlungsverlauf ermöglicht den Ausbildungskandidaten nach der Durchführung der Behandlung noch einmal deren abschließende Bewertung bzw. Reflexion. So werden Überlegungen angeregt z. B. hinsichtlich der oft schwierigen Motivierung, hinsichtlich des Problemfokus oder auch hinsichtlich des Timings bestimmter Interventionen. Darüber hinaus kann der Verlauf Anlass geben, weitere Wirkfaktoren zu analysieren, wie etwa die therapeutische Interaktion, Ressourcenorientierung oder Erreichung von Selbstmanagement. Es kann reflektiert werden, welche konkreten Interventionen sich weshalb als besonders wirksam oder unwirksam erwiesen haben. Weiterhin geht es darum, festzuhalten, welche Veränderungen sich aus der Therapie im sozialen, beruflichen und privaten Lebensalltag der Patienten ergeben haben, wie diese von ihnen wahrgenommen wurden und ob sie ihren Veränderungsprozess in den Alltag integrieren konnten (Transfer). Schließlich zählt auch die Einbeziehung von wichtigen Bezugspersonen zur Therapie. Sind diese genügend und frühzeitig genug berücksichtigt worden? Die Darstellung des Behandlungsverlaufs soll die Ausbildungskandidaten natürlich auch in ihren Lernprozessen unterstützen. Zum Beispiel: Welche Interventionen beherrsche ich gut, welche Schwierigkeiten in der Therapie sind durch mich selbst als Person, welche durch fehlendes Wissen oder fehlende Kompetenzen verursacht und wo liegen meine Stärken? Die differenzierte Analyse des Behandlungsverlaufs ist besonders bei Therapieabbrechern und sogenannten gescheiterten Therapien wichtig. Sie ermöglicht in Ruhe eine Rückschau auf die einzelnen Schritte, die zum Scheitern geführt haben könnten. Sie gibt auch den Supervisoren Anregungen für die Arbeit mit den Kandidaten, da sie »Kunstfehler« der Supervision verdeutlichen kann.

Leitfaden zur Antragstellung

Der Gutachter Dr. D. Schwarz hat für Ausbildungskandidaten einen Leitfaden und Kommentar zur Erstellung des Antrags (VT 3a im Gutachterverfahren) verfasst, den wir in von uns überarbeiteter Form hier zugrundelegen.

Der Umfang des Berichts sollte ca. drei bis vier Din-A-4-Seiten umfassen. Allerdings kann der Bericht während der Ausbildung, also noch ohne Routine, ein wenig ausgedehnt werden. (Unsere hier vorliegenden Anträge bzw. Falldokumentationen sind zum Teil ausführlicher, zum Teil relativ knapp beschrieben. Aber alle sind, wie schon erwähnt, begutachtet und anerkannt worden.) Die einzelnen Unterpunkte zum Erstantrag sind hintereinander in Beziehung zu setzen. In den Punkten 1 bis 4 sind im wesentlichen die Informationen aus Angaben der Patienten und aus Beobachtungen darzustellen. Punkt 5, die Verhaltensanalyse, beinhaltet eine Interpretation dieser Informationen auf lerntheoretischer Basis. Sie dient desweiteren zur Entwicklung der Therapieziele und des Behandlungsplans. Nun zu den einzelnen Punkten des Antrags:

1. Angaben zur spontan berichteten und erfragten Symptomatik

Die Darstellung der Symptomatik soll relativ kurz gefasst sein. Sie soll eine konkrete Vorstellung von der Person der Patienten vermitteln und die wesentlichen geklagten Beschwerden ohne Interpretation enthalten. Wesentliche, konkrete Äußerungen der Patienten, so z. B. »ich halte das Leben nicht mehr für lebenswert, ich weiß nicht mehr, wie es weiter gehen soll, die Zwänge haben mich total im Griff, ich muss endlich eine Lösung für meine vielen Probleme finden« sollen zitiert werden. Es ist jedoch nicht erforderlich, die gesamte Symptomatik hier bereits wiederzugeben.

2. Lebensgeschichtliche Entwicklung des Patienten und Krankheitsanamnese

Die lebensgeschichtliche Entwicklung und Krankheitsanamnese der Patienten soll insoweit dargestellt werden, als sie für die geplante Therapie relevant sind. Die Darstellung soll deskriptiv sein und sich auf die vermittelten Informationen beschränken, während die lerntheoretische Interpretation unter Punkt 5 Verhaltensanalyse, stattfindet.

Bei der Darstellung der Krankheitsanamnese ist auch auf frühere Verstärkungsbedingungen, Modelllernen, Bewältigungsfertigkeiten und spezifische behindernde Entwicklungsbedingungen, die für die Entstehung der Erkrankung wesentlich sind, einzugehen. Sollten bereits früher psychotherapeutische Behandlungen erfolgt sein oder schwerere andere Erkrankungen vorhanden sein, sollten diese kurz erwähnt werden, auch mit ihren Folgen für die jetzige Behandlung.

3. Psychischer Befund zum Zeitpunkt der Antragstellung

Grundsätzlich gilt auch hier, Bewertungen zu vermeiden. Dagegen soll eine möglichst gute Verhaltensbeobachtung der Patienten in ihrer Interaktion in der therapeutischen Situation dargelegt werden. Neben der intellektuellen Leistungsfähigkeit, die entweder global eingeschätzt oder natürlich besser mit testpsychologischen Befunden erhärtet werden kann, sind des weiteren die psychopathologischen Merkmale und Defizite aufzuführen, da diese für die Behandlung relevant werden können.

4. Somatischer Befund

Der somatische Befund wird von dem von den Patienten gewählten Konsiliararzt erstellt. Hierzu wurden in den letzten Jahren häufig neue Vordrucke von der Kassenärztlichen Vereinigung erstellt. Somit ist von den psychologischen Psychotherapeuten lediglich auf den Konsiliarbefund hinzuweisen. Dabei muss beachtet werden, dass in besonderen Fällen eine Stellungnahme zu den Befunden gewünscht wird, soweit sie für die Psychotherapie relevant sind (z. B.

Laborbefunde bei Alkoholproblematik oder Stoffwechselstörungen, Aussagen zur Prognose bei schweren Unfällen).

5. Verhaltensanalyse

Die Verhaltensanalyse gliedert sich in vier Teile. Erstens erfolgt eine Darstellung des Problemverhaltens auf den vier Verhaltensebenen Motorik, Kognition, Emotion und Physiologie. Die Motorik, häufig missverstanden, stellt die Handlungsebene dar (also nicht: »zittert, ist unruhig«, dies gehört zur Psychophysiologie oder in den psychischen Befund, sondern: »verlässt den Raum, ist unfähig, weiter zu sprechen, vermeidet Kontakte, kontrolliert die Wohnung«). Zweitens sollen dezidiert Verhaltensexzesse und Verhaltensdefizite benannt werden, die für die Therapieplanung relevant sind. Drittens wird im Rahmen des klassischen SORKC-Modells die Schilderung der Bedingungs- und Funktionsanalyse gefordert. In diesem Abschnitt soll die Abhängigkeit des Verhaltens von auslösenden und aufrechterhaltenden Bedingungen herausgearbeitet werden. Interessant ist auch darzustellen, in welchen Situationen das problematische Verhalten nicht auftritt. Wenn möglich, sollte die Schlüsselsituation, in der das Verhalten zum ersten Mal aufgetreten ist, herausgearbeitet werden. In der O-Variable sind sowohl unveränderbare organische (z. B. Diabetes; Hirnorganizität) als auch in der erweiterten Konzeption übergreifende, habituelle Kognitionen bzw. Persönlichkeitszüge bzw. Programmbedingungen (z. B. wenn ich nicht perfekt bin, bin ich nichts wert) enthalten. Bei Mehrfachdiagnosen sollte versucht werden, getrennt für die einzelnen Verhaltensbereiche eine Verhaltensanalyse zu erstellen. Auch die Zusammenhänge der Problembereiche untereinander sind relevant. Sie sollen herausgearbeitet werden. Weiterhin ist es sinnvoll, kurz- und langfristige Konsequenzen getrennt darzustellen. Manchmal führen bestimmte Konsequenzen zur Auslösung einer erneuten gestörten Verhaltenskette, so dass ein Circulus vitiosus entsteht. Viertens sollte die Bedingungs- und Funktionsanalyse aus der Lebensgeschichte ableitbare Dispositionen für die aktuelle Störung enthalten (z. B. Modelllernen bei überängstlicher Mutter, mangelnde Entwicklung von Copingfähigkeiten). Es sollte deutlich werden, weshalb dieses Verhalten jetzt aktualisiert und durch welche Bedingungen (positive und negative Verstärkungsprozesse) es aufrechterhalten wird. Zuletzt sollten auch die intraindividuellen (z. B. Vermeidung, Kompensation von Defiziten) und die interaktionellen (Signalfunktion des Symptoms auf das soziale Umfeld) Auswirkungen der Symptomatik beschrieben werden.

6. Diagnose zum Zeitpunkt der Antragstellung

Inzwischen wird überall die Klassifikation nach ICD-10 verlangt.

7. Therapieziele und Prognose

In diesem Abschnitt wird auf die Frage: »Was soll verändert werden?« eingegangen. Dabei kann auf lang- und kurzfristige Therapieziele oder auf die Gewichtung, die der Patient angibt, eingegangen werden. Interessant ist auch, wenn unterschiedliche Therapieziele von Patient und Therapeut benannt werden und welche Regelung in der Therapie gefunden werden konnte.

Prognose: Die Prognose ist unter Berücksichtigung empirischen Wissens über prognostische Variablen der jeweiligen Störung zu beurteilen, wie z. B. Dauer, Schweregrad, Komorbidität, Persönlichkeitsvariablen, soziales Netzwerk sowie bisherige Therapieversuche. Es ist natürlich sinnvoll, im Rahmen prognostischer Einschätzungen auch auf die Motivation und die Compliance bzw. Kooperation der Patienten einzugehen. Auch die Belastbarkeit der Patienten, soweit sie in dieser Anfangszeit beurteilt werden kann, ist wichtig.

Behandlungsplan

Bei der Darstellung des Behandlungsplans geht es um die Herausarbeitung der konkreten Methoden/Interventionen, mit denen die Therapieziele erreicht werden sollen. Bei der Benennung der Interventionen ist darauf zu achten, dass der Behandlungsplan aus den Angaben zur Symptomatik und aus der Verhaltensanalyse ableitbar ist. Wichtig ist, die Darstellung individuell auf die Patienten abzustimmen und nicht lediglich verschiedene Standard-Interventionen aufzuzählen. So sind z. B. mehrstündige Sitzungen zur Exposition ebenso zu begründen wie eine vorläufige Planung der Behandlungsfrequenz oder warum Systematische Desensibilisierung und nicht In-vivo-Konfrontation durchgeführt werden soll.

Der Kommentar bzw. die Leitlinien zur Erstellung des Berichts sind hoffentlich eine zusätzliche Stütze bei der Erstellung der Anträge. Wir wünschen unseren Leserinnen und Lesern, dass sie von diesem Fallbuch profitieren mögen und mutiger werden, ihre Fallberichte rascher in Angriff zu nehmen.

Barbara Rabaioli-Fischer und Sibylle Kraemer

Danksagung: Wir möchten uns ganz herzlich bei den Ausbildungskandidatinnen und Kolleginnen dafür bedanken, dass sie uns ihre Fälle zur Verfügung gestellt haben. Herrn Prof. Dr. U. Baumann, Herrn Prof. Dr. H. Ellgring, Herrn Dipl. Psych. H. Vollmer sowie Herrn Dr. C. Kroeger gebührt großer Dank für die Durchsicht des Manuskripts und wertvolle Anregungen und Kommentare.

Liste der Diagnosen

Fall **A** Abhängigkeitssyndrom bei Alkoholgebrauch (F10.2)/
Selbstunsichere Persönlichkeit (F60.6)

Fall **B** Abhängigkeitssyndrom bei Alkoholgebrauch (F10.2)/
Posttraumatische Belastungsstörung (F43.1)/mittelgradige
depressive Episode (F32.1)

Fall **C** Paranoide Schizophrenie (F20.0)/Anpassungsstörung (F43.2)

Fall **D** Paranoide Psychose (F 20.0)/Agoraphobie (F 40.0)/
Posttraumatische Belastungsreaktion TYP II (F43.1)

Fall **E** Schizophrenes Residuum (F20.5)

Fall **F** Gemischte schizoaffektive Störung (F25.2)/Agoraphobie
(F40.0)

Fall **G** Schwere depressive Episode ohne psychotische Symptome
(F32.2)

Fall **H** Rezidivierende depressive Episode (F 33.1) bei selbstunsicherer Persönlichkeitsakzentuierung

Fall **I** Dysthymia (F34.1) / sexuelle Aversion und mangelnde
sexuelle Befriedigung, nicht verursacht durch eine organische
Störung (F52.10)/Essattacken bei sonstigen psychischen
Störungen (F50.4)

Fall **J** Zwangsstörung, vorwiegend Zwangsgedanken und
Grübelzwang (F42.0)/Bulimia nervosa (F50.2)

Fall **K** Selbstunsichere Persönlichkeit (F 60.6)

Fall **L** Unreife Persönlichkeit (F60.8)/Rechenstörung (F81.2)

Fall **M** Abnorme Gewohnheiten und Störung der Impulskontrolle
(F63.9)/ Zwangshandlungen, Kontrollzwänge (Zwangsrituale)
(F42.1)

Fall **N** Demenz bei Alzheimerscher Erkrankung mit frühem Beginn
Typ2 (F00.0)

Fall **O** Organisch amnestisches Syndrom, nicht durch Alkohol oder
andere psychotrope Substanzen bedingt (F04)

Fallberichte

Fall A Abhängigkeitssyndrom bei Alkoholgebrauch (F10.2) / Selbstunsichere Persönlichkeit (F60.6)

1 Angaben zur spontan berichteten und erfragten Symptomatik

Der 50-jährige Patient berichtet, dass er seit seiner Kindheit unter Angststörungen leide. Wenn ihm jemand auf die Finger schaue, begännen seine Hände zu zittern. Er sei Flugzeugelektriker, so lasse es sich nicht vermeiden, dass andere ihm bei der Arbeit zuschauen. Allein die Möglichkeit, dass dies passieren könne, lasse seine Hände zittern, das gehe dann auf den ganzen Körper über, die Mundwinkel zitterten, die Knie schlotterten. Oft bekomme er dann Magenkrämpfe, Druck im Kopf und Schwindelgefühle. Dies sei besonders schlimm, wenn etwas Neues oder eine kurzfristig anberaumte Arbeit auf ihn zukomme. Er torkele dann fast, als ob er betrunken sei. Oft sei er aber tatsächlich angetrunken. Wegen seines Alkoholproblems habe er vor zwei Jahren eine Abmahnung bekommen. Er bezeichnet sich selbst als Alkoholiker. Sieben bis acht mal sei er schon trocken gewesen, habe mehrere Therapien hinter sich. Vor kurzem habe er wieder einen Rückfall gehabt. Er wisse genau, dass sein eigentliches Problem die Angst sei, aber wegen des Trinkens habe er Schwierigkeiten, sowohl in der Familie als auch in der Arbeit. Er sei durch den erneuten Rückfall richtig depressiv, nichts mache ihm mehr Freude, nicht einmal seine Fischzucht. Er verspreche sich von der Therapie, wieder trocken zu werden (zur Zeit trinke er drei bis fünf Halbe täglich) und den Ursachen seiner Angst näher zukommen.

2 Lebensgeschichtliche Entwicklung und Krankheitsanamnese

Der Patient berichtet, dass bereits in der Grundschule Angst aufgetreten sei: Wenn ihm beim Schreiben jemand auf die Finger geschaut habe, begannen seine Finger zu zittern. Diese Ängste hätten ihn die ganze Schulzeit begleitet. Während seiner Lehre zum Flugzeugelektriker habe er begonnen, seine Ängste mit Alkohol zu beruhigen. Seinen ersten Rausch habe er mit 15 gehabt. Damals habe er die Feststellung gemacht, dass das Problem mit der Angst und dem Zittern unter Alkoholeinwirkung verschwand oder viel geringer wurde. Dies habe seiner Meinung nach schon früh zum Alkoholismus geführt. Als belastend habe er immer seine geringe Körpergröße erlebt (knapp 1,60 m). Das bereite ihm bis heute Komplexe.

Der Patient wuchs als Einzelkind in einem Dorf auf. Seine Kindheit sei sehr karg und von Arbeit in der Landwirtschaft geprägt gewesen. Die Eltern seien Nebenerwerbslandwirte gewesen, der Vater war hauptberuflich bei der Bundesbahn. Wenn der Patient von der Schule nach Hause kam, habe er häufig nur einen Zettel vorgefunden, auf welchen Acker er zu kommen habe. Ihm seien immer nur Grenzen gesetzt worden, Ordnung und Gehorsam seien oberste Prinzipien gewesen. Wärme und Zuneigung habe er nicht gespürt, Lob habe er nie bekommen. Die Mutter sei sehr dominant gewesen, noch mit 18 habe er Angst gehabt, zu spät nach Hause zu kommen. Für sein Trinken sei er von den Eltern bestraft worden, der Vater trinke bis heute fast nichts. Sein Großvater hingegen sei Alkoholiker gewesen, zwei Geschwister des Vaters ebenfalls.

Mit 20 habe er geheiratet, doch die Ehe scheiterte nach zwei Jahren. Die Frau verließ ihn, weil er sich nicht habe entschließen können, aus dem elterlichen Haus auszuziehen, sich von dem mütterlichen Einfluss abzunabeln. Rückblickend habe damals schon der Alkohol eine Rolle gespielt. Es gibt einen 28-jährigen Sohn aus dieser Ehe, mit dem er ein gutes Verhältnis habe. Seit 16 Jahren sei er zum zweiten Mal verheiratet, auch aus dieser Ehe habe er einen nunmehr 16-jährigen Sohn und eine erwachsene Stieftochter. Die Ehe sei meistens schwierig gewesen. Das Hauptproblem sei seine ständige Eifersucht gewesen, die ihn bis heute geradezu überfalle. Überhaupt sei er sehr impulsiv und unberechenbar. Das führe dazu, dass seine Frau oft bei der Tochter sei und ihn allein ließe, was früher häufig zum Trinken geführt habe.

Die Eltern wohnen im gleichen Haus (Gebäudekomplex, kleiner Bauernhof). Noch heute mischen sie sich in alles ein. Er fühle sich nicht wirklich frei, insbesondere nicht von der Mutter, mit der er häufig streite. Noch heute denke er bei fast allem, was er tue:»Was wohl die Eltern dazu sagen?« Von dem Ausmaß seines Angstproblems wisse niemand, selbst seine Frau wisse nicht, wie sehr er sich mit der Angst quäle. Zu seinem Alkoholkonsum sage sie schon nichts mehr. Seine ökonomische Situation sei in Ordnung, er habe allerdings Angst wegen des Alkoholismus seinen Arbeitsplatz zu verlieren. Sein Vorgesetzter habe ihm gesagt, wegen Händezittern würde niemand entlassen, wegen Trinken schon.

Bisher durchgeführte Therapien: Zwei stationäre Langzeittherapien wegen Alkoholabhängigkeit (1990 und 1994); zwei ambulante Psychotherapien wegen Alkoholabhängigkeit: eine Einzeltherapie (1991), die einseitig von Seiten der Therapeutin abgebrochen wurde wegen nicht eingehaltener Abstinenz, eine Gruppentherapie (1993), die der Patient nach zehn Sitzungen abbrach. 1993 Aufenthalt in einer psychosomatischen Klinik mit verhaltenstherapeutischer Einzel- und Gruppenbehandlung wegen Kopfschmerzen; 1996 Kuraufenthalt wegen HWS-Syndrom mit vorzeitiger Entlassung wegen Alkoholmissbrauch.

3 Psychischer Befund zum Zeitpunkt der Antragstellung

Der körperlich sehr kleine Patient wirkt zunächst ängstlich und verzögert, nimmt kaum Blickkontakt auf. Sein Gang ist schleichend, seine Sprache schleppend. Er steht unter Alkoholeinfluss, was er auch gleich sagt (zwei Halbe).

Der Patient wird im Gespräch zunehmend lockerer. Deutlich wird sein Hang zum Perfektionismus und sein Wille, sich mit möglichst allen seinen Belangen und Zielen zumindest in der Familie durchzusetzen. Er wirkt ein wenig intolerant und rechthaberisch, gibt dies aber wissend zu erkennen. Seine zur Zeit vorherrschende depressive Stimmungslage wird deutlich. Er wirkt intellektuell leistungsfähig und differenziert in der Persönlichkeit. Weitere psychopathologische Befunde (Bewusstseinsstörungen, Störungen der mnestischen Funktionen, Wahnsymptomatik, suizidale Tendenzen) waren nicht feststellbar.

Screening: Cage-Test (Ewing 1984) abgefragt: Alle vier Fragen (Reduktionsversuche, Ärger über kritische Bemerkungen wegen Alkohol, Schuldgefühle, Eye-Opener (morgendliches Trinken)) wurden mit »ja« beantwortet.

4 Somatischer Befund

Leberschädigung, chronische Gastritis, Funktionsstörungen der Bauchspeicheldrüse, starke Blutzuckerschwankungen.

5 Verhaltensanalyse

a) funktionale Bedingungen des Alkoholabusus

Situation 1	Morgens um 6 Uhr, zu Hause, bevor er zur Arbeit geht
Organismus	Selbstunsichere Persönlichkeit
Reaktionen:	
kognitiv	»Die Angst vor der Angst ist das Schlimmste! Wenn heute etwas Neues kommt, zittere ich wieder! Wenn der Meister mir auf die Finger schaut, drehe ich durch! Jetzt bin ich schon wieder morgens soweit, dass ich ein Bier brauche!«
emotional	Unbehagen, Hilflosigkeitsgefühle, Erwartungsangst
physiologisch	innere Unruhe, Anspannung, manchmal Kopfschmerzen, Schwindel, Zittern
Verhalten	schleicht sich in den Keller, holt ein Bier aus seinem Versteck, trinkt es
$\cancel{C}^-$ *kurzfristig*	Anspannung und Unruhe lassen nach
C^+ *kurzfristig*	Patient fühlt sich selbstsicher und zuversichtlich
C^- *kurzfristig*	schlechtes Gewissen und Angst: Ehefrau könnte merken, dass er schon morgens wieder trinkt; Chef, Kollegen könnten den Alkohol riechen; Angst vor Entlassung
C^- *langfristig*	Angst vor Krankheit, körperlichem Verfall, Zukunftsangst
Situation 2	Patient befindet sich am Arbeitsplatz, der Chef nähert sich
Organismus	Selbstunsichere Persönlichkeit

Reaktionen:
kognitiv »Der kommt bestimmt und guckt mir auf die Finger! Hoffentlich riecht er das Bier nicht! Ich bin nur so nervös, weil ich solange nichts getrunken habe. Jetzt ein Bier und die Angst wäre weg!«
emotional Unsicherheit, Angst, Hilflosigkeit
physiologisch Stimme versagt, Händezittern, Kniezittern, Schweißausbrüche
Verhalten Patient vermeidet die Konfrontation: hört auf zu arbeiten; tut so, als habe er gerade etwas fertig bekommen, als wolle er gerade Pause machen

Konsequenzen:
$\cancel{C}^-$ *kurzfristig* Ausweichmanöver gelingt, Symptome gehen zurück, Spannung sinkt
C^+ *kurzfristig* Erleichterung, Zufriedenheit, dass Situation gut ausgegangen ist
C^- *langfristig* Vermeidungsverhalten hält Symptomatik aufrecht

Situation 3 Zu Hause nach der Arbeit. Patient ist erleichtert, den Arbeitstag durchgestanden zu haben
Oorganismus Selbstunsichere Persönlichkeit
Reaktionen:
kognitiv »Jetzt habe ich eine Belohnung verdient! Ich brauche jetzt ein Bier! Ich muss wieder vom Alkohol weg, dieser Rückfall war unnötig. Zwei, drei Bier sind aber noch nicht so schlimm, vielleicht kann ich es bei der Menge halten, das merkt doch in der Arbeit niemand. Wenn nur die Angst vor der Angst nicht so groß wäre!«
emotional Gereiztheit, Unzufriedenheit
physiologisch Zittern, Herzklopfen
Verhalten trinkt heimlich ein bis drei halbe Bier

Konsequenzen:
$\cancel{C}^-$ *kurzfristig* Suchtdruck vergeht, Anspannung lässt nach
C^+ *kurzfristig* Wohlbefinden, Stimmung ist gehoben, zuversichtlich
C^- *langfristig* Alkoholabhängigkeit bleibt bestehen, Entzugssymptome verstärken sich, Kontrollverlust nimmt zu, Krankheit, körperlicher Verfall

b) Funktionale Zusammenhänge zwischen den Symptomen Alkoholabusus und Angst/Selbstunsicherheit

In der Lerngeschichte des Patienten lässt sich schon früh eine Verquickung von sozialphobischen und Abhängigkeitssymptomen feststellen. Wenig Geborgenheit und Lob, viel Bestrafung seitens der Eltern und seine geringe Körpergröße führten zur permanenten Angst und Selbstunsicherheit, die er früh durch Alkohol zu bekämpfen lernte. Auch benutzt er die Angstsymptome, um sein Trinken zu rechtfertigen. Der Patient hat schon als Jugendlicher das Trinken als angenehm wahrgenommen. Schon mit 14 hat er lieber seinem Onkel auf dem Bau geholfen als dem Vater auf dem Feld, weil er wusste, dass er dort den ganzen Tag sein Bier bekäme. Es wurde ihm schon früh zur Gewohnheit, auf Belastungen mit Alkohol zu reagieren, besonders in dem Spannungsfeld von dominanter Mutter und beiden Ehefrauen. Er konnte keine Stellung gegen die Mutter beziehen, nahm es in Kauf, dass seine erste Frau ihn verließ. Noch heute steht er unter dem Einfluss seiner Mutter, er fühlt sich von ihr kontrolliert, denkt z. B. bei allem, was er kauft, ob es der Mutter wohl gefalle. Er leidet darunter, dass sein 28-jähriger Sohn von seiner Mutter akzeptiert, geradezu bewundert wird, während er sich nach wie vor für alles rechtfertigen muss. Seinen Ärger, seine Wut und Enttäuschung kann er bis heute nicht angemessen äußern, sondern er reagiert impulsiv und aggressiv unter Alkoholeinfluss. Seine Familie macht einen Bogen um ihn, solange er alkoholisiert ist, nimmt ihn jedoch nicht ernst, wenn er nüchtern ist. Er spürt, dass sein inzwischen 16-jähriger Sohn ihm entglitten ist. Die Ehequalität ist schlecht, seine Frau lebt ihr eigenes Leben neben ihm, traut seinen Abstinenzversuchen nicht mehr. In trockenen Phasen hat der Patient neben den Vorteilen des Trockenseins die schlechte Ehe als negatives Gefühlserlebnis in Erinnerung. Er hat ihre Verachtung dann deutlich gespürt, was als ein weiterer Grund für die Aufrechterhaltung der Abhängigkeit gelten kann. Der Patient erträgt Unordnung und Ungenauigkeiten nicht. Mit seiner Zwanghaftigkeit terrorisiert er die Familie, in der Arbeit ist er dafür eher angesehen. Trotz seines fast lebenslangen Alkoholproblems arbeitet der Patient seit 32 Jahren in derselben Firma, hatte viele und lange Fehlzeiten, die bisher nur zu einer Abmahnung vor zwei Jahren geführt haben. Dieser Schock sitzt bis heute tief und löst noch immer Existenzangst aus. Die körperlichen Symptome haben ein Ausmaß erreicht, das ein Weitertrinken verbietet.

c) Ressourcen und Verhaltensaktiva

Der Patient scheint Sinn für Humor zu haben, er kann auch über sich selbst lachen. Er hat zahlreiche Hobbys (Zucht von Zierfischen, angeln, tanzen, heimwerken) und einen sehr großen Verwandten- und Bekanntenkreis, der eine gewisse Kontrolle darstellt. Durch seine kauzige, launige Art steht er schnell im Mittelpunkt, was er genießt, wenn er nüchtern ist. Durch jahrelangen Besuch verschiedener Selbsthilfegruppen (AA, Kreuzbund) kennt er viele trockene Alkoholiker, die um seine Problematik wissen, und an die er sich bei Bedarf wenden kann. Er kennt die Vorteile abstinenten Lebens (zwei Jahre) aus eigener Erfahrung.

6 Diagnose zum Zeitpunkt der Antragstellung

Abhängigkeitssyndrom bei Alkoholgebrauch (F1x.2) /
Selbstunsichere Persönlichkeit (F60.6)

7 Therapieziele und Prognose

1. Abstinenz als Voraussetzung für die ambulante Therapie.
2. Erkenntnisgewinn und Bewusstmachung bezüglich der Bedingungen der Trinkgeschichte.
3. Rückfallprophylaxe zur Aufrechterhaltung der Abstinenz.
4. Angstbewältigung sowie Bewältigung der sozialen Ängste.
5. Stabilisierung der Abstinenz.

Prognose: Der Patient leidet stark unter den Konsequenzen seiner Alkoholabhängigkeit, erscheint sehr motiviert, etwas zu ändern. Kritisch ist die schlechte Ehebeziehung und die fortbestehende Abhängigkeit von den Eltern zu sehen.

8 Behandlungsplan

Mit dem Patienten soll zunächst ein Abstinenzvertrag geschlossen werden. Da er zum Zeitpunkt der Therapieaufnahme nicht abstinent, jedoch hochmotiviert ist, es wieder zu werden, soll zunächst versucht werden, mit Hilfe von Stimuluskontrolltechniken Abstinenz zu erreichen. Sollte dies nicht gelingen, wird der Patient zur Entgiftung eine Klinik aufsuchen müssen. Um ihm die Funktionalität der Angstsymptome, die einen hohen Leidensdruck verursachen, zu verdeutlichen, soll die Trinkgeschichte erarbeitet werden. Die Angstproblematik soll mit Hilfe der systematischen Desensibilisierung und Selbstsicherheitstraining bearbeitet werden, um dem abstinenten Patienten möglichst früh die Erfahrung von Selbstwirksamkeit zu ermöglichen und ihm den vermuteten Zusammenhang mit seinem Alkoholmissbrauch erkennbar zu machen. Zuvor soll er ein Entspannungsverfahren (Muskelrelaxation nach Jacobson oder Autogenes Training) erlernen. Die Rückfallprophylaxe soll durch genaue Analyse der Bedingungen für frühere Rückfälle beginnen, um daraus die Selbstwahrnehmung für interne und externe Auslöser zu schärfen. Durch einen beständigen »War-Ist-Vergleich« mit Fokussierung auf die Vorteile abstinenter Lebensweise, durch Stimulus- und Selbstkontrollstrategien (keinen Alkohol im Haus haben, bestimmte Settings vermeiden, Protokollieren von schwierigen Situationen, Umgang mit Risikosituationen) soll der Patient lernen, nach und nach mehr Selbstverantwortung zu übernehmen. Im letzten Schritt soll versucht werden, den Patienten zu aktivieren, Tätigkeiten (wieder) aufzunehmen (angeln, tanzen), die ihm Freude und Entspannung bringen, und diese ohne Alkohol wahrzunehmen. Ein Ablehnungstraining (Rollenspiel) soll ihn darauf vorbereiten, seine Abstinenz öffentlich zu machen und sich mit Risikosettings zu konfrontieren. Zur Unterstützung soll die erneute Teilnahme an einer Selbsthilfegruppe gefördert werden.

9 Therapieverlauf

a) Motivationsphase

Der Patient war zu Beginn nicht trocken, gab es unumwunden zu. Es wurde ein Abstinenzvertrag geschlossen, der Patient bekam die Chance, innerhalb der probatorischen Sitzungen selbst dafür zu sorgen, trocken zu werden. Vereinbart wurde, dass er jeglichen Alkohol aus dem Haus entfernt, Wirtshausbesuche vermeidet. Da er zu den folgenden Sitzungen dennoch alkoholisiert kam, sein Konsum wieder zu steigen begann, wurde von der Therapeutin die Entgiftung in der Klinik zur Bedingung gemacht und der Therapiebeginn zunächst ausgesetzt. Nach vier Wochen meldete sich der Patient nach vollzogener Entgiftung. Sein körperlicher Zustand war instabil, wegen einer erneuten Bauchspeicheldrüsenreizung und chronischer Gastritis war er krankgeschrieben, seine Stimmung war labil. Er bewertete jedoch das Beenden des Trinkens sehr positiv. Seine Motivation, es diesmal zu schaffen zu wollen, wirkte glaubwürdig.

b) Stimuluskontrolle, Ermittlung von Risikosituationen

Wieder wurde vereinbart, sämtlichen Alkohol aus dem Haus zu entfernen. Da seine Frau und sein Sohn tagsüber nicht zu Hause waren, konnte er seine Depots unbemerkt räumen. Die Tendenz zur Heimlichkeit war noch sehr ausgeprägt, (»Wenn sie sieht, was ich alles hatte ...«). Auch wollte er die abschätzigen, zweifelnden Bemerkungen seiner Frau vermeiden (»Ach, probierst du es mal wieder ...«), die bisher nur Anlass für Streitigkeiten boten und schon oft in trockenen Phasen zum neuerlichen Trinken verleitet hatten. Als externe Risikosituationen nannte er Familienfeste, Treffen mit Kollegen, angeln gehen, Anrufe mit Aufforderungen zu Stammtischrunden, dem Besuch von Biergärten, Volksfesten, Faschingsveranstaltungen oder Tanzlokalen. Da er zunächst krankgeschrieben blieb, benutzte er seinen gesundheitlichen Zustand als Grund zur Absage.

c) Erhebung der Trinkgeschichte

Die Aufarbeitung seiner Lebens- und Trinkgeschichte ergab, dass er bereits als sechsjähriger häufig aus Biergläsern der Erwachsenen trinken durfte, als zehnjähriger hin und wieder eine Flasche Bier kaufte, als 14-jähriger regelmäßig Bier trank. Schon damals war seine Kognition, er könne damit sein Zittern beruhigen. Der Patient bekam den »Further Fragebogen für Abhängigkeiten« (FFA, s. u.), er sollte sich rückblickend in die Zeit hineinversetzen, in der sein Trinken am schlimmsten war. Der Patient diagnostizierte sich als Gamma-Alkoholiker (nach Jellinek). Der Fragebogen ergab viele Gesprächsanlässe, insbesondere wird über das Zittern als suchtbedingtes Entzugssymptom gesprochen (vgl. Frage 74 »Ein starkes Zittern wird bei mir zur Dauererscheinung«). Der Patient räumt dies ein, besteht aber auf seiner ursächlichen Angststörung aus der Kindheit. Er soll sich darin ernstgenommen fühlen, weswegen ihm die Systematische Desensibilisierung als Methode erklärt und nahegebracht wird.

d) Ansätze systematischer Desensibilisierung in Kombination mit kognitiver Umstrukturierung

Zunächst wird der Patient informiert, er bekommt eine »Plausible Erklärung« (Reinecker, 1994) über die Verstärkung von Angst durch Vermeidung, die Darstellung der sich abflachenden »Angstkurve« bei Konfrontation beeindrucken ihn. Er nennt drei hierarchisch gestufte Situationen. Als Entspannungsverfahren erlernt er die Muskelentspannung. Schon beim ersten Versuch (Essen mit Fremden) merkt er, dass die Angst zu zittern verknüpft ist mit dem Trinken. Er denkt: »Ich muss etwas trinken, damit ich nicht zittere«. Er spürt einen leichten Suchtdruck und kann nicht in der Situation bleiben. Durch Entwicklung von selbstberuhigenden Gedanken (War-Ist-Vergleich) in entspanntem Zustand und dem Gedanken: »Ich brauche nicht zu zittern, weil ich trocken bin« geht der Suchtdruck zurück.

e) Bewältigungsverhalten in der Praxis

Der Patient beginnt, Alltagssituationen bewusst für sich zu nutzen: Eine verlorene Kontokarte zwingt ihn, bei der Bank Unterschriften zu leisten. Er sagt sich, dass er nicht zu zittern brauche, weil er trocken sei, verspürt ein leichtes Kribbeln in der Magengegend, seine Hände bleiben ruhig. Der Patient freut sich über die erlebte Selbstwirksamkeit. Die erste größere Herausforderung ist die Goldene Hochzeit seiner Eltern. Ein Ablehnungstraining stellt keine Schwierigkeit dar, der Patient kennt es aus seinen Langzeittherapien, bezweifelt dessen Wirksamkeit, da er bisher trotzdem wieder rückfällig wurde. Er selbst merkt, dass ihm Bewältigungsgedanken die größte Sicherheit verleihen. Er schaffte das Fest, bekam von seiner Frau und seiner Mutter viel Lob (»Die haben mich bewundert!«). Eine Cousine sagte zwar recht abwertend zu ihm: »Na, Kleiner, trinkst du mal wieder nichts?«, worüber er sich sehr ärgerte, jedoch keinen Suchtdruck verspürte. Nach und nach bewältigte er immer mehr Situationen (gemeinsame Aufräumarbeiten im Anglerheim, fischen gehen mit und ohne Sohn, allein zum Tanzen gehen, Besuche bei Kollegen, bei seinem Schwiegervater, schwierige Arbeitssituationen, seinen eigenen 50sten Geburtstag etc). Auch ein plötzliches Aufflackern von Suchtdruck, wobei er den Geschmack von Bier im Mund hat oder eine kleine Flasche Schnaps vor seinem inneren Auge sieht, kann er abfangen. Er erkennt, dass seine Stimmung schlechter wird, er gereizt und kurz angebunden reagiert und sagt sich: »Das erste Glas macht alles kaputt, dann geht alles wieder los ...« Eine Zeitlang träumt er ständig, wie er Bier versteckt, durch den Supermarkt geht und Dosen in seine

Tasche gleiten lässt. Er verfällt zeitweise in Selbstmitleid, merkt, dass er dann beginnt sich zurückzuziehen. Als der Patient nach dreimonatiger Fehlzeit wieder zu arbeiten beginnt, verspürt er zunächst ein leichtes Zittern. Er beruhigt sich selbst immer wieder erfolgreich. Das positive Feedback aus seiner Umwelt (»habe den Eindruck, meine Vorgesetzten vertrauen mir wieder«) sind die wichtigsten Verstärker. Der Patient stellt fest, er sei das erste Mal nicht auf Druck von außen abstinent geworden, er selbst habe den unbedingten Willen gehabt. Seine Familie signalisiert ihm, dass der Umgang mit ihm leichter und viel erfreulicher ist. Allmählich kommt er zu mehr Offenheit und Selbsterkenntnis (»Ich war schon ein Hund, ich habe ihnen schon das Leben schwer gemacht«). Er beginnt seine Frau und seine Eltern zu verstehen (»die hatten Angst vor mir, ich war so unberechenbar«), sein Sohn sucht wieder mehr Kontakt zu ihm. Die Therapie wird nach 30 Stunden einvernehmlich beendet.

10 Ergebnisse

Nach 13 Monaten ist der Patient immer noch trocken, er konnte die Abstinenz aufrechterhalten. Die Abstinenz selbst wirkte als maßgeblicher Verstärker, weil der Patient in sozialen Situationen nüchtern spürte, wie seine Selbstsicherheit wuchs. Dies führte zur Reduktion von Anspannung, Hemmungen, Angst. Er konnte seine Selbstwahrnehmung (frühzeitiges Wahrnehmen interner Auslöser) schärfen. Seine Hauptbewältigungsstrategie lag in der gedanklichen Kontrastierung von War- und Ist-Zustand. Die Angstsymptome (Händezittern) verschwanden nahezu gänzlich. Der Patient hatte Kontakt zu trockenen AA-Kollegen aufgenommen, wo er sich Unterstützung und Anerkennung holte. Am Ende der Therapie konnte er offen mit anderen (seinen Vorgesetzten, Arbeitskollegen, Mutter, Sohn, Kurbekanntschaften) über sein Alkoholproblem sprechen, legte die anfänglichen Heimlichkeitstendenzen ab. Er konnte ehemals gefährliche Settings unbeschadet aufsuchen (Biergärten, Herbstfest, Trabrennbahn, Familienfeste).

11 Diskussion

Die Therapie kann als erfolgreich gewertet werden. Das Hauptziel, die Aufrechterhaltung der Abstinenz, war bis zum Ende der Therapie ohne Rückfall 13 Monate möglich. Dem therapieerfahrenen Patienten gelang es, aus früheren Misserfolgen (Rückfälle) Konsequenzen zu ziehen und die Bewältigungsschritte langsam zu vollziehen. Seine Selbstaufmerksamkeit fokussierte er auf seine Erfolge (C^+). Als wichtigste Ressource wirkten der Optimismus und die Fröhlichkeit des Patienten. Das ambulante Setting bot den Vorteil, dass der Patient permanent konkrete, realistische Rückmeldungen über die Effektivität der Therapiemaßnahmen erhielt. Selbstvertrauen und Selbstwirksamkeitserwartung wuchsen mit jeder bewältigten Situation. Am Anfang waren auf Seiten der Therapeutin erhebliche Zweifel, ob der Patient im ambulanten Setting überhaupt zu behandeln sei. Dagegen sprachen die sehr ausgeprägte, langjährige Alkoholsucht, bereits fehlgeschlagene stationäre wie auch ambulante Behandlungen und sein körperlich labiler Zustand. Positiv erschien die hohe Motivation des Patienten, der die Entgiftung selbst einleitete und damit das Therapieziel »Aufrechterhaltung der Abstinenz« und nicht »Erlangung von Abstinenz« selbst möglich machte, damit eine wichtige Bedingung für ambulante Behandlung (vgl. Arend, 1999, S. 6) erfüllte. Darüber hinaus war der Patient sozial gut integriert, seine Familie war zwar beeinträchtigt aber noch intakt, sein Arbeitsplatz leicht gefährdet, die Abmahnung zwei Jahre zuvor hatte jedoch keine ernsthaften Konsequenzen. Sowohl von der Familie als vom Arbeitgeber konnte er Unterstützung erwarten. Der Versuch, die Angstsymptome mit systematischer Desensibilisierung zu behandeln, schlug fehl: Dafür verdeutlichte dieser Fehlschlag den Zusammenhang zwischen der Zitterproblematik und dem Trinken. Auf Seiten der Therapeutin kam Unsicherheit auf, als die systematische Annäherung an die problematische Situation zu Suchtdruck führte. Die therapeutische Beziehung war stabil.

Dokumentationsmaterial

Fragebogen zur Abhängigkeit (FFA) (nach Jellinek), Fachklinik Furth im Wald.

Mit Hilfe dieser 80 Fragen kann der Alkoholkranke selbst erkennen, wie weit die Alkoholkrankheit bei ihm fortgeschritten ist, beziehungsweise in welcher Phase (A, B, C oder D, nach Jellinek) er sich befindet.

Voraussetzung für das Gelingen dieser Eigendiagnose ist allerdings das ehrliche, selbstkritische Beantworten dieser Fragen.

Für die Feststellung, in welcher Phase sich der Alkoholkranke befindet, genügt es, wenn einige der Symptome einer Phase als zutreffend erkannt werden. Nur selten finden sich bei einem Alkoholkranken alle Krankheitsanzeichen (Symptome) einer Phase. Auch wer nur wenige Fragen mit »ja« beantwortet, sollte zu einer Beratung durch die zuständigen Fachleute gehen (Suchtberatungsstellen, Ärzte [Hausarzt, Psychiater], Psychologen/Psychotherapeuten, örtliche Abstinentenkreise [Anonyme Alkoholiker, Kreuzbund]). Durch rechtzeitige Beratung und/oder Behandlung kann eine nicht mehr wieder gutzumachende Schädigung von Gesundheit, Beruf und Familie vermieden werden!

Phase A – voralkoholische Phase:
Die Fragen 1–13 beziehen sich auf das Stadium des Erleichterungstrinkens, das noch als voralkoholische Phase bezeichnet wird.

Phase B – prodromale Phase:
Die Fragen 14–23 beziehen sich auf die Phase, die noch vor der eigentlichen Sucht liegt, also auf die Vorstufe zur Sucht.

Phase C – Kritische Phase:
Die Fragen 24–59 beziehen sich auf die kritische Phase. Hier kommt es nach Alkoholgenuss immer wieder zur Betrunkenheit.

Phase D – Chronische Phase:
Die Fragen 60–80 beziehen sich auf die Phase, in der es immer wieder zu ausgedehnten Rauschzuständen kommt.

A Voralkoholische Phase (Erleichterungstrinken)

1. Der Alkohol ist für mich zur gerne gebrauchten Medizin geworden. <u>ja</u>/nein
2. Ich trinke, weil mir der Alkohol Kraft und Mut gibt und meine Leistungsfähigkeit verbessert. <u>ja</u>/nein
3. Ich trinke, weil mir der Alkohol eine befriedigende Erleichterung verschafft. <u>ja</u>/nein
4. Ich trinke, um sicher und selbständiger zu werden. <u>ja</u>/nein
5. Ich fühle mich nach einigen Gläsern in der Gesellschaft anderer unbefangener und wohler. <u>ja</u>/nein
6. Ich kann unter Alkoholeinfluss in der Gemeinschaft anderer besser aus mir herausgehen. <u>ja</u>/nein
7. Ich trinke, weil ich unangenehme Dinge vergessen will. <u>ja</u>/nein
8. Ich trinke, damit mir alles leichter und weniger gefährlich erscheint. <u>ja</u>/nein
9. Ich nehme regelmäßig zu Alkohol Zuflucht, wenn es gilt, Hemmungen und/oder Spannungen zu überwinden. <u>ja</u>/nein
10. Ich trinke, um Unlustgefühle und traurige Verstimmungen zu beseitigen. <u>ja</u>/nein
11. Ich trinke, um mit äußeren Konflikten und Schwierigkeiten besser fertig zu werden. <u>ja</u>/nein
12. Ich trinke, um meinen Ärger und meine schlechte Laune zu beheben. <u>ja</u>/nein
13. Ich trinke, um innere Ruhe und Schlaf zu finden. <u>ja</u>/nein

B Prodromale Phase (Vorstufe zur eigentlichen Sucht)

14. Ich trinke heimlich und suche nach Gelegenheiten, wo ich ohne Wissen der anderen ein paar Gläser trinken könnte. — ja/nein
15. Ich trinke die ersten Gläser hastig und gierig. — ja/nein
16. Ich denke häufig an Alkohol. — ja/nein
17. Ich hebe vor einer Einladung schnell mal einen, um richtig in Stimmung zu sein. Bei Einladungen trinke ich zwischendurch heimlich in der Küche, im Gang oder auf der Toilette. — ja/nein
18. Ich habe wegen meines Trinkens Schuldgefühle. — ja/nein
19. Ich vermeide in Gesprächen Anspielungen auf Alkohol. — ja/nein
20. Mir ist aufgefallen, dass ich anders trinke als die anderen Menschen. — ja/nein
21. Ich befürchte, dass mein Trinken mich von den anderen isolieren könnte. — ja/nein
22. Ich verstecke alkoholische Getränke, um ohne Wissen der anderen trinken zu können. — ja/nein
23. Nach starkem Trinken leide ich unter Gedächtnislücken. — ja/nein?

C Kritische Phase

24. Nach den ersten Gläsern habe ich ein unwiderstehliches Verlangen, weiter zu trinken. — ja/nein?
25. Ich bin nicht mehr in der Lage, mein Trinken willensmäßig unter Kontrolle zu halten. — ja/nein
26. Ich kann nicht mehr mäßig trinken. Mein Alkoholverbrauch hat zugenommen. — ja/nein
27. Es kommt vor, dass ich mich mit Alkohol entspannen will und dann betrunken bin. — ja/nein
28. Ich kann meine Versprechen nicht mehr einhalten, obwohl ich die feste Absicht habe, sie auch zu verwirklichen. — ja/nein?
29. Ich muss feststellen, dass sich meine inneren Spannungen durch Alkohol nicht mehr lösen lassen. — ja/nein?
30. Ich gebrauche Ausreden und Entschuldigungen, warum ich trinke. — ja/nein
31. Meine Familie und/oder gute Freunde machen mir Vorwürfe wegen des Trinkens. Ich werde getadelt und gewarnt. — ja/nein
32. Ich versuche, meiner Umwelt glaubhaft zu machen, dass ich durchaus in der Lage bin, Alkohol mäßig zu trinken. — ja/nein

33. Ich versuche mich selbst und meine Umgebung davon zu überzeugen, dass ich mich heute ganz zu Recht betrunken habe (Geburtstagsfeier usw.). <u>ja</u>/nein

34. Meinem Chef und den Arbeitskollegen ist mein Trinken aufgefallen. <u>ja</u>/nein

35. Ich versuche meine innere Unsicherheit dadurch zu verbergen, dass ich nach außen betont selbstsicher und forsch auftrete. ja/<u>nein</u>

36. Ich neige zu übertriebener Großzügigkeit, Verschwendung und lege ein großspuriges Benehmen an den Tag. ja/<u>nein</u>

37. Ich bin oft gereizt und aggressiv gegen meine Umwelt. ja/nein?

38. In meiner gereizten Stimmung suche ich nach irgendwelchen Fehlern bei meinen Angehörigen, um ihnen Vorwürfe machen zu können. <u>ja</u>/nein

39. Ich bin aufgebracht, wenn mein(e) Ehepartner(in)/Partner(in) versucht, mich vom Alkohol fernzuhalten. <u>ja</u>/nein

40. Ich bin voller Selbstvorwürfe wegen des Trinkens. <u>ja</u>/nein

41. Ich versuche, periodenweise völlig ohne Alkohol zu leben. <u>ja</u>/nein

42. Ich versuche ein Trinksystem (z. B. nicht vor bestimmten Zeiten zu trinken) oder ich wechsele die Alkoholsorte (z. B. anstatt Bier oder Schnaps nur Wein zu trinken). <u>ja</u>/nein

43. Ich wechsele häufiger den Arbeitsplatz, die Stellung; ich muss(te) wegen meines Trinkens kündigen. ja/<u>nein</u>

44. Meine Arbeit und meinen Lebensstil richte ich nach meinen Trinkgewohnheiten aus. Mein ganzes Interesse konzentriert sich immer mehr auf den Alkohol. <u>ja</u>/nein

45. Bei einem Arbeitsplatzwechsel habe ich schon einmal die Überlegung angestellt, welche Art von Arbeit mein Trinken am wenigsten stören würde. <u>ja</u>/nein

46. Ich bin infolge des zunehmenden Alkoholgenusses interessenloser geworden (Interesse an Hobbys, Kindererziehung …). <u>ja</u>/nein

47. Ich trinke lieber heimlich und allein, weil ich mich von meiner Umgebung isoliert fühle. <u>ja</u>/nein

48. Ich bemitleide und bedaure mich selbst wegen meiner Schwierigkeiten. <u>ja</u>/nein

49. Ich habe das Gefühl, dass alle gegen mich sind und mich keiner versteht. <u>ja</u>/nein

50. Ich habe mich gedanklich damit beschäftigt, von zu Hause wegzugehen. <u>ja</u>/nein

51. Mein Trinken hat sich auf mein Familienleben ausgewirkt (z. B. getrennte Schlafzimmer oder getrennte Wohnung). ja/<u>nein</u>

52. Ich sichere mir einen Alkoholvorrat, habe mehrere Flaschen
versteckt, um jederzeit den nötigen Stoff zur Verfügung zu haben.   ja/nein

53. Ich esse nicht mehr regelmäßig, nehme statt dessen »flüssiges
Brot« zu mir.   ja/nein

54. Ich war bereits wegen organischer Schäden im Krankenhaus
(z. B. Magengeschwür, Gastritis, Leberschwellung).   ja/nein

55. In letzter Zeit hat sich meine Geschlechtskraft bzw. mein
Interesse am Sexualverkehr verändert.   ja/nein

56. Ich bin auf meine(n) Partner(in) eifersüchtig und misstraue
ihm/ihr.   ja/nein

57. Mein Ehepartner hat die Scheidung beantragt.   ja/nein

58. Ich zittere am Morgen.   ja/nein

59. Ich trinke regelmäßig am Morgen.   ja/nein

D Chronische Phase

60. Ich war schon am Tag und mitten in der Woche betrunken.   ja/nein

61. Im betrunkenen Zustand kam es zu Tätlichkeiten gegen andere.
Ich wurde reizbarer. Ich wurde bereits wegen Ausschreitungen
eines Lokals verwiesen oder von der Polizei festgenommen und
zur Ausnüchterung gebracht.   ja/nein

62. Ich habe einige Tage hintereinander getrunken und war unfähig,
etwas anderes zu unternehmen.   ja/nein

63. Ich habe wegen Trunkenheit am Arbeitsplatz meine Stellung
verloren.   ja/nein

64. Ich beobachte erhebliche Schlafstörungen an mir.   ja/nein

65. Ich und auch meine Angehörigen haben bereits einen Arzt oder
Nervenarzt aufgesucht, in der Hoffnung, Rat oder Hilfe wegen
des Trinkens zu bekommen.   ja/nein

66. Ich nehme zum Alkohol auch Tabletten, um eine raschere Wirkung
zu erzielen.   ja/nein

67. Ich scheue keine Tricks, um in den Besitz von Alkohol zu gelangen;
ich schrecke vor keiner Lüge zurück.   ja/nein

68. Ich lege keinen Wert mehr auf mein Äußeres und lasse mich
in jeder Hinsicht gehen.   ja/nein

69. Mein Denkvermögen wird beeinträchtigt.   ja/nein

70. Ich trinke auch mit Personen, die weit unter meinem Niveau
stehen.   ja/nein?

71. Wenn ich nichts anderes zur Verfügung habe, nehme ich auch zu technischen Produkten Zuflucht, z.B. Haarwasser, Franzbranntwein oder billigem Wermut. ja/<u>nein</u>

72. Mein Alkoholkonsum hat in letzter Zeit abgenommen, ich stellte sogar einen eindeutigen Verlust meiner Alkoholverträglichkeit fest. ja/nein

73. Ich habe unerklärliche Ängste oder das Gefühl, bedroht oder verfolgt zu sein. ja/nein

74. Ein starkes Zittern wird bei mir zur Dauererscheinung. ja/nein

75. Es fällt mir schwer, eine Tätigkeit, wie etwa das Aufziehen einer Uhr, das Trinken aus einer Tasse oder das Rasieren ohne vorheriges Trinken auszuführen. ja/nein

76. Das Trinken nimmt bei mir eine zwanghafte Form an. ja/nein

77. Ich hatte bereits schon einmal Trugwahrnehmungen, hörte oder sah Dinge, die in Wirklichkeit nicht vorhanden waren. ja/<u>nein</u>

78. Ich war schon oft vollkommen am Ende mit meinen Ausflüchten und Lügen. ja/<u>nein</u>

79. Ich hatte bereits Selbstmordgedanken oder sogar schon einen Selbstmordversuch. ja/<u>nein</u>

80. Ich hatte bereits schon einmal ein Delirium Tremens (Säuferwahnsinn). ja/<u>nein</u>

Dipl.-Psych. Bettina Zoepf-Kabel

Fall B Abhängigkeitssyndrom bei Alkoholgebrauch (F10.2)/ Posttraumatische Belastungsstörung (F43.1)/mittelgradige depressive Episode (F32.1)

1 Angaben zur spontan berichteten und erfragten Symptomatik

Die 38-jährige Patientin berichtet, dass der sexuelle Missbrauch durch ihren Vater im Alter zwischen sieben und elf Jahren sich bis heute belastend auf ihr gesamtes Leben auswirke, insbesondere auf ihr eheliches Sexualleben. Bestimmte sexuelle Berührungen könne sie bis heute nicht ertragen. Seit zwei Jahren benötige sie immer häufiger vor Sexualkontakten Alkohol. Auch Konflikte mit ihrem Ehemann oder Vater, der sich bis heute in alles einmische, bewältige sie fast nur mit Alkohol. Ihr Alkoholkonsum habe sich sehr gesteigert, sie trinke täglich drei bis fünf Weizen, zusätzlich oft zwei bis drei Schnäpse, nach härteren Auseinandersetzungen lasse sie sich auch richtig vollaufen. Sie befürchte, alkoholabhängig zu sein und leide unter heftigen Schuldgefühlen. Sie fühle sich oft taub und leer, völlig wertlos und möchte manchmal am liebsten alles hinter sich lassen. Durch die Trinkerei gleite ihr allmählich alles aus der Hand, sie spüre eine ständige Unruhe, könne kaum noch schlafen, habe keinen Appetit mehr, sei erschöpft und deprimiert. Durch eine Eheberatung, die sie und ihr Ehemann in Anspruch genommen hätten, um die (achte!) Trennung zu vermeiden, sei ihr die Tragweite des sexuellen Missbrauchs durch den Vater deutlich geworden. Ständig werfe sie sich nun vor, sich damals nicht dagegen gewehrt zu haben, dadurch verantwortlich für die schlechte Ehe zu sein.

2 Lebensgeschichtliche Entwicklung und Krankheitsanamnese

a) Als die Patientin etwa sieben Jahre alt war, begann der Vater, mit ihr zu baden, dabei berührte er sie zwischen den Beinen, dann musste sie im Wasser seinen Penis massieren. Das schlimmste Erlebnis war die orale Stimulation ihres Genitalbereichs. Sie habe es einerseits als angenehm empfunden, jedoch gespürt, dass es nicht hätte sein dürfen, sie hatte Angst. Als sie fast zwölf war, schickte die Mutter sie ins Schlafzimmer, sie solle dem Vater für den Mittagsschlaf das Bett wärmen. Als er versuchte in sie einzudringen, habe sie sich gewehrt. Als sie mit ca. 19 Jahren ihren Geschwistern gegenüber eine Andeutung machte, was der Vater ihr angetan habe, sei sie als Lügnerin bezeichnet worden, der Vater habe versucht, ihr derartige Äußerungen gerichtlich verbieten zu lassen. Seither sei sie das schwarze Schaf in der Familie. Jahrelang habe sie den Missbrauch verdrängt, ihre Impulsivität, ihre Unsicherheit, ihre panische Verlustangst, die ihr das Leben schwer machten, auch nicht ihren steigenden Alkoholkonsum habe sie damit in Verbindung bringen können.

b) Die Patientin ist das zweite von vier Kindern (Bruder +1, Schwester -3, Bruder -8). Sie wurde nach der Geburt zur Großmutter gegeben, wo sie bis zum Ende des ersten Schuljahres blieb. Dies sei die glücklichste Zeit ihrer Kindheit gewesen. Als sie mit sieben Jahren ins Elternhaus zurückkam, fühlte sie sich ungeliebt und nicht zugehörig, ihre Mutter habe ihr zu spüren gegeben, dass sie sie nicht gewollt habe. Der Vater war und ist bis heute die absolute Respektperson in der Familie. Als Ausbilder bei der Bundeswehr habe er schon beruflich kommandiert, zu Hause sei es weitergegangen. Bei dem kleinsten Widerspruch habe er zugeschlagen, auch die Mutter hatte Angst. Sie war zeitweise alkoholabhängig. In alles habe er sich eingemischt, ständig habe er bei den Lehrern seiner Kinder vorgesprochen, es sei ihr oft peinlich gewesen, ansonsten sei sie sehr gern zur Schule gegangen, hatte guten Kontakt zu den Mitschülern. Die Mutter sei ihr gegenüber kalt und abweisend gewesen, habe sie oft durch Schläge und Hausarrest gestraft. Dafür sei sie die Lieblingstochter des Vaters gewesen, sie hatte bis zur Pubertät eine Sonderrolle. Nach Abschluss der Hauptschule bestimmte der Vater eine Lehre als Fleischfachverkäuferin für sie, die sie abschloss. In die Schule sei sie gern gegangen, der Kontakt zu den Mitschülern war gut.

c) Während der Lehrzeit in M. hatte sie einen Freund, mit dem sie 15-jährig ihren ersten Sexualkontakt hatte. Ihr Interesse an Sex war von Anfang an eher gering, sie war sehr verkrampft. Wenn er sich von hinten näherte, bekam sie Angst. Sie fühlte sich innerlich leer; immer wieder schoss ihr der Gedanke durch den Kopf, sie sei schmutzig. Gegen Ende der Lehrzeit begann die Beziehung zu ihrem heutigen, gleichaltrigen Ehemann. Mit 18 verließ sie M. und zog mit ihm in I. zusammen. Sexualkontakte mit ihm seien zunächst schön gewesen, aber die anfänglichen Probleme kehrten wieder. Immer wieder sei ihr die Erinnerung an den Vater gekommen, sie habe dann sein rötliches, erregtes, verzerrtes Gesicht vor sich gesehen. Ihr Partner habe bald bemerkt, dass sie sexuelle Probleme hatte und habe versucht ihr zu helfen, indem er sie zu einem Psychiater brachte und ihm die Missbrauchsgeschichte erzählte. Sie hatte das Gefühl, der Arzt habe die Geschichte nicht geglaubt. Er habe ihr Beruhigungsmittel verschrieben. In der Partnerbeziehung traten bald Schwierigkeiten auf: Der Freund erwies sich als brutal, mehrfach habe er sie krankenhausreif geschlagen, die Polizei musste eingreifen. Sie trennte sich, kehrte zurück, wurde abgewiesen, es kam zu einem Suizidversuch (1980, Überdosis Lexotanil). Er wurde straffällig, sie heiratete ihn in der Haft (1984), zuvor war die erste Tochter (1983) geboren worden. Es wurden zwei weitere Kinder geboren, eine Tochter (1987) und ein Sohn (1992). Trotz weiterer Gewalttätigkeiten scheitern ihre Versuche, sich zu trennen. Bis heute habe es acht kürzere und längere Trennungen gegeben, zwei Mal habe sie die Scheidung eingereicht, jedoch kurz vorher jedes Mal zurückgezogen. Bis vor zwei Jahren reagierte sie auf die Trennungen mit Esshemmungen, sie sei jedes Mal dramatisch abgemagert, seit zwei Jahren mit verstärktem Alkoholkonsum.

d) Die Patientin lebt nach dem letzten Trennungsversuch im Juli 1996 wieder mit ihrem Ehemann zusammen. Die ökonomischen Verhältnisse der Familie sind in Ordnung, ebenso die Wohnverhältnisse. Die Patientin ist Hausfrau und mit der Versorgung der drei Kinder (13, 9, 4) ausgelastet, nebenbei geht sie zum Putzen. Wegen ihres Alkoholkonsum komme es immer häufiger zu teilweise gewalttätigen Auseinandersetzungen mit dem Partner.

e) Von Februar bis Mai 1996 habe sie mit ihrem Ehemann zusammen eine Eheberatung aufgesucht, andere therapeutische Maßnahmen habe sie bislang nicht wahrgenommen.

3 Psychischer Befund zum Zeitpunkt der Antragstellung

Die Patientin wirkt unsicher, verzögert und niedergedrückt, erzählt jedoch ruhig und klar mit gutem Ausdrucksvermögen, lässt sich auf genaueres Nachfragen ein. Das Ausmaß des sexuellen Missbrauchs auf ihr bisheriges Leben scheint ihr allmählich bewusst zu werden und sie in tiefe Verzweiflung zu stürzen. Ihre Erscheinung ist leger und ein wenig kleinmädchenhaft, wodurch sie jünger und unreifer wirkt. Der emotionale Kontakt ist gut, die intellektuelle Leistungsfähigkeit und Differenziertheit der Persönlichkeit erscheinen für eine Verhaltenstherapie ausreichend. Psychopathologische Befunde wie Störungen der mnestischen Funktionen, Wahnsymptomatik konnten nicht festgestellt werden. Wegen Bedenken der Therapeutin wird ein Antisuizidvertrag abgeschlossen.

Screening mit Cage-Test (Ewing 1984): Die ersten drei Fragen (Versuche, Alkohol zu reduzieren, Ärger über kritische Bemerkungen wegen ihres Alkoholkonsums, Schuldgefühle) werden bejaht, die vierte Frage (Alkohol als eye-opener) wird verneint.

4 Somatischer Befund

Guter AZ und EZ, keine Auffälligkeiten.

5 Auflistung der manifesten Symptome

- Starker Wunsch, Zwang, Alkohol zu konsumieren (gegenwärtiger Substanzgebrauch) mit verminderter Kontrollfähigkeit, Exzesse bei Konflikten
- Libidostörung

- Verlustängste bei Konflikten
- Flashback-Erlebnisse des sexuellen Missbrauchs
- Depressive Symptome wie innere Leere, Todessehnsucht, Schlafstörungen

6 Verhaltensanalyse

a) funktionale Bedingungen

Situationen (S):
- Telefonische und persönliche Kontakte mit dem Vater
- Konflikt zwischen den Forderungen des Vaters und des Ehemannes
- Streit mit dem Ehemann
- bestimmte Situationen und Berührungen während des Sexualverkehrs, die mit Erinnerungen an die Missbrauchssituationen verbunden sind (Flashbacks)
- Vorwürfe, eine Lügnerin zu sein

Organismus:
Dependente Persönlichkeitszüge.

Reaktionen:
Die Patientin ist generell selbstunsicher und ängstlich in den meisten Situationen, die eine Abgrenzung gegenüber anderen, insbesondere dem Vater und dem Ehemann, erfordern. Bei Konfliktsituationen entwickelt sie durchgängig Schuldgefühle und Verlustängste.

Im kognitiven Bereich:
Selbstvorwürfe wegen des Trinkens, wegen der schlechten Ehequalität, wegen ihrer sexuellen Unlust, Selbstvorwürfe, sich in der Kindheit nicht gegen die Missbrauchssituationen gewehrt zu haben, Suche nach Erklärungen für den Missbrauch, nach Entlastung für den Vater.

Im emotionalen Bereich:
Unterdrücken von Trauer, Wut und Schmerz bis hin zur inneren Leere und Gefühlslosigkeit
Angst, sich zu wehren; Angst, vom Ehemann verlassen zu werden; Angst, allein zu sein; Angst vor dem Vater
Schuldgefühle, wenn sie geschlagen wird
Schuldgefühle, sich nicht gegen die Missbrauchshandlungen des Vaters gewehrt zu haben
Gefühl, schmutzig und wertlos zu sein; kann Sexualität unter Alkoholeinfluss manchmal genießen.

Im physiologischen Bereich:
Hohe Erregungszustände bei Kontakten mit dem Vater und bei Konfrontationen mit dem Ehemann, dann oft Suchtdruck, starke Verspannungen, Kopfschmerzen (häufige Trigeminusneuralgien), häufige Rückenschmerzen.

Konsequenzen, aufrechterhaltende Bedingungen

¢⁻ kurzfristig:	Spannungsrückgang, Erleichterung nach Alkoholkonsum
¢⁻ kurzfristig:	Reduktion des schlechten Gewissens dem Ehemann gegenüber, wenn sie sich (unter Alkoholeinfluss) auf Sexualkontakt einlassen kann
C⁺ kurzfristig:	Genießen des gemeinsamen Sex unter Alkoholeinfluss
C⁻ langfristig:	Alkoholabhängigkeit
C⁻ langfristig:	schlechte Ehequalität bleibt bestehen
¢⁻ kurzfristig:	Rückgang von Angst- und Unsicherheitsgefühlen dem Vater gegenüber, wenn sie dessen Einmischungen und Vorschriften respektiert
C⁺ kurzfristig:	Zuspruch, Lob vom Vater, wenn sie seiner Meinung nach etwas gut macht
C⁻ langfristig:	hohe externe Kontrollüberzeugung bleibt bestehen, damit weiterhin Abhängigkeit vom Vater

Verhaltensexzesse:
Zunehmender hoher Alkoholkonsum bis hin zu Kontrollverlusten nach Kontakten mit dem Vater, nach Konflikten mit dem Ehemann, vor Sexualkontakten. Kontrollverluste bei heftigen Streitereien mit dem Ehemann: Aus Angst geschlagen zu werden, greift sie oft zuerst an, schlägt ihn oder wirft Gegenstände nach ihm.

Verhaltensdefizite:
Die Patientin kann Gefühle von Trauer, Wut und Schmerz nicht angemessen zulassen. Sie kann sich nicht adäquat zur Wehr setzen gegenüber Vater und Ehemann. Sie kann Bedürfnisse und Wünsche nicht als solche wahrnehmen, demnach auch nicht durchsetzen. Sie kann Sexualität nur unter Alkoholeinfluss zulassen.

b) funktionale Zusammenhänge zwischen den Symptomen
Die Patientin lebt in einem ständigen Spannungsfeld: sie kann Forderungen und Versuche des Vaters, sich in ihr Leben, d. h. in ihre Ehe, die Erziehung ihrer Kinder, in die Kontakte zwischen ihr und den Geschwistern, einzumischen, nicht zurückweisen, was jedoch ihr Ehemann von ihr erwartet. Ebenso kann sie ihr eheliches Sexualleben nicht genießen, da es von den Missbrauchserinnerun-

gen überschattet und beeinflusst wird. Sie übernimmt hierfür die Schuld, fühlt sich als Ehepartnerin minderwertig. Beides führt zu oft gewalttätigen Auseinandersetzungen mit ihrem Ehemann, für die sie auch wieder die Schuld übernimmt. Die ständigen Spannungen und Ängste reduziert sie mit übermäßigem Alkoholkonsum, was erneute Konflikte mit ihrem Ehemann auslöst. Gefühle der inneren Leere, Wertlosigkeit und Hoffnungslosigkeit verhindern überdies, dass sie versucht, sich gegen die permanenten Grenzüberschreitungen sowohl des Vaters als auch des Ehemannes zur Wehr zu setzen. Die Patientin hat durch den sexuellen Missbrauch bereits in der Kindheit Grenzverletzungen erlebt, die die Entwicklung einer selbstbewussten Persönlichkeit verhindert haben. Der Vertrauensbruch und die Schutzlosigkeit, der sie sowohl durch den Vater als auch durch die Mutter ausgeliefert war, haben bis heute zu hohen Irritationen über die Angemessenheit ihrer Gefühle und Wahrnehmungen geführt. Sie kann nicht wirklich zwischen Gefühlen der Liebe und Zuneigung und der Abhängigkeit unterscheiden, was dazu führt, dass sie weiterhin Grenzverletzungen zulässt. Berechtigte Gefühle von Hass, Wut und Schmerz sind ihr kaum möglich, wodurch es in der Vergangenheit bis heute zu selbstschädigenden Gedanken, Gefühlen und auch Handlungen (Suizidversuch mit 18 Jahren, Alkoholmissbrauch) kam.

7 Diagnose zum Zeitpunkt der Antragstellung

Abhängigkeitssyndrom bei Alkoholgebrauch (F1x.2) / Posttraumatische Belastungsstörung (F43.1) / mittelgradige depressive Episode (F32.1)

8 Therapieziele und Prognose

1. Bearbeitung der aufrechterhaltenden Bedingungen für Grenzverletzungen und Kontrollverluste in der Vergangenheit (lebensgeschichtliche Entwicklung) und Gegenwart
2. Bearbeitung der Alkoholproblematik: mit dem Ziel, Abstinenz oder kontrolliertes Trinken zu erreichen
3. Emotionale Verarbeitung der Missbrauchserfahrungen: Die Patientin soll lernen, Gefühle von Trauer, Wut und Schmerz zuzulassen und ohne Alkohol ertragen zu lernen
4. Stärkung der Selbstwahrnehmung und Selbstwirksamkeit, Entwicklung eines positiven Selbstbildes frei von unangemessenen Schuldgefühlen, Selbstabwertungen und Gefühlen der Hilflosigkeit
5. Aufbau von sozialer Kompetenz im Sinne von mehr Selbstbehauptung und Stärkung von Konfliktfähigkeit (z. B. Forderungen ablehnen können)
6. Entwicklung internaler Kontrollüberzeugung

Die Patientin gehört einer freikirchlichen Vereinigung an. Sie schöpft viel Kraft aus ihrem Glauben und der Glaubensgemeinschaft. Von den Glaubensgenossen wird sie zusätzlich motiviert, die Therapie zu machen. Somit ist trotz der Schwere der Symptomatik eine gute Prognose möglich.

9 Behandlungsplan

Um der Patientin ein erstes Gefühl von Selbstwirksamkeit und Selbstkontrolle zu vermitteln, soll am Anfang der Behandlung die Bearbeitung des Alkoholmissbrauchs stehen. Mit Hilfe operanter Verfahren wie Schulung der Selbstwahrnehmung (Selbstbeobachtung, z. B. Trinkprotokolle) und Stimuluskontrolltechniken (Entfernen des Alkohols aus dem Haus) soll kontrolliertes Trinken bzw. Abstinenz erreicht werden.

Durch behutsame bedingungsanalytische Gespräche und emotional aktivierende Verfahren (z. B. Übungen mit dem leeren Stuhl, Imaginationsübungen) soll der Patientin ermöglicht werden, sich den traumatischen Kindheitserfahrungen zu nähern und zu erkennen, wie sich der Missbrauch auf ihr Denken und Fühlen bis heute ausgewirkt hat, z. B. die Folge der Grenzverletzungen durch den Ehemann. Der Abbau des unrealistischen Selbstbildes und der unangemessenen Schuldgefühle soll durch Anwendung kognitiver Verfahren (z. B. Identifikation fehlerhafter Attributionsmuster) ermöglicht werden, ebenso die Entwicklung internaler Kontrollüberzeugung. Um ihre soziale Kompetenz zu erhöhen, sollen Übungen aus dem Selbstsicherheitstraining (z. B. Rollenspiele mit Tonbandfeedback) zur Anwendung kommen: Die erwünschte Stärkung der Konfliktfähigkeit soll erreicht werden, indem sie lernt, anderen Grenzen zu setzen und selbst Grenzüberschreitungen nicht mehr hinzunehmen. Angestrebt wird, dass die Patientin durch soziale Verstärkung erkennen kann, dass es möglich ist, eine positive, liebevolle Beziehung zu haben, ohne eigene Wünsche und Bedürfnisse aufzugeben. Es soll daher das Angebot gemacht werden, den Ehemann phasenweise bei Bedarf in die Behandlung einzubeziehen.

10 Therapieverlauf

a) Motivationsphase, Aufbau der therapeutischen Beziehung

Der Aufbau der therapeutischen Beziehung gelang rasch. Die Patientin war sehr motiviert, die vorangegangene Eheberatung hatte sie für einen therapeutischen Prozess stimuliert. Sie füllte einen Fragebogen zur Lebensgeschichte bereitwillig aus. Schon durch die ersten Gespräche spürte sie eine Entlastung, ihre anfangs sehr niedergeschlagene Stimmung besserte sich zunächst. Der Ehemann kam zu einem Einzelgespräch, um sich zu informieren. Für ihn war das Thema belastend, er wollte seine Frau unterstützen und gleichzeitig rausgehalten werden.

b) Alkoholmissbrauch

Zum Zeitpunkt der Therapieaufnahme trank die Patientin jeden Tag drei bis fünf Weizen und einige Schnäpse, nachmittags um 17 Uhr spürte sie die erste Unruhe. Der Trinkort war regelmäßig zu Hause; in Gaststätten oder Lokalen mit ihrem Mann zusammen konnte sie kontrolliert trinken. Bei Familientreffen trank sie meistens zuviel. Die Patientin wollte gern wieder kontrolliert trinken können wie noch vor zwei Jahren, deswegen wurde das Therapieziel »Abstinenz bei Problemen, kontrolliertes Trinken bei positiven Anlässen« formuliert. Sie erhielt Informationen zum Thema Alkoholismus, führte Trinkprotokolle (siehe Anhang), erfuhr die Bedeutung der Stimuluskontrolle, entfernte die hochprozentigen Getränke aus dem Haus, hatte nur wenige Flaschen Bier da (Kasten war verboten). Die genaue Erarbeitung der Auslösesituationen wurde mit folgenden Kognitionen verbunden: Nüchternheit als Zeichen der Überlegenheit; Kontrolle heißt Macht haben über sich selbst und über die Situation; das Denken nicht auszuschalten bedeutet, handlungs- und reaktionsfähig zu bleiben, kein Spielball für die anderen zu sein.

c) Sexueller Missbrauch durch den Vater

Es begann ein vorsichtiges Herantasten an die Missbrauchsgeschichte. Die Patientin sprach das erste Mal in ihrem Leben darüber, hatte große Gedächtnislücken, verschleierte am Anfang das Ausmaß, spürte Schmerzen, widersprüchliche Gefühle, litt unter starken Missempfindungen wie Unruhe, Angst, Panik, tiefer Traurigkeit, dem Wunsch allem entfliehen zu wollen (Erneuerung des Antisuizidvertrags). Sie hatte häufige Flashbacks, bei denen sie das rote, gierige Gesicht des Vaters sah, bekam dieselben Alpträume, die sie in der Kindheit und Jugend hatte. Allmählich konnte sie Wut spüren und auch zulassen, konnte dem Vater ihre Enttäuschung ins Gesicht sagen (Übungen mit dem leeren Stuhl). Sie schrie laut im Auto, fuhr vormittags häufig in die ländliche Umgebung, ging spazieren, ließ ihre aufsteigenden Erinnerungen zu. Lange Zeit hegte sie den Wunsch, den Vater verstehen und ihn dadurch entlasten zu können. Durch Alltagskonflikte mit ihrem Ehemann, erkannte sie, dass sie dieselben Gefühle der Enttäuschung, Unsicherheit und Ambivalenz spürte wie früher, wenn sie, als die mit Sonderrechten ausgestattete Lieblingstochter des Vaters, von diesem nie Unterstützung gegen die kalte, ungerechte Mutter bekam. Von dem, der sie angeblich so liebte, war sie im entscheidenden Moment immer verlassen und ständig zu Stillschweigen verdammt worden. Sie erkannte, dass ihr Gefühlsleben schwer geschädigt worden war. Sie begann, für sich als Kind Verständnis zu entwickeln. Sie empfand sehr bewusst, dass es ihren Kindern besser geht als es ihr selbst gegangen ist, dass sie als Mutter das geben kann, was ihr fehlte, darauf ist sie stolz. Sie begann, den Vater zu hassen. Zwischen Vater und Tochter entwickelte sich ein Machtkampf: Die Patientin widersprach ihm das erste Mal bewusst und bemerkte seine Irritation darüber. Der Vater wurde unsicherer, telefonierte ständig hinter ihr her. Sie setzte seine Vorschläge nicht mehr um, konnte sie jedoch noch nicht verbal zurückweisen. In dieser Phase war das Rollenspiel mit Tonbandunterstützung das häufigste Verfahren, ebenso wurden Imaginationsübungen angewendet: Die Patientin stellte sich vor, wie sie als selbstsichere, starke Persönlichkeit dem Vater begegne. Die Rolle der Mutter wurde immer zweifelhafter. Nach vorangegangenen Übungen konfrontierte sie die Mutter mit ihrer Missbrauchsgeschichte und war erleichtert, als diese voller Entsetzen und Überraschung war. Sie erwartetet nun die lange vermisste Zuneigung und Mütterlichkeit (Mutter: »Wir haben viel nachzuholen!«), die sich jedoch nicht einstellte, vielmehr tat die Mutter so, als hätte das Gespräch nie stattgefunden, als hätte sie sich das alles ausgedacht (»Ich werde wieder als Lügnerin abgestempelt!«). In dieser schwierigen Phase griff die Patientin einige Male zum Alkohol, konnte jedoch jedes Mal zur inzwischen fast gewohnten Abstinenz zurückkehren.

d) Sexueller Missbrauch der Tochter durch den Großvater

In der Familie der Patientin war das Thema Missbrauch ständig präsent. Die ältere Tochter (13) bekam mit, worum es in der Therapie der Mutter ging. Die jüngere Tochter (8) wurde noch anhänglicher als sonst, begleitete die Mutter ständig zum Putzen, gestand eines Abends, dass der Großvater mit ihr etwas gemacht habe, was sehr weh getan habe. Die Patientin reagierte völlig verzweifelt. Mit ihr wird die vorsichtige Exploration des Kindes geübt, sie lässt das Kind malen, geht zum Familientherapeuten und zu Beratungsstellen (Wirbelwind/Rechtsberatung). In der Folge ist die Familie stark überfordert, es kommt wie früher zu gewalttätigen Konflikten. Um der Patientin ihren therapeutischen Schonraum zu erhalten, werden beide Ehepartner gebeten, zusätzlich die Eheberatung wieder aufzusuchen, was auch geschieht. Das Verhältnis entspannt sich wieder. Noch immer kann die Patientin den Kontakt zu den Eltern nicht abbrechen, obwohl dies inzwischen ihr Wunsch geworden ist. Sie konfrontiert die Mutter mit der vier Jahre zurückliegenden Missbrauchsgeschichte der Tochter. Die Mutter wiegelt ab, verspricht, bei Besuchen das Kind nicht aus den Augen zu lassen. Die Patientin ist nicht in der Lage, die Abhängigkeit der Mutter vom Vater zu erkennen. Erst als diese die Annäherung des Großvaters an die Enkelin offensichtlich unterstützt und das Kind laut um Hilfe schreit, kann die Patientin die Konsequenzen ziehen. Sie wendet sich von den Eltern vollständig ab, leitet erste Schritte für einen Prozess gegen den Vater ein, ist damit jedoch völlig überfordert. Therapeutisches Bestreben war es in dieser Zeit, die Patientin zu stabilisieren, sie konnte zwischen ihrer eigenen Geschichte und der der Tochter nicht mehr unterscheiden. Ein subtiler Druck durch die Beratungsstellen unterstützte ihr Vorhaben, den Vater anzuzeigen. Die Patientin fühlte sich schuldig, weil sie als Mutter versagt hatte, wollte sich dafür am Vater rächen. Die Tochter drohte die Rolle ihrer Stellvertreterin zu bekommen. Es gelang, Ruhe in die Familie zu bringen, mit der Anzeige gegen den Vater zu warten, bis die Patientin und das Kind sich stabil genug dafür fühlen werden. Die Trennung von den Eltern bestand bis zum vorläufigen Ende der Therapie nach 50 Stunden über vier Monate. Es soll zunächst das seit knapp zwei Jahren ständig im Raum stehende Thema Missbrauch abklingen, das Familienleben soll sich stabilisieren. Eine weitere therapeutische Unterstützung ist angeboten, falls es zum Prozess kommen sollte oder die Patientin es für die weitere Verarbeitung wünscht.

11 Ergebnisse

Die Patientin hat die Alkoholproblematik weitgehend im Griff. Sie trinkt im Alltag keinen Alkohol. Auch bei Zusammenkünften im Familienkreis trinkt sie höchstens ein bis zwei Flaschen Bier oder bis zu zwei Gläser Wein. Gefährdet ist sie in Situationen mit hohem emotionalen Anforderungscharakter. Wenn sie keine Unterstützung vom Ehemann bekommt, gerät sie schnell in eine depressive Stimmungslage und ist dann rückfallgefährdet.

Der sexuelle Missbrauch konnte weitgehend aufgearbeitet werden. Die Patientin hat den Kontakt zu den Eltern abgebrochen, den Vater hat sie innerlich völlig abgeschrieben, bei der Mutter schwankt sie zwischen Mitleid und Verachtung. Es hat eine Konfundierung ihrer eigenen Problematik mit der des Kindes stattgefunden. Dies ist der Patientin bewusst, weswegen sie noch Abstand davon nimmt, den Vater zu verklagen. Sie ist sich darüber im klaren, wie labil ihr Zustand noch ist. Die Ehe ist stabiler geworden, weil die Patientin nicht mehr trinkt und insgesamt ruhiger geworden ist. Beide Partner haben gelernt, mehr miteinander zu reden. Die sexuelle Beziehung hat sich verbessert. Die Patientin kann ihre Wünsche ausdrücken und kann auch ablehnen, ohne ein schlechtes Gewissen zu bekommen. Sie fühlt sich beim Sex nicht mehr wertlos und schmutzig, Flashbacks der Missbrauchssituationen sind verebbt. Ein Nachreifen hat begonnen.

12 Diskussion

Im Hinblick auf die Komplexität und besondere Schwere dieses Falles von sexuellem Missbrauch kann die Therapie als hinreichend erfolgreich gewertet werden. Durch die vorangegangene Eheberatung (sechs Sitzungen) war der lebenslange Kreislauf von Grenzüberschreitung durch körperliche Gewalt, Trennung, Rückkehr in die Abhängigkeit von dem Ehemann zunächst einmal unterbrochen. Die Bereitschaft des Ehemannes, die Therapie zu unterstützen, ließ die Patientin erstmalig bewusst ein Gefühl von Solidarität ihr gegenüber wahrnehmen. Die Voraussetzungen für die Therapie waren daher im Verhältnis zu ihren bisherigen Erfahrungen mit Unterstützung und Solidarität vergleichsweise gut. Sie genoss das Verständnis und die Zuwendung der Therapeutin, ihr Vertrauen hatte oft etwas kindlich-naives, was zu einer Überanpassung an die Wünsche und Aufträge der Therapeutin führte. Um diese nicht zu enttäuschen, versuchte sie, alle Vorschläge nahezu 1:1 umzusetzen, ihre Erfolgsberichte hatten häufig den Charakter einer Echolalie, weswegen zu direktive Aufgaben nach Behandlung der Alkoholproblematik bald zurückgenommen wurden, um Selbständigkeit zu fördern. Die Therapeutin war (und ist) für die Patientin weibliches Modell. Sie wirkte zeitweise in deren Familie wie ein ständiger Schatten der Patientin, so dass der Ehemann bei Auseinandersetzungen schon drohte, das sage er der Frau Z. Für die Therapeutin war es eine Gratwanderung: Die Patientin brauchte einerseits die enge Führung, die Stetigkeit und Sicherheit von Zuwendung, anderseits sollte sie nicht wieder eine neue Abhängigkeit aufbauen, nicht versuchen, ein schwer erreichbares Modell zu kopieren. Da die Patientin in ihrem bisherigen Leben kaum die Erfahrung von Selbstwirksamkeit und Kontrolle hatte machen können, war es wichtig, ihr möglichst frühzeitig ein Erleben davon zu vermitteln. Dies gelang durch Abbau des Alkoholmissbrauchs. Diese Erfahrung, selbst über etwas außer Kontrolle Geratenes wieder Kontrolle zu erlangen, hinterließ eine tiefe Wirkung. Es wurde versucht, den Missbrauch lösungsorientiert zu verarbeiten, d. h. alles damit Zusammenhängende als in der Vergangenheit liegend abzuschließen und Handlungskompetenz in der Gegenwart zu erreichen. Am wichtigsten dabei war, die Identifizierung der Gefühle in auslösenden Situationen. Die Patientin konnte lernen, dass sie im Konflikt mit dem Ehemann die gleichen Hilflosigkeitsgefühle entwickelte wie damals als Kind, dass sich die Grenzüberschreitungen des Vaters auf brutale Weise beim Ehemann wiederholten und sie immer noch mit Schuldgefühlen reagierte, wenn sie geschlagen wurde, ihre Wehrlosigkeit immer weitere Gewalt und Respektlosigkeit zur Folge hatte. Stück für Stück lernte sie, sich gegen beide Männer abzugrenzen. Der Missbrauch der Tochter stellte eine schwere Krise dar, die noch nicht überwunden ist, auch wenn die Patientin durch die Trennung von den Eltern ein Stück weitergekommen ist. Die Therapeutin geriet bei der Erarbeitung des Missbrauchs stark an ihre Grenzen emotionaler Belastbarkeit, aus Mitgefühl wurde phasenweise Mitleid.

Dokumentationsmaterial

Auszug aus dem Fragebogen zur Lebensgeschichte nach A. Lazarus

4 Selbstbeschreibung

Unterstreichen Sie bitte, was auf Sie zutrifft!
offen, geduldig, <u>selbstunsicher</u>, schlagfertig, <u>wertlos</u>, glücklich, Leben ist sinnlos, dumm, entschlossen, unfähig, liebevoll, <u>mache nichts richtig</u>, zufrieden, schuldig, gutmütig, schreckliche Gedanken, humorvoll, voller Hass, <u>fürsorglich</u>, <u>ängstlich</u>, gelassen, <u>getrieben</u>, kontaktfreudig, neige zu Panik, warmherzig, aggressiv, ruhig, hässlich, zuversichtlich, unattraktiv, belastbar, deprimiert, fähig, einsam, Leben hat Sinn, ungeliebt, werde gebraucht, <u>missverstanden</u>, vernünftig, gelangweilt, optimistisch, ohne Hoffnung, gescheit, <u>ruhelos</u>, attraktiv, <u>verwirrt</u>, sympathisch, <u>im Konflikt</u>, wertvoll, verschlossen

b) Schreiben Sie bitte Ihre 3 größten Ängste auf:
1. *Partner zu verlieren, Angst vor Vater.*
2. *Kinder zu verlieren.*
3. *Dass ich mit meiner Unsicherheit und Ängste bis zum »Tod« leben muss.*

c) Bitte ergänzen Sie folgende Sätze:
1. Ich bin ein Mensch, der *nichts richtig macht.*
2. Mein ganzes Leben lang *habe ich die Realität verdrängt.*
3. Eine Sache, auf die ich stolz bin, ist *die Geburt meiner Kinder.*
4. Ich gebe ungern zu, *nicht in Situationen auf meinen Mann zu hören.*
5. Eine Sache, die ich nicht verzeihen kann, ist *als Lügner dahin gestellt zu werden.*
6. Eine Sache, bei der ich mich schuldig fühle, ist *nichts gegen den Missbrauch unternommen zu haben, z. B. Mutter erzählen.*
7. Eine Art und Weise, wie Leute mir weh tun *indem sie mich »hintergehen« und bewusst täuschen.*
8. Wenn ich nicht Angst hätte, ich selbst zu sein, würde ich *meine sexuellen Phantasien ausleben.*
9. Eine Sache, über die ich mich ärgere, ist *wenn ich als Lügner hingestellt werde, und mein Ehemann mich missversteht.*
10. Das Dumme daran, erwachsen zu sein, ist *der Obhut der Großmutter entzogen zu sein.*
11. Eine Möglichkeit, wie ich mir selbst helfen könnte, es aber nicht tue, ist *in bestimmten Lebensbereichen logischer zu denken.*
12. Einer der Vorzüge dabei, mein Problem zu haben, ist *zum Alkohol zu greifen.*
13. Wenn ich mich trauen würde, spontan zu sein, würde ich *manchen Menschen die »Wahrheit ins Gesicht« sagen.*

d) Mein Partner/meine Partnerin würde mich wahrscheinlich so beschreiben:
gutgläubig, inkonsequent, labil
e) Mein bester Freund/beste Freundin würde mich so beschreiben:
als sensibel, in Panik kommen, Probleme extrem zu sehen
f) Jemand, der mich nicht leiden kann, würde folgende Beschreibung von mir geben:
arrogant

5 Zur Therapie

a) Was möchten Sie an Ihrem gegenwärtigen Verhalten und/oder Erleben verändern?
Nicht mehr unter der »Macht« vom Vater leben. Sexuellen Missbrauch verarbeiten können und verstehen können, Alkoholsucht loswerden.
b) Welche Gefühle würden Sie gerne verändern?
Ängste, Selbstwertgefühl, Depressionen, sich als »Nichts« zu fühlen.
c) Führen Sie bitte Situationen auf, die Sie entspannen und beruhigen!
Heißes Bad, bei beruhigender Musik!
d) Was halten Sie für Ihre unvernünftigsten Gedanken oder Ideen?
Selbstmordgedanken.
e) Beschreiben Sie bitte eine zwischenmenschliche Beziehung (oder Situation), in der Sie sich wohlfühlen.
Ausreden bei der Therapeutin, in der Familie.
f) Beschreiben Sie bitte eine zwischenmenschliche Beziehung (oder Situation), die Sie traurig macht oder sehr unangenehm ist!
Kontakt mit Vater und Mutter, Menschen die »falsch« sind.
g) Was erwarten und wünschen Sie von der Therapie?
Selbstsicherheit, keine Ängste mehr, mit beiden Beinen im Leben zu stehen.
h) Was befürchten Sie?
—
i) Fällt Ihnen noch etwas ein, was für die Therapie wichtig sein könnte?
—

Beispielblatt eines Trinkprotokolls

Trinktagebuch   Dienstag, 16. 7.

Uhrzeit	Situation Trinkanlass	Art/Menge der Getränke (auch nichtalkoholische)
6.00–9.00 Uhr		
9.00–12.00 Uhr	Frühstück	3 Tassen Kaffee
12.00–15.00 Uhr	Durst	Saft
15.00–18.00 Uhr	»Nachmittagsklatsch« Durst	2 Tassen Kaffee Saft/3 Gläser
18.00–21.00 Uhr	Durst/Gewohnheit	2 Russen (1 l Weißbier, 1 l Limo) 1 Weißbier
21.00–24.00 Uhr	Wut, frustriert über mich selbst, verärgert Mutter hat angerufen	2 Weißbier 1 Cognac
24.00–6.00 Uhr		

Gedanken: »Du bist ja so blöd«. Warum kriegst du nicht mehr raus …

Trinktagebuch   Mittwoch, 17. 7.

Uhrzeit	Situation Trinkanlass	Art/Menge der Getränke (auch nichtalkoholische)
6.00–9.00 Uhr		
9.00–12.00 Uhr	Frühstück	3 Tassen Kaffee
12.00–15.00 Uhr	Gewohnheit	1 Tasse Kaffee
15.00–18.00 Uhr		
18.00–21.00 Uhr	Gewohnheit	2 Russen (1 l Weißbier, 1 l Limo) 1 Weißbier
21.00–24.00 Uhr	Besuch/gemeinsames Besammensein	3 Gläser Wein 0,1 l
24.00–6.00 Uhr		

Dipl.-Psych. Bettina Zoepf-Kabel

Fall C Paranoide Schizophrenie (F20.0)/ Anpassungsstörung (F43.2)

1 Angaben zur spontan berichteten und erfragten Symptomatik

Die 32-jährige, gepflegte Patientin berichtet, sie leide an ausgeprägten Ängsten. Sie habe Zukunftsängste, Angst vor dem Alleinsein, Ängste wegen ihrer beruflichen Zukunft, eigentlich Angst vor allem. Sie leide auch unter »Verfolgungsängsten«. Sie habe oft ein beklemmendes Gefühl, als ob irgendwas oder irgendwer hinter ihr her sei. Sie sei sich aber nicht sicher, es könne auch eine Einbildung sein. Sie müsse auch oft an die »Mordversuche« durch ihren Ehemann denken. Außerdem mache sie sich große Sorgen um ihre Mutter und ihre Schwester. Ihre Schwester sei sehr dick, habe noch nie gearbeitet, lebe bei ihrer Mutter und habe seit Jahren das Haus nicht mehr verlassen. Sie sei auch nicht versichert, so dass sie Angst habe, für ihre Schwester sorgen zu müssen, wenn ihre Mutter nicht mehr da sei.

Als sehr belastend empfinde sie auch ihre Sprechstörung, ihre Kehle sei blockiert, wie zugeschnürt. Das müsse wohl an einer falschen Atmung liegen, manchmal könne sie vor Anspannung und Angst kaum sprechen. Durch ihre Sprechstörung könne sie sich auch keine neue Arbeitsstelle suchen und vermeide lieber soziale Kontakte.

Sie wisse oft nicht wie es weitergehe, habe das Gefühl, völlig versagt zu haben, sei häufig deprimiert und wünsche sich manchmal, dass »alles vorbei wäre«.

Die Patientin kommt während ihrer Behandlung in der psychiatrischen Tagklinik auf eigenen Wunsch zur Psychotherapie.

2 Lebensgeschichtliche Entwicklung und Krankheitsanamnese

Die Mutter (65 J.) arbeitete bis zu ihrer Berentung (1988) im Krankenhaus in der Wäscherei. Die Patientin beschreibt sie als fürsorglich, immer hart arbeitend und herzlich. Sie habe aber immer wenig Zeit für sie gehabt. Die Mutter war nie verheiratet, der Vater ist unbekannt.

Die Halbschwester (+1) sei schon immer psychisch auffällig gewesen, verhaltensgestört, aggressiv, sehr dick. Sie musste nach der dritten Klasse in eine Sonderschule für Schwererziehbare, dort sei sie Klassenbeste gewesen und habe einen guten Abschluss gemacht. Anschließend hätte sie eine Art Haushaltsschule besucht, aber seither nie gearbeitet. Sie lebe heute noch bei der Mutter und lehne jede ärztliche Hilfe ab.

Die Kinder seien bis 1970 von den Großeltern aufgezogen worden. Das Verhältnis zu den Großeltern sei sehr gut gewesen, besonders zur Großmutter. Mit fünf Jahren seien sie und ihre Halbschwester in ein von Klosterschwestern geführtes Kinderheim gekommen. Zwei Jahre später seien die Kinder dann zur Mutter gezogen. Nach der Schule sei sie im Hort gewesen, gesehen hätte sie die Mutter nur abends. Im Alter von sechseinhalb sei sie mit ihrer Schwester zusammen eingeschult worden. Sie habe die Schule nicht besonders gemocht und nur mittlere Schulleistungen erzielt. Erwachsenen gegenüber sei sie immer schüchtern und verschlossen gewesen. Unter Gleichaltrigen sei sie immer im Hintergrund gestanden. Das sei heute noch so.

Die Patientin hat nach dem Hauptschulabschluss eine Lehre als Textilverkäuferin absolviert. Nach der Lehre sei sie noch ein Jahr bei der Firma geblieben. Danach war sie bis auf kurze Anstellungen arbeitslos. Damals habe die Patientin miterlebt, dass die Mutter sehr viel Alkohol getrunken habe. Der Zustand dauerte ca. zwei Jahre bis zur Frühberentung der Mutter an.

Im August 1985 sei sie von zu Hause in eine Sozialwohnung umgezogen. Die Zeit sei sehr schlimm für sie gewesen, da sie arbeitslos und in finanziellen Schwierigkeiten war. Ab Oktober 1985 habe sie als Bibliotheksangestellte wieder zu arbeiten begonnen. Die Arbeit habe ihr großen Spaß gemacht, durch ihr selbständiges Leben habe sie sich besser gefühlt. Das Verhältnis zu ihrer dominanten Schwester sei damals immer schlechter geworden, die Mutter-Schwester-Beziehung sei sehr gespannt gewesen. Sie selbst habe sich mit der Mutter immer gut verstanden, sie auch nach ihrem Auszug häufig besucht, auch deshalb, weil sie sich wegen ihrer Schwester um ihre Mutter gesorgt habe.

1989 habe sie erstmals Ängste und Verfolgungsideen entwickelt, die nach einer sechswöchigen Behandlung in der Klinik ohne Medikamente innerhalb von sechs Monaten wieder abgeklungen seien.

Im März 1990 habe sie ihren späteren Ehemann kennengelernt und im September 1990 geheiratet. Danach hätten sich ausgeprägte Verfolgungsängste durch den Ehemann eingestellt: »Er hat mich bedroht und ausgenützt. Er wollte meine Lebensversicherung.« Sie habe Vergiftungsideen gehabt, sei oft körperlich krank gewesen. Sie sei Mitte Februar 1991 (bis August 1994) wieder zu Mutter und Schwester gezogen und im November 1992 geschieden worden. Damals habe sie sich zunehmend von ihrem Bekanntenkreis isoliert, sei sehr misstrauisch gewesen. Bei beiden Episoden habe sie unter Stimmveränderungen gelitten. Sie sei dann noch zwei Jahre mit einem Mann zusammengewesen. Diese Beziehung sei in die Brüche gegangen, da der Mann sie menschlich niedergemacht habe.

Im Oktober 1991 habe sie eine Stelle als Postverwaltungsangestellte bei der Grenzpolizei angetreten, diese zum Mai 1997 aber nach einem gewonnenen Arbeitsgerichtsprozess selbst gekündigt. Den Prozess habe sie geführt, da man sie auf eine Halbtagsstelle kürzen wollte, nachdem ihr die bisher ganztägige Arbeit am PC zu anstrengend wurde. Danach habe sie als Versicherungsangestellte eine neue Stelle angetreten, diese aber nach zwei Wochen wegen Krankschreibung verlassen. Von April 1996 bis Juli 1997 habe sie vermehrt Alkohol zu sich genommen, um sich zu betäuben.

Die Patientin wurde am 31.7.1997 von ihrer Psychiaterin in die Psychiatrische Klinik wegen eines paranoiden und depressiven Syndroms eingewiesen. Auf ihr Drängen hin wurde sie am 7.10.1997 entlassen und von Anfang November bis Ende Februar 1998 in der Tagklinik im Hause weiterbetreut.

3 Psychischer Befund zum Zeitpunkt der Antragstellung

Die gepflegte Patientin ist im Kontakt offen und zugewandt. Die Konzentration beschreibt sie subjektiv als verschlechtert, objektiv erscheinen Konzentration, Auffassung, Merkfähigkeit und Gedächtnis ungestört. Sie beschreibt sich selbst als in gedrückter Stimmung, wirkt etwas affektlabil (weint und lacht schnell). Diskrete paranoide Ideen. Ihre Stimme und Sprache sind auffällig, wirken angespannt und gepresst bis zum Tonverlust und Stammeln. Die Stimmveränderungen fluktuieren im Gespräch, teilweise wirkt die Patientin etwas lockerer. Die Haltung der Patientin ist eher steif, wirkt verkrampft. Inhaltlich ist sie stark auf ihre Ängste eingeengt. Im Gespräch zeigen sich Abwertungstendenzen der eigenen Person und der Wunsch nach Erfüllung von sozialen Normen.

Es bestehen passive Todeswünsche, keine akute Suizidalität.

Nach Hawie-R ist die Intelligenz gut durchschnittlich (Gesamt-IQ 108).

4 Somatischer Befund

Guter AZ und EZ. Laborparameter alle im Normalbereich.

5 Verhaltensanalyse

a) Symptomverhalten

Situation (S): Morgens beim Aufwachen. Patientin denkt über ihre Situation nach.
Reaktionen:
Kognition: »Ich weiß nicht wie es weiter geht.«
»Ich bin allein, habe keinen Partner, keine Arbeitsstelle.«
»Ich bin wertlos.«
»Ich muss eine neue Arbeit finden.«
»Das schaff ich alles nicht.«
»Alles ist so aussichtslos.«
Emotion: Angst, Hilflosigkeit, Verzweiflung, Scham, Depression
Physiologie: innere Unruhe, Anspannung, Verkrampfung

Verhalten: Sozialer Rückzug, Handlungsunfähigkeit, Sprechstörungen
Verhaltensdefizite: Anerkennung der eigenen Persönlichkeit, Selbstverstärkung, sich selbst führen und motivieren.
Verhaltensexzesse: negative Kognitionen.
Verhaltensaktiva: Die Patientin ist diszipliniert und zuverlässig. Sie zeigt an »guten« Tagen viele praktische Handlungskompetenzen.

b) Bedingungsanalyse
Mikroebene:
Auslösende Situationen für das Problemverhalten sind »schlechte« Tage. Das können Tage sein, an denen die Patientin nichts zu tun hat, Tage mit »depressiver Wetterlage« (S). Im Zusammenhang mit einer erhöhten Vulnerabilität, die sich in persistierender Wahnsymptomatik und Negativsymptomatik zeigt (0), grübelt die Patientin über ihre Arbeitslosigkeit, ihr Alleinsein und ihre Erkrankung. Dabei sind ihre Gedanken eingeengt auf ein negatives Selbstbild, eine negative Interpretation ihrer Lebenserfahrungen und eine aussichtslos erscheinende Zukunft (Rkognitiv). Die Patientin entwickelt Ängste, fühlt sich hilflos und deprimiert (Remotional). Sie reagiert mit physiologischen Symptomen (Rphysiologisch), die ein Aktivwerden verhindern und sich somatisch in ihren Sprechstörungen zeigen (Rmotorisch). Die somatische Symptomatik rechtfertigt die soziale Kontaktvermeidung der Patientin in Situationen, denen sie sich nicht gewachsen fühlt und die für sie mit Angst vor Versagen und negativen Selbstbewertungen besetzt sind. Kurzfristig kommt es zur Reduktion ihrer Anspannung ($\mathcal{C}^-$), langfristig zur Verstärkung der psychotischen Überzeugungen.

Makroebene:
Die Patientin war in ihrer Herkunftsfamilie ausschließlich mit weiblichen Bezugspersonen konfrontiert. Ein männliches Vorbild, ein »Beschützer« war nicht vorhanden. Die Mutter hatte, da sie für die Familie sorgen musste, zu wenig Zeit für sie, die Schwester war ein negatives Vorbild. Die familiären Belastungen (kranke Schwester, Mutter meist abwesend) und die fehlenden Selbstwertquellen verhinderten die Entwicklung von stabilem Selbstwertgefühl und damit die Fähigkeit zur Selbstverstärkung. Gleichzeitig wuchs in ihr ein nicht zu erreichendes Soll in Bezug auf ihre eigene Person, um das in ihrer Familie erlebte Versagen zu überbrücken. Dabei ist sie ständig auf äußere Bestätigung angewiesen, um die Ideal-Selbstbild-Diskrepanz zu überbrücken. Die aus diesen Bedingungen fehlende Erfahrung der Selbsteffizienz kompensiert die Patientin, indem sie sich auf zentrale Verstärkerbedingungen – Partnerbeziehung und Arbeit – konzentriert. Personen mit diesem Verhaltensmuster tendieren bei Verlust von Selbstwertquellen zu intensiven emotionalen Reaktionen, die als Angst und Schuldgefühle verhaltenssteuernd wirken.

Die Partnerbeziehungen der Patientin erwiesen sich beide als Enttäuschungen. Nicht zu explorieren ist, ob ihre Ehe infolge ihrer psychotischen Symptome scheiterte, oder ob diese durch extreme Belastungen in der Ehe begünstigt wurden. In ihrer letzten Arbeitsstelle scheiterte sie – möglicherweise aufgrund erneuter psychotischer Symptomatik. Momentan ist die Patientin ohne festen Partner, arbeitslos – also ohne Verstärker von außen – und durch ihre vorangegangene Erkrankung extrem belastet. Durch die fehlende Möglichkeit von Selbstverstärkung und adäquaten Bewältigungsstrategien reagiert sie mit sozialem Rückzug, Ängsten und Depression.

c) Funktionsanalyse

Durch ihren sozialen Rückzug und ihre Handlungsunfähigkeit vermeidet die Patientin das Risiko eines erneuten Scheiterns in einer Partnerbeziehung oder am Arbeitsplatz.

6 Diagnose zum Zeitpunkt der Antragstellung

Paranoide Schizophrenie, unvollständig remittiert (F20.x4)

7 Therapieziele und Prognose

1. Akzeptanz und Bewältigung der psychotischen Erkrankung ermöglichen.
2. Positive Selbstwahrnehmung und Selbstbewertung stabilisieren. Habituelle Selbstverstärkung etablieren.
3. Motivation zur Aktivität aufbauen.
4. Erkennen und durchsetzen eigener Interessen, Übernahme von Selbstverantwortung und Abgabe der vermeintlichen Verantwortung gegenüber der Schwester lernen.
5. Abbau von Angst- und Schuldgefühlen.
6. Erlernen von Genuss und Entspannung.

Die Prognose ist trotz der Schwere der Erkrankung ausreichend gut. Die Patientin zeigt im gesamten Setting (auch Tagklinik) gute Compliance.

8 Behandlungsplan

zu 1. Psychoedukation, Besprechung der Wahninhalte, Herausarbeiten der individuellen Frühwarnzeichen und Vermittlung von bewältigungsorientierten Strategien zum Umgang mit aktuellen und zukünftigen Stresssituationen zur Rückfallprophylaxe.
zu 2., 4., 5. Besprechung der Lerngeschichte zum erkennen der Rolle inner-

halb der Familie und der erlernten Attribuierungsmuster, Selbstbeobachtungsprotokolle erstellen, Wahrnehmungsübungen zur eigenen Person, Selbstlob üben.

zu 3. Übungen zur Bedürfnis- und Gefühlswahrnehmung (Genusstraining), Aktivitätenpläne und geeignete Verstärkerpläne erarbeiten.

zu 4. Entscheidungs- und Problemlösetraining, Training sozialer Kompetenz zum Beziehungsaufbau mit der Schwester, um klare Verantwortungs- und Abgrenzungsbereiche zu schaffen.

zu 5. Realistische Zukunftsperspektiven im Hinblick auf die Belastbarkeit der Patientin erarbeiten. Situatives Angstmanagement im Hinblick auf Beruf, Alleinsein und Zukunftsperspektiven aufbauen. Positive Kognitionen und Alternativverhalten erarbeiten.

zu 6. Entspannungstraining (z. B. Progressive Muskelrelaxation) oder Atemkontrolltechniken.

9 Behandlungsverlauf

Mit der Patientin wurde ihre Erkrankung anhand des Vulnerabilität-Stress-Modells besprochen. Die individuellen Frühwarnzeichen und deren Bedeutung für evtl. zukünftige Krankheitsphasen wurden herausgearbeitet. Die Patientin zeigte Einsicht im Hinblick auf ihre gesteigerten Ängste, ihre verminderte Belastbarkeit und ihren sozialen Rückzug. Sie war nicht bereit, ihre Beziehungsideen (Mordversuche durch den Ehemann) auf Realitätsgehalt zu überprüfen.

Wesentlicher Bestandteil der Therapie war für die fast ständig unter Anspannung stehende Patientin ein regelmäßig durchgeführter Entspannungsteil. Dieser diente zur Verbesserung ihrer Sprechweise, und war Grundlage zur effizienteren Bearbeitung der weiteren Therapieinhalte. Bis zum Therapieende zeigten sich bei ihren Sprechstörungen eine Abhängigkeit vom Erregungsniveau der Patientin. In entspanntem Zustand sind die Sprechstörungen nahezu verschwunden.

Bezüglich ihrer starken Selbstwertzweifel wurde die Lerngeschichte der Patientin und ihre momentane Situation besprochen. Es wurden die bisherigen Leistungen und Erfolge der Patientin herausgearbeitet und verstärkt, anfangs therapeutisch und im weiteren Fortgang zunehmend durch schriftliche und mündliche Übungen eigenverstärkt. Hier zeigten sich die anfangs tiefgehenden Schwierigkeiten der Patientin, sich selbst zu bestärken und zu loben. Im Verlauf der Therapie gelang es der Patientin zunehmend besser, sich zu verstärken. Sie berichtete allerdings, dass es sie entlasten würde, wenn sie auch von außen Verstärkung erfährt. Mittels imaginativen Verfahren wurde versucht, die Verstärkerquellen der Patientin zu erweitern (z. B. Sport treiben, sich mit Freunden treffen, Essen genießen). Es wurden Aktivitätspläne geschrieben und geeignete

Verstärker zur Erhöhung der Motivation gesetzt. Diese werden von der Patientin entsprechend ihrer oft schwankenden Grundstimmung mehr oder weniger umgesetzt. Hier zeigte sich auch bei Therapieende eine noch bestehende Instabilität, allerdings mit längeren stabilen Intervallen.

Anfangs standen bei der Patientin die Sorgen und Ängste um ihre Familie und die von ihr antizipierte Verantwortungsübernahme für ihre Schwester im Vordergrund. Mit der Patientin wurde ihre Rolle innerhalb der Familie und ihre realistischen Einflussmöglichkeiten auf die Situation besprochen. Mittels Perspektivenwechsel und in Rollenspielen lernte die Patientin die Kommunikation zu ihrer Schwester zu verbessern und so die Beziehung für sie entlastender zu gestalten. Die Patientin erkennt jetzt die Eigenverantwortung ihrer Mutter und ihrer Schwester an und kann damit einen Teil der Verantwortung für die beiden abgeben.

Ihre Ängste bezüglich ihres Alleinseins bewältigt die Patientin insoweit, als sie gute Kompetenzen besitzt, auf mögliche Partner zuzugehen. Die Partnerwahl und der Verlauf zeigten ein Wiederholungsmuster, das von anfänglicher Idealisierung ausgeht und nach ersten Schwierigkeiten (Patientin fühlt sich unverstanden) zur Abwertung und zum Abbruch der Beziehung führt. Hier zeigt sich das aufgrund ihrer Erfahrungen in der Ehe (psychotisch?) noch bestehende Misstrauen gegenüber Partnern. Anhand von konkreten Situationen wurden mittels kommunikativer Techniken eine Situationsdifferenzierung und Personenindividualisierung herausgearbeitet und Reaktionsmöglichkeiten erprobt. Die Patientin zeigt jetzt mehr Einsichtsfähigkeit und ein größeres Verhaltensrepertoire in ihrer momentanen Partnerschaft und erfährt insoweit eine Reduktion ihrer Ängste vor dem Alleinsein, da sie ihre Einfluss- und Gestaltungsmöglichkeiten erkennt.

Bezüglich der Ängste in Hinblick auf ihre berufliche Zukunft wurden mit der Patientin verschiedene Wege erarbeitet, die in Anbetracht ihrer noch verminderten Belastbarkeit und ihrer sozialen Schwierigkeiten möglich waren. Derzeit besucht die Patientin eine vom Arbeitsamt geförderte Rehabilitationsmaßnahme, die entweder in eine Umschulung oder in ein festes Arbeitsverhältnis – evtl. mit reduzierter Stundenzahl – münden soll. Am Anfang der Rehabilitationsmaßnahme traten bei der Patientin immer wieder Selbstzweifel im Hinblick auf ihre körperliche und geistige Belastbarkeit sowie Selbstwert- und Anerkennungsprobleme im Klassenverband auf, die bei der Patientin immer wieder Abbruchgedanken hervorriefen. Es wurden geeignete Entspannungsmethoden für die Zeit während des Unterrichts erarbeitet, Lerntechniken besprochen und geübt und in Rollenspielen und kommunikativen Strategien für schwierige soziale Situationen in der Schule vermittelt.

Die Patientin möchte jetzt versuchen, trotz gelegentlicher Instabilität ihrer Stimmungen und ihrer Belastbarkeit ohne therapeutische Hilfe zurechtzukommen. Sie gibt an, dass die Beendigung der Therapie für sie ein äußeres Merkmal sei, gesund zu sein. Sie will allerdings wieder auf die Therapeutin zukommen, wenn sie merke, dass sie es alleine nicht schaffe. Aus therapeutischer Sicht wäre eine Fortführung der Therapie wünschenswert, um die Möglichkeiten der Selbstverstärkung weiter zu festigen und auszubauen und damit langfristig eine stabiles Selbstbewusstsein mit internalen Verstärkungsquellen zu erreichen.

Die psychotischen Phantasien haben zwar an Bedeutsamkeit verloren, bestehen aber weiterhin. Auch dafür wäre weitere therapeutische Bearbeitung erforderlich. Die Behandlung wurde nach 30 Sitzungen beendet.

10 Abschließende Bewertung des Therapieverlaufs

a) Motivationsanalyse

Die Therapiemotivation der Patientin war zu Beginn der Behandlung sehr hoch. Nach ihren Angaben half es ihr vor allem, mit jemanden über ihre Erkrankung sprechen zu können. Ihre Compliance ließ anfangs auch auf eine Änderungsmotivation schließen. Als es an das Bearbeiten ihrer Ängste bezüglich Zukunft und Arbeit ging, zeigte sich durch Nachlässigkeit in den Hausaufgaben und vermehrte Stimmungsschwankungen die Angst der Patientin vor diesbezüglichen Veränderungen. Hier wurde verstärkt mit motivierendem Interview und an der Verbesserung der Therapiekooperation gearbeitet.

b) Interaktionsanalyse

Die Patientin zeigte sich angepasst und in ihrem Verhalten die Tendenz zur sozialen Erwünschtheit. Widerstand zeigte sich beim Versuch, ihre Ängste zu bearbeiten. Die Patientin versuchte teilweise zu agieren, indem sie vollkommene Hilflosigkeit in Mimik und im Gespräch demonstrierte und damit um Unterstützung »bettelte«. Dies erzeugte bei der Therapeutin eine ambivalente Einstellung zwischen Ablehnung und helfen wollen. Eine Übertragung der Hilflosigkeit auf die Therapeutin war in solchen Situationen spürbar.

Dipl.-Psych. Ute Eckstein

Fall D Paranoide Psychose (F 20.0)/Agoraphobie (F 40.0)/ Posttraumatische Belastungsreaktion TYP II (F43.1)[1]

1 Angaben zur spontan berichteten und erfragten Symptomatik

Frau C., eine 35-jährige Patientin, wurde ca. drei Monate nach Aufnahme in unsere Klinik durch den behandelnden Arzt zur ambulanten kognitiv-verhaltenstherapeutischen Behandlung überwiesen. Zu ihren Problemen berichtete sie, dass sie lieber mit einer Frau über ihre Vergewaltigung durch den Bruder sprechen möchte. Außerdem habe sie starke Angst, allein nach draußen zu gehen. Aber sie habe das Wochenende schon in ihrer Wohnung verbracht. Dort habe sie wieder den Lärm der Nachbarn gehört, den würden diese extra ihretwegen veranstalten, um sie zu belästigen. Sie gehe auch nicht ans Telefon, weil sie zu Beginn ihrer Psychose von ihren Kollegen am Telefon gemobbt worden sei.

Sie äußerte weiterhin, dass ihr die Bearbeitung des Traumas der Vergewaltigung am wichtigsten sei. Mit ihrer Therapeutin, mit der sie von 1987 bis 1991 tiefenpsychologisch gearbeitet hat, sei das nicht geschehen.

2 Lebensgeschichtliche Entwicklung der Patientin und Krankheitsanamnese

Frau C. ist als viertes und jüngstes Kind auf dem Land geboren worden. Die Mutter ist Hausfrau, der Vater berenteter Arbeiter.

Frau M. schloss die Hauptschule ab, absolvierte ein hauswirtschaftliches Berufsgrundschuljahr und arbeitete dann ohne spezielle Ausbildung zuletzt zehn Jahre durchgehend als Hauswirtschaftskraft in einer Tagesstätte. Sie lebt allein in einer Großstadt und hat wenige, aber stabile Freundschaften. Momentan hat sie keinen Partner. 1997 trennte sie sich nach siebenjähriger Beziehung von einem verheirateten Mann, der sie zu vernachlässigen begann. Davor bestanden lediglich kurzfristige, aber befriedigende sexuelle Beziehungen.

Im Laufe ihres bisherigen Lebens war sie mit einer Fülle belastender Ereignisse konfrontiert: Bereits in ihrer Kindheit erlebte sie Quälereien, Hänseleien und ca. ab dem 13. Lebensjahr auch sexuelle Übergriffe seitens ihres Bruders. Sie sei immer sehr unglücklich, still und ängstlich gewesen. Von der überfordert wirkenden und kühl zurückweisenden Mutter fühlte sie sich allein gelassen. Der Vater (»Pantoffelheld«) habe viel getrunken, sei liebevoll, aber schweigsam gewesen. Verständnis von den Eltern vermisste sie völlig. Der ältere Bruder ent-

---
[1] Kraemer (2000). Ich danke dem Verlag Vandenhoeck und Ruprecht für die freundliche Genehmigung des Abdrucks.

wickelte seit spätestens 1978 eine hebephrene Psychose mit mehreren Suizidversuchen. Über Probleme wurde in der Familie nie gesprochen. Auch bei Klagen über den Bruder habe ihr die Mutter barsch bedeutet, dass ihr eigener Bruder genauso gewesen sei. In ihrem 18. Lebensjahr (1982) kam es schließlich zu einer Vergewaltigung durch den Bruder. Beide waren alkoholisiert. 1995 suizidierte sich die eine Schwester. Sie hatte der Polizei einen Brief hinterlassen, in dem sie den Bruder und den Vater des sexuellen Missbrauchs bezichtigte. Die Familie wurde polizeilich verhört, äußerte aber nichts. Frau C. erlebte dieses Ereignis ambivalent. Ihre eigenen, sowie die Bewältigungsstrategien aller Geschwister und möglicherweise auch der Eltern, waren Rückzug, Passivität, Alkohol- und gelegentlicher Drogenmissbrauch (Cannabis, Kokain) sowie Suizidalität.

Manifeste Krankheitssymptome und Behandlungen: Im Alter von 22 Jahren (1986) fügte sie sich eine schwere Alkoholintoxikation in suizidaler Absicht bei. Sie wurde mit der Diagnose einer Depression in einem Bezirkskrankenhaus vier Wochen behandelt. In den vier Jahren von 1987 bis 1991 führte sie eine ambulante tiefpsychologisch fundierte Behandlung durch. In dieser Zeit ging es ihr besser, sie hatte auch 1990 eine Partnerbeziehung aufgenommen, aber sie trank weiterhin vermehrt Alkohol und war häufig suizidal, eine Grundhaltung, die bei ihr seit dem 13. Lebensjahr bestand, dies möglicherweise in Verbindung mit den belastenden sexuellen Übergriffen des Bruders und der invalidierenden Haltung der Eltern. Einige Monate nach der Trennung von ihrem Partner entwickelte sie erste psychotische Symptome. Sie war von Verfolgungs- und Beziehungsideen, akustischen Halluzinationen, Ängsten und Suizidalität geplagt (April 1998). In dieser Zeit machte sie einen Suizidversuch mit Tabletten, der unentdeckt blieb. Seit Juni desselben Jahres ambulante neuroleptische Behandlung. Frau C. fühlte sich in ihrer Arbeit gemobbt, telefonierte nachts stundenlang mit Arbeitskollegen, erzählte ihnen dabei logorrhoisch alles mögliche (wahrscheinlich auch über ihre Inzesterfahrungen), konnte aber nichts genaueres zu den Inhalten dieser Gespräche erinnern. Im Dezember erlitt sie eine weitere Exazerbation ihrer psychotischen Symptomatik. Sie fühlte sich als der Staatsfeind Nr. 1, sie werde gejagt, Zeitungsartikel und Fernsehnachrichten bezögen sich auf sie, ihre Familie sei von einer Sekte unterwandert, die auch schuld am Tod ihrer Schwester sei. Sie wurde in unsere Klinik überwiesen. Nach zweimonatiger Behandlung auf einer offenen Station wurde sie wegen Suizidalität (Auslöser war die Nachricht, dass ihre Freundin an Aids erkrankt war und sie wieder den Verlust einer geliebten Person befürchten musste) auf die geschlossene Station überwiesen. Dort besserte sich ihr depressives Zustandsbild nach einigen Wochen. Inzwischen führte sie Kunst- und Beschäftigungstherapie durch, hatte an kognitivem Training, Entspannungstraining und einer psychoedukativen Gruppe teilgenommen. Auch war sie in der Gruppentherapie zur Förderung sozialer Kompetenzen. Zusätzlich erhielt sie auf ihren eigenen Wunsch bei mir Einzeltherapie. Derzeitige Medikation: Leponex 350 mg; Seroxat 20 mg.

Die einzeltherapeutischen Sitzungen mit einer Frequenz von zwei pro Woche begannen im April. Die Therapie wurde regulär nach 31 Sitzungen abgeschlossen. Davon wurden 12 im vollstationären Setting, 5 im tagklinischen Setting und die restlichen 14 ambulant durchgeführt.

3 Psychischer Befund zum Zeitpunkt der Antragstellung

Frau C. wirkt jünger, ist mittelgroß und recht kräftig gebaut. Sie schaut mich aufmerksam und erwartungsvoll an. Ihre Antworten sind relativ karg und einfach. Gefühlsqualitäten kann sie schwer ausdrücken. Sie wirkt scheu und gehemmt, mimisch und gestisch wenig ausdrucksvoll, verkrampft. Weiterhin erscheint sie eher passiv, ein wenig schwerfällig und langsam. Sie berichtet über Ängste, alleine nach draußen zu gehen und bringt diese in Zusammenhang mit dem sexuellen Missbrauch durch ihren Bruder. Ängste beziehen sich auch auf fremde Personen, vor allem Männer. Der Übergang von einer Station auf die nächste mache ihr immer Angst, sie befürchte Ablehnung und körperliche Angriffe.

Außerdem berichtet sie diskrete psychotische Symptome wie Beziehungsideen. Wenn sie alleine zu Hause sei, würden die Nachbarn extra Krach machen, um sie zu stören.

Das Denken ist geordnet, die Intelligenz ist durchschnittlich, wirkt aber blockiert (Mehrfachwahl-Wortschatz-Intelligenz-Test: IQ: 105).

Sie hat keine Suizidgedanken, die Stimmung ist allerdings subdepressiv.

Seit Beginn psychotischer Symptome (April 1998) kein Alkohol- oder Drogenkonsum mehr.

Von Beginn an ist die Beziehung durch Vertrauen und Akzeptanz geprägt. Sie löst in mir den Wunsch aus, ihr zu helfen und sie zu fördern.

Die Fragebogen zur Diagnostik von Anhedonie und anderen internen Prozessen und Verhaltensweisen erbrachten folgende Befunde:

Tübinger Anhedonie Fragebogen (TAF) (Zimmer 1990): Quantitativ und qualitativ zu wenige Aktivitäten;

U-(Unsicherheits)Fragebogen (Ullrich de Muynck und Ullrich 1976): Alle Skalen, nämlich Fehlschlag- und Kritikangst, Kontaktangst, Fordern können, Nicht-nein-sagen-können, Schuldgefühle und Anständigkeit zeigten Störungswerte.

Fragebogen zu Kontrollüberzeugungen (IPC) (Krampen 1981): Stark ausgeprägte externe Kontrollüberzeugungen (Abhängigkeit von anderen Personen [P] oder dem Schicksal, Fatalismus [C]), unterdurchschnittliche interne Kontrollüberzeugungen (I) (Selbstwirksamkeit).

Fragebogen zur dispositionalen Selbstaufmerksamkeit (SAM) (Filipp und Freudenberg, 1989): Private Selbstaufmerksamkeit (Selbstreflexion) unterdurchschnittlich ausgeprägt; öffentliche Selbstaufmerksamkeit (wie wirke ich auf andere?): unterdurchschnittlich ausgeprägt.
Fragebogen irrationaler Einstellungen (FIE) (nach Ellis) (Klages, 1989): Negative Selbstbewertung, Abhängigkeit, Internalisierung von Misserfolgen sowie Irritierbarkeit (also alle Faktoren) überdurchschnittlich ausgeprägt.

Zusammenfassend schilderte sich Frau C. als wenig aktiv, wenig freudvoll und wenig sozial kompetent. Sie erscheint geprägt von Selbstabwertung, Gefühlen der Insuffizienz und der Abhängigkeit von anderen. Dazu kommt, dass sie sich anscheinend sehr wenig mit sich selbst und ihren Gefühlen beschäftigt.

4 Somatischer Befund

In den neurologischen und internistischen Untersuchungen ergaben sich keine pathologischen Befunde.

5 Verhaltensanalyse

Im Vordergrund stehen drei Problembereiche, die eng miteinander verknüpft sind:
1. Persistierende psychotische Symptome wie Beziehungsideen
2. Agoraphobie
3. Posttraumatische Belastungsreaktion

Nach dem Klassifikationsschema der ICD-10 wäre es erlaubt, den agoraphobischen Symptomkomplex in den beiden anderen Störungsbereichen aufgehen zu lassen. Mit der Zielvorstellung eines möglichst differenzierten und gestuften Behandlungsplans erschien es für die Verhaltensanalyse aber gerechtfertigt, die Problemkonstellation feiner aufzugliedern.

Problembereich Beziehungsideen
Situation (S):
Allein in der Wohnung

Organismus (O): Persönlichkeit/Grundüberzeugungen/Dispositionen:
Bei gegebener psycho-neurobiologisch verankerter Vulnerabilität wiederholte massive Traumata, die zu permanenter Hilflosigkeit, Selbstunsicherheit und der Überzeugung, dass die Welt böse ist, geführt haben. Passive Bewältigungsstrategien, mangelnde Selbstwirksamkeit, mangelnde Regulation von Emotionen.

Problemverhalten bzw. Reaktionen auf verschiedenen Ebenen (R):
Emotionen: Hilflosigkeit, Angst, Wut
Kognitionen: Die Nachbarn belästigen mich, ich kann mich nicht wehren
Verhalten: Rückzug, d. h. nicht alleine nach draußen gehen oder nicht öffnen, wenn es unerwartet klingelt; Telefon abstellen; Vermeidung des Alleinseins durch Bestellen von Besuch
Physiologie: Zittern, Herzklopfen, Schwitzen

Konsequenzen (C): Aufrechterhaltende Bedingungen
Kurzfristig: Erleichterung durch Vermeidung, allein zu sein, Geborgenheit durch Hospitalisierung (C^+), Zuwendung durch Personal (C^+)
Längerfristig: Vermeidung von Auseinandersetzung ($\not{C}^-$), Verstärkung der belastenden Emotionen (C^-), Bestätigung des Welt- und Selbstbildes (C^+)

Problembereich Agoraphobie
Situation:
Entfernung von sicheren Orten wie zu Hause, Klinik
Organismus (O): siehe oben
Reaktionen:
Emotionen: Angst, Hilflosigkeit
Kognitionen: allein bin ich hilflos, ich finde den Weg nicht, ich kann »angemacht«, angegriffen werden, kann mich dann nicht wehren
Verhalten: Rückzug, lässt sich begleiten, in der Wohnung oder Klinik bleiben
Physiologie: Zittern, Schwäche in den Beinen, Übelkeit, Herzklopfen, Schwitzen
Konsequenzen (C):
Kurzfristig: Vermeiden wird durch Angstreduktion verstärkt ($\not{C}^-$), Geborgenheitsgefühl (C^+)
Längerfristig: Zunahme der Hilflosigkeit und Passivität (C^-)

Problembereich Posttraumatische Belastungsreaktion
(Traumatyp II; s. z. B. Smucker und Niederee 1995; Butollo 1997)

Situation:
Allein sein, Erinnerung an das Trauma, Begegnung mit fremden Männern, dominante Frauen (s. Mutter)
Organismus (O): siehe oben
Reaktionen:
Emotionen: Hilflosigkeit, Angst, Wut, Scham, Schuld
Kognitionen: Ich kann mich nicht wehren, ich weiß keinen anderen Ausweg als Suizid; ich brauche Hilfe, ich habe keine Kontrolle über die Ereignisse; generalisierte Attribution (alles rührt von dem Trauma)

Verhalten: Passivität, Rückzug, Alkoholkonsum, Suizidversuche
Physiologie: Anspannung, Zittern, Herzklopfen, Schwitzen
Konsequenzen (C):
Kurzfristig: Zuwendung, Besorgnis, Sicherung der Geborgenheitswünsche (C^+)
Langfristig: Überschwemmung mit belastenden, undifferenzierten Gefühlen (Desintegration von Denken, Fühlen und Handeln) (C^-)

Genese und systemische Verknüpfung der drei Störungsbereiche

Umwelt: Die Patientin, möglicherweise schon seit Geburt ausgestattet mit einer erheblichen psycho-neurobiologisch verankerten Vulnerabilität, musste seit ihrer Kindheit traumatische Erfahrungen kumulativ erleben; sie erhielt keine Unterstützung und keinen Schutz, sondern erfuhr invalidierende Reaktionen, Verleugnung und mangelnde Problembewältigung durch die Familie; dazu kamen Suizidversuche und die schwere Erkrankung des Bruders sowie der Suizid der Schwester. Diese bedeuteten den schmerzlichen Verlust von geliebten Bezugspersonen.

$\updownarrow$

Sie entwickelte immer wieder bestätigte (intermittierend verstärkte) folgende persönliche Grundüberzeugungen/Weltsicht: Die Welt ist böse und gefährlich; die anderen sind schuld

$\updownarrow$

Dazu entfaltete sich ihre Selbstsicht/Selbstwahrnehmung: Ich kann mich nicht wehren, ich bin hilflos und ausgeliefert, voller Angst, ich werde verlassen, ich brauche Hilfe, also eine tiefsitzende mangelnde Selbstwirksamkeit und Selbstabwertung

$\updownarrow$

Bewältigungssicht (Copingstrategien): Die wahrscheinlich über Modelllernen und Prozesse der operanten Konditionierung erworbenen Bewältigungsstrategien waren Alkohol- und Drogenmissbrauch, passives Vermeidungsverhalten, Suizidalität (Flucht vor erwarteten Belastungen), Vermeidung von Auseinandersetzung mit der Realität

$\updownarrow$

Dies führte schließlich nach dem wiederholten Verlust einer wichtigen Bezugsperson (Partnerschaft geht nach sieben Jahren zu Ende), der die Verlassenheitsangst reaktivierte, zu:
völliger Desintegration von Denken, Fühlen und Handeln in der Psychose.

Jeder dieser Faktoren hat im Sinne eines Circulus vitiosus Auswirkungen auf die anderen. Ihre persönlichen Fähigkeiten wie Bindungsfähigkeit, Durchhaltefähigkeit und die Bereitschaft, sich freundschaftliche und auch professionelle Hilfe zu suchen, mögen als potentielle Schutzfaktoren gewirkt haben. Denn der psychotische Zusammenbruch erfolgte relativ spät.

6 Diagnose zum Zeitpunkt der Antragstellung

Paranoide Psychose (F 20.0) / Agoraphobie (F 40.0) /
Posttraumatische Belastungsreaktion TYP II (F43.1)

7 Therapieziele und Prognose

Unspezifisch, aber grundlegend ist die weitere Förderung einer vertrauensvollen und stützenden therapeutischen Beziehung.

Spezifisch: Zunächst sollen im Sinne einer Stützung und Strukturierung die Symptombereiche der Angst (Agoraphobie) und der Beziehungsideen verbessert werden. Erst dann können komplexere Ziele wie Förderung von Selbstvertrauen und Selbstwirksamkeit (mit den Unterzielen Sozialkontakte, auch zu Männern, Freizeitaktivitäten) sowie die Integration des Traumas mit den Unterzielen Kontrolle des Erinnerungsprozesses, Integration von Erinnerung und Affekt sowie Affekttoleranz erleichtert werden.
Das Ziel der Gefühlsdifferenzierung soll in allen Bereichen gleichermaßen angestrebt werden.
Der frühere Alkohol- und Drogenkonsum wird nur indirekt im Zusammenhang mit der Verminderung passiver Bewältigungsstrategien berücksichtigt, da er schon längere Zeit kein Problem ist.
Prognose: Die Prognose erscheint nicht sehr günstig angesichts der Disposition zu psychotischer Verarbeitung, der automatisierten, ungünstigen Bewältigungsstrategien sowie der vielfältigen Traumata. Andererseits erscheint die Patientin kooperativ und vertrauensvoll. Die Compliance bezüglich der Medikation ist sehr gut.
Verhaltensaktiva und Ressourcen: Stetige Berufsausübung über 10 Jahre am selben Arbeitsplatz; wenige, aber kontinuierliche soziale Kontakte; sexuelle Genussfähigkeit; Bindungsfähigkeit. Sie liest gerne und interessiert sich für Gesundheitsaromen. Das Vertrauen in die Therapeutin erscheint nicht etwa als Idealisierung, sondern als Hinweis für die Bindungs- und Kooperationsfähigkeit der Patientin zu interpretieren zu sein.

8 Behandlungsplan

Die therapeutische Beziehung als »Arbeitsbeziehung und menschliche Begegnung zugleich« (s. Zimmer, 1983; Kraemer et al., 1999) wird durch Transparenz der therapeutischen Ziele und Interventionen, Akzeptanz, Unterstützung und Empathie sowie Ressourcenorientierung, Verstärkung und Strukturierung gefördert. Die Balancierung von Nähe und Distanz ist wichtig. Die Patientin wird als gleichberechtigte Partnerin im Rahmen des therapeutischen Problemlöseprozesses (s. Kanfer et al. 1991) gesehen.

Mit Entspannungs- und Genusstraining (auf allen fünf Sinneskanälen), Imaginationen, etwa im Sinne einer systematischen Desensibilisierung, sowie gestuften Unternehmungen allein sollen die körperlichen Verspannungen und agoraphobischen Ängste behandelt werden. Eine massierte Konfrontation wäre zu überstimulierend und kommt wegen der psychotischen Verarbeitungstendenzen nicht in Frage.

Die Beziehungsideen sollen im Sinne eines Symptommanagements einer Realitätstestung, der Relativierung und Distanzierung unterzogen werden. Darüber hinaus sollen ihre Verknüpfung zur Angst vor Alleinsein und damit die metaphorische Bedeutung der Beziehungsideen (= ich bin ja nicht allein) zur Erkenntnis gebracht werden (Perspektivenänderung), damit sie ihre scheinbare Konkretheit und damit ihre Schrecken verlieren.

Selbstvertrauen soll durch Fokussierung der Aufmerksamkeit auf Aktiva und Ressourcen sowie Selbstverstärkung gefördert werden (Ebene der Kognitionen und Emotionen). Auf der Handlungsebene werden in der Einzel- und Gruppentherapie Rollenspielübungen zur Förderung des Selbstbewusstseins und der Selbstwirksamkeit (mit den Bereichen Kontakt, Durchsetzung) durchgeführt, als auch Aktivitätenplanung gefördert.

Die Integration des Traumas soll durch schonende Aktivierung der zum Trauma gehörigen Emotionen (s. Butollo, 1996) erreicht werden. Das Trauma wird als besonderes Lebensereignis in der Biographie betrachtet, das nicht vergessen wird, aber dessen Einfluss auf die gesamte Person, wie bisher gesehen, zunehmend schmelzen kann. Es kann abgespeichert werden und sogar das Bewusstsein von Stärken fördern.

Gefühlsdifferenzierung wird durch Erweiterung und Vertiefung emotionalen Ausdrucks bewirkt und zieht sich als Fokus durch alle Problembereiche.

9 Therapieverlauf

Die einzeltherapeutischen Sitzungen waren eingebettet in ein milieutherapeutisches Setting sowie Arbeits- und Beschäftigungstherapie und eine Gruppentherapie zur Förderung sozialer Kompetenzen.

Frau C. kam immer pünktlich zu den Sitzungen. Anhand eines Psychotherapie-Bogens wurden in den ersten Stunden ihre biographischen Entwicklungslinien herausgearbeitet sowie belastende und stärkende Bedingungen analysiert. Ihre Ängste wurden als Verlassenheitsängste in den Kontext des elterlichen Verhaltens als auch des Suizids der Schwester gestellt.

Ihre Schuldgefühle in diesem Zusammenhang wurden als im Rahmen des Trauerprozesses natürliche Gefühle, die nahezu jeder Mensch beim Tod eines nahen Angehörigen empfindet, bearbeitet. Es wurde darauf hingearbeitet, die Entscheidung der Schwester zu akzeptieren und die nicht vollzogene Verabschiedung nachzuholen.

Als Haupttherapieziel stellte sich für sie »sich-wehren-können« heraus. Diese Fähigkeit wurde auf alle Problembereiche angewendet. Zunächst auf die Agoraphobie: Sich gegen die eigene Angst wehren zu können, war das Ziel. Es wurde ihr vermittelt, dass neue Erfahrungen wichtig sind. Diese seien zwar mit unangenehmen Gefühlen verbunden, aber diese würden sich mit zunehmender Vertrautheit reduzieren. So wurden tägliche kleine Übungen vereinbart (z. B. in der Nähe der Klinik einkaufen; spazieren gehen), deren Radius sich allmählich erweiterte. Da sie zu wenige Aktivitäten durchführte, konnte das Ziel der Förderung von Aktivitäten gleichzeitig miteinbezogen werden.

»Sich-wehren-können« wurde auch beim Problembereich Beziehungsideen wichtig. Ihre Beziehungsideen wurden intensiv analysiert. Hier wurde das Beck'sche Modell (erweiterte Fassung s. Hautzinger, 1998) kognitiver Umstrukturierung bearbeitet. Im Angesicht der Situation zu Hause (Nachbarn lassen laut Musik laufen) wurden ihre dysfunktionalen Ideen (»die Nachbarn machen wegen mir Krach, um mich zu belästigen und das ist furchtbar und macht mich hilflos«) herausgearbeitet. Die dazugehörigen Gefühle (Angst, Wut, Hilflosigkeit) und die bisherigen Handlungen (Telefon abstellen, paralysiert herumsitzen, nichts tun oder sich helfen lassen) wurden benannt. Es war wichtig, dass Frau C. zunächst genau hinschaut und betrachtet, anstatt zu vermeiden. In einem weiteren Schritt wurden alternative Hypothesen (warum könnten die Nachbarn Krach machen? z. B., weil sie gerne laute Musik hören, weil sie nicht wissen, wie hellhörig die Wände sind o. ä.) entwickelt. Die Gefühle könnten Ärger und Belästigung sein, die Handlung könnte sein, die Nachbarn zu bitten, die Musik leiser zu stellen. Letzteres sollte – auch wieder als Paradigma für »sich-wehren-können« – im Rahmen der Gruppentherapie mit Rollenspiel vorbereitet werden. Dies war schwierig, weil Frau C. in der Gruppe zu gehemmt war. So übte sie diese Handlung in der Einzeltherapie, setzte sie aber nicht um. Die Beziehungsideen verschwanden in den folgenden vier Wochen allerdings völlig. Möglicherweise war die kognitive Analyse, zusammen mit der Bearbeitung des eigenen Anteils an diesen Ideen, ausreichend.

Die Unternehmungen allein führte sie nur unsystematisch durch. Sie nahm sich gerne eine Begleitung mit. Da damit gleichzeitig das Ziel Kontaktfähigkeit berührt wurde, besprachen wir es auch positiv. Es wurde aber auch Wert auf ein sowohl-als-auch gelegt.

Frau C. stellte bald das Telefon nicht mehr ab und verbrachte auch mehrere Stunden allein in der Wohnung mit geplanten Aktivitäten. Dies konnte auch der zunehmenden Autonomie und damit dem »sich-wehren-können« zugeordnet werden.

Sie entwickelte mehr Vertrauen in ihre Fähigkeiten und Stärken mit der Fokussierung der Aufmerksamkeit auf positive Bestätigung seitens anderer Personen. Außerdem erarbeitete sie schriftlich, mit welchen Eigenschaften, Verhaltensweisen oder Äußerlichkeiten sie bei sich zufrieden war. Genusstraining (etwas Gutes riechen, etwas Schönes betrachten, etwas Angenehmes anfassen, Musik oder Vogelgezwitscher hören, etwas Gutes schmecken) und Entspannungstraining kamen ihr sehr entgegen, hellten ihre Stimmung jeweils auf und sie konnte dies nutzen.

Der wichtigste Problembereich mit dem Ziel »sich-wehren-können« war das Trauma. Dieses Erlebnis wurde nach Vorbereitung auf die Interventionen und die zu erwartenden unangenehmen Gefühle zunächst mit einer ausführlichen Erzählung über die Situation begonnen. Dabei wurden die beteiligten Emotionen evoziert und validiert. Wichtig war hierbei, die Gefühle zuzulassen, genau zu betrachten und zu benennen. Das Geschehen wurde als bittere Erfahrung genommen, aber auch in den Kontext der Erkrankung des Bruders und des Alkoholkonsums gestellt. Frau C. fühlte sich in dieser Sitzung angespannt, aggressiv gegen den Bruder, aber geborgen bei mir. Es fiel ihr schwer, das Ereignis genau zu beschreiben. Mit vorsichtigem Nachfragen konnte die Darstellung abgerundet werden. Sie formulierte nicht den Wunsch, dass der Bruder angezeigt werden müsse. Sie hätte sich aber gewünscht, dass er in stationärer Behandlung wäre. Weiterhin schrieb sie einen nicht abgeschickten Brief an den Bruder, in dem das Geschehen und die innere Verletzung, die Wut und Scham noch einmal benannt wurden. Dieser Brief wurde in einem Umschlag verschlossen und sollte entsprechend ihrem Wunsch bei meinen Unterlagen verbleiben. So war symbolisch diese Erfahrung abgespeichert und abgeschlossen.

Frau C. konnte die Erfahrung machen, dass die regelmäßig nach den Sitzungen prognostizierten belastenden Gefühle auftraten, dass sie sie zuordnen und, ohne suizidal zu werden, aushalten konnte (Affekttoleranz) und schließlich, dass sie sie bewältigen konnte.

Vorsichtig wurden ihre diesbezüglichen Stärken herausgearbeitet: sie hatte sich Hilfe geholt, sie hatte mit einer Therapeutin gearbeitet, sie hatte eine langjährige Beziehung gepflegt, sie konnte Sexualität genießen, sie hatte langjährig gearbeitet.

Als »Top-Item« wurde nun der Dialog mit dem Bruder vorbereitet. Das Ziel hierfür war, dass der Bruder sich entschuldigt und dass sie klare Absprachen hinsichtlich ihrer Bedürfnisse mit ihm trifft (z. B. ihn nur noch mit seiner Frau sehen, kurze Kontakte). Ich war mir – angesichts der Erkrankung des Bruders und nicht nur deshalb – bewusst, wie heikel diese Situation werden könnte und fühlte mich unsicher. Der Bruder sagte zu, was als erster Erfolg gewertet wurde. Das vorbereitete Gespräch stellte sich jedoch als hoch problematisch heraus:

Frau C. sagte ihm, dass sie von der Vergewaltigung noch immer belastet sei, dass sie ihn aber nicht anzeigen wolle, dass es ihr aber helfen könne, wenn er sich entschuldige. In der etwas zerfahrenen Rede des Bruders wurde deutlich, wie schwer krank und überfordert er ist. Er ging schließlich ohne Entschuldigung und ohne klare Absprachen. Die Atmosphäre war angespannt und meine Bemühungen, die Kommunikation zu entspannen, auch mit Versicherungen, dass das Gespräch unter absoluter Schweigepflicht im Raume bleibt, waren nur mäßig gelungen.

Im Nachgespräch äußerte sich Frau C. dennoch sehr erleichtert. Sie konnte auch erkennen, dass der Bruder noch sehr krank war. Besonders wichtig war ihr, dass ich ihr glaubte.

Die Inhalte der Interventionen wurden in den folgenden Wochen vertieft und erweitert. Sie wurden ergänzt von weiteren Angstbewältigungsstrategien, Aktivitätenaufbau und der Förderung von Eigeninitiative, und dies auch mit Richtung auf soziale Kontakte.

Im Mai konnte Frau C. in die tagesklinische Betreuung übergehen. Sie hatte vor dieser Veränderung Angst, konnte diese aber gut bewältigen. Im Juni wurde sie entlassen. Sie hatte sich entschlossen, noch eine Ausbildung zu absolvieren und war in ein entsprechendes Rehabilitationszentrum überwiesen worden. Die Wartezeit verbrachte sie in einer Tagesstätte und verblieb in ambulanter Behandlung (einmal pro Woche) bei mir.

Sie war zufrieden mit ihren Fortschritten, hatte aber bei Anforderungen an Eigeninitiative und Autonomie immer wieder leichte Ängste, die aufs neue bearbeitet werden mussten. Ihre sozialen Unsicherheiten verbesserten sich deutlich. Sie hatte in der Klinik – auch mit Männern – Kontakte geknüpft und traf sich zu Unternehmungen.

Sie sagte selbst, dass sie sich besser »wehren« und dass sie ihre Bedürfnisse und Wünsche besser äußern könne. Sie war zweifellos nicht mehr depressiv, konnte sich freuen. Psychotische Symptome waren bei gleicher Medikation nicht zu eruieren. Es verblieben dennoch Probleme mit der Differenzierung von Gefühlen und es verblieb eine gewisse Bequemlichkeit, die mich bisweilen ungeduldig machte.

Ich hatte den Eindruck, dass sie das Trauma gut integriert hatte und dass sie entlastet war, ohne dass sie verleugnete.

Vor dem Übergang in die Rehabilitationseinrichtung war sie wieder voller Erwartungsängste, die aber ihre Auswegslosigkeit verloren hatten und in den Kontext der Therapiebeendigung und des Abschieds – die Verlassenheitsängste wurden noch einmal thematisiert – gestellt werden konnten.

Die Therapie wurde nach 31 Sitzungen abgeschlossen.

Nach ein paar Wochen schrieb sie mir, dass ihr die Einrichtung sehr gut gefalle, dass sie einen Freund gefunden habe und dass es ihr sehr gut gehe.

Abschließende Befunde

Tübinger Anhedonie Fragebogen (TAF): Qualitativ und quantitativ ausreichende Aktivitäten.

U-Fragebogen: Die Werte aller Skalen waren verbessert, aber vergleichsweise noch etwas erhöht. »Fordern-können« war im Normbereich.

Fragebogen zu Kontrollüberzeugungen (IPC): Die Werte hatten sich verbessert, aber immer noch lag eine starke externe Kontrollüberzeugung und eine schwache interne Kontrollüberzeugung vor.

Fragebogen zur dispositionalen Selbstaufmerksamkei (SAM): Verbesserungen in beiden Faktoren. Öffentliche Selbstaufmerksamkeit (wie wirke ich auf andere?) war durchschnittlich ausgeprägt, private Selbstaufmerksamkeit (Selbstreflexion) war stärker, aber noch knapp unterdurchschnittlich.

Fragebogen irrationaler Einstellungen (FIE): Abhängigkeit, Internalisierung von Misserfolgen und Irritierbarkeit waren nun im Durchschnittsbereich angesiedelt, Negative Selbstbewertung war noch überdurchschnittlich, aber vermindert.

Insgesamt zeigte Frau C. am Ende der Einzeltherapie leicht verbesserte Werte in den Fragebogen, die mit den Beobachtungen übereinstimmten.

10 Abschließende Beurteilung und Interaktionsanalyse

Im Angesicht der relativ kurzen Behandlungsdauer und der schweren und multiplen Störungen von Frau C. kann der Therapieerfolg als befriedigend beurteilt werden. Die therapeutische Beziehung war von Anfang an und durchgehend von vorsichtigem Optimismus, viel gegenseitiger Sympathie und Vertrauen getragen. Sie war sicher der Boden, auf dem das zarte Pflänzchen des Selbstvertrauens gedeihen konnte. Allerdings wurde die Therapeutin im Verlauf bisweilen etwas ungeduldig, weil Frau C. doch recht passiv blieb. Wir besprachen dies. Ich konnte erkennen, dass ich zu fordernd war und damit Reaktanz auslöste. Ich konnte dann besser loslassen und die Schritte mehr ihr überlassen. Wie mir erst später auffiel, habe ich eine Ebene inneren Erlebens bzw. von Anteilen des Selbst außer acht gelassen, die ich sonst mit berücksichtige: die Träume.

Der Dialog mit dem Täter, der ja auch gleichermaßen Opfer seiner Störung war, war sehr problematisch. Es wäre möglicherweise sinnvoller gewesen, diese Situation in der Vorstellung ablaufen zu lassen. Andererseits hatte ich den Eindruck, dass die Patientin gerade aus dieser Begegnung mit meinem Schutz viel Kraft schöpfen konnte.

Unter methodischen Gesichtspunkten muß die Zuschreibung des Therapieerfolgs kritisch betrachtet werden. Immerhin erhielt Frau C. eine Fülle von Maßnahmen, die zusammen mit der Medikation dieselben Effekte hätten zeitigen können. Andererseits hatte sie nach bereits dreimonatiger stationärer Behandlung und vielen Maßnahmen, also bevor die Einzeltherapie begann, ein noch sehr angstvolles, extrem gehemmtes Zustandsbild mit paranoiden Symptomen, Depressivität, Antriebsminderung und bisweilen Suizidalität (s. auch Ausgangsbefunde).

Ich hätte die Therapie gerne weitergeführt, was auch angesichts der noch verbleibenden Schwierigkeiten indiziert gewesen wäre.

Dipl.-Psych. Dr. phil. Sibylle Kraemer

Fall E Schizophrenes Residuum (F20.5)

1 Angaben zur spontan berichteten und erfragten Symptomatik

Die 33-jährige, sehr kleine und übergewichtige Patientin berichtete im Erstgespräch, sie habe 1990 und 1994 eine Psychose gehabt, sei jedes Mal stationär behandelt worden. Seit zwei Jahren nehme sie ununterbrochen Medikamente und leide sehr unter den Nebenwirkungen. In der letzten Zeit nähmen ihre Stimmungsschwankungen trotzdem wieder zu, weil die Wirkung der Medikamente wohl nachgelassen habe. Sie möchte gern wieder ohne Medikamente leben. Von einer Therapie erhoffe sie sich eine Verbesserung ihrer depressiven Stimmung. Sie wolle dadurch insgesamt stabiler werden, damit sie die Medikamente bald wieder absetzen könne.

2 Lebensgeschichtliche Entwicklung und Krankheitsanamnese

a) Die Patientin berichtet sehr wortkarg über ihre Kindheit: Sie sei in einem Dorf in der Nähe von I. aufgewachsen. Der Vater sei selbständiger Bäckermeister gewesen, die Mutter habe im Geschäft mitgearbeitet. Sie habe einen drei Jahre jüngeren Bruder. Ihre Kindheit sei schön gewesen, sie habe keine Probleme gehabt. In der Schule sei sie anfangs gut mitgekommen, sie habe auch Schulfreundinnen gehabt.

Fremdinformation (Arztbericht, Klinikum, 1990): Im Säuglingsalter Verdacht auf eine Wachstumsstörung des Schädels, im weiteren Verlauf geringfügige Entwicklungsverzögerung.

b) Mit Mühe habe sie die Mittlere Reife geschafft, danach durch Beziehungen eine Ausbildung zur Steuerfachgehilfin machen können. Die Abschlussprüfung habe sie erst im zweiten Anlauf geschafft. Mit 18 Jahren (1985) habe sie eine Tätigkeit in einer Steuerpraxis begonnen, sei aber nach der Probezeit entlassen worden. In den folgenden Jahren habe sie versucht, im Öffentlichen Dienst Fuß zu fassen. Eine Tätigkeit beim Finanzamt habe sie wegen der zu hohen Anforderungen nach drei Jahren aufgegeben. Im gleichen Jahr (1990) erkrankte sie das erste Mal. Verschiedene Arbeitsstellen und Phasen von Arbeitslosigkeit wechseln sich ab. Erst 1994, nach einer zweiten psychotischen Episode findet sie wieder eine Stelle als Schreibkraft, die sie bis heute hält.

c) Zu ihrer Krankheitsentwicklung berichtet die Patientin, ihre Schwierigkeiten hätten mit der Lehrzeit begonnen. Dabei sei es immer »um Kerls« gegangen. Sie habe sich in einer Diskothek in einen Mann verliebt, habe sich so sehr reingesteigert, immer seine Stimme im Ohr gehabt, bis nach 1,5 Jahren plötzlich der Nervenzusammenbruch gekommen sei. Sie sei in die geschlossene Station des Klinikums gekommen, sie habe getobt, und man habe sie festgebunden. Vorher sei sie zu Hause auf ihren Vater losgegangen.

Fremdinformation (Arztbericht, Klinikum, 1990): Psychotisches Zustandsbild mit ausgeprägten paranoiden Ideen und akustischen Halluzinationen, auffälliger Blickrichtungsnystagmus. Die geschilderten Wahninhalte betrafen Situationen und Personen aus dem Arbeitsleben. Die Patientin wurde mit Haldol behandelt und nach sechs Wochen entlassen.

1994 sei die zweite psychotische Episode ausgebrochen, kurz nach der Trennung von ihrem drogensüchtigen Freund, mit dem sie vier Jahre zusammengewesen, jedoch nur ausgenutzt worden sei. Er habe sie gezwungen, Marihuana zu nehmen, sie sei völlig abgemagert gewesen und habe die Trennung herbeigeführt, weil sie sich in einen anderen Mann verliebt hatte. Wieder habe sie sich »reingesteigert«, habe immer seine Stimme im Ohr gehabt. Sie sei dann während einer Autofahrt ausgerastet, sei von der Polizei am Randstreifen der Autobahn aufgefunden und in die Klinik gebracht worden.

Fremdinformation (Arztbericht, Bezirkskrankenhaus, 1994): Die Patientin wurde mit produktiver Wahnsymptomatik aufgefunden. Diagnostiziert wurde eine schizoaffektive Psychose (ICD-9, 295.7), die nach Behandlung mit Haldol und Akineton (zur Reduzierung der extrapyramidalen motorischen Störungen) schnell zurückging. Hervorgehoben wurde das verlässliche, fürsorgliche Sozialverhalten der Patientin. Bereits nach drei Wochen wurde sie entlassen.

d) Die Patientin lebt seit 1994 wieder bei ihren Eltern, wo sie, aller Alltagsverpflichtungen enthoben, versorgt wird. Die wichtigste Bezugsperson sei die Mutter, vom Vater fühle sie sich nicht ernst genommen, er sei oft aufbrausend oder ignoriere sie. Um zur Arbeit zu kommen, stehe sie bereits um 5 Uhr morgens auf, weil sie eine lange Anlaufphase hätte. Wenn sie gegen 18 Uhr zu Hause sei, sehe sie fern, esse, trinke zur Entspannung ein bis zwei Bier und schlafe vor dem Fernseher oft ein. Die Arbeit ohne soziale Konflikte oder einen Rückfall durchzuhalten, sei für sie das Wichtigste. Soziale Kontakte außerhalb der Familie hat sie kaum. Verunsicherung besteht für die Patientin insofern, als der Familienbetrieb im Konkurs steht und das Haus versteigert werden soll. Die Eltern versuchen, die Patientin mit diesen Problemen zu verschonen, sie selbst verlässt sich darauf, dass die Eltern bei einem Wohnungswechsel für sie mitdenken würden.

e) Psychotherapeutische Behandlungen habe die Patientin bisher nicht in Anspruch genommen, auch während ihrer Klinikaufenthalte nicht. Sie steht unter neuroleptischer Langzeitbehandlung (Neogama Forte, Akineton retard).

3 Psychischer Befund zum Zeitpunkt der Antragstellung

Die Patientin wirkt unsicher und misstrauisch. Sie berichtet sprunghaft und nicht folgerichtig, streift viele Themen nur kurz, bei näheren Fragen zur Symptomatik antwortet sie nach langen Pausen ausweichend und verschleiernd. Sie ist sehr klein, ihr Übergewicht fällt dadurch besonders auf, auch ihre behäbigen, verzögerten Bewegungen. Der Schädel ist auffallend groß und quadratisch. Die Blickbewegungen gehen manchmal an die Decke, verharren dort, während der Unterkiefer sich leicht verkrampft, dann stottert sie. Die Patientin macht einen eher gepflegten Eindruck. Die intellektuelle Leistungsfähigkeit scheint ausreichend, die Differenziertheit der Persönlichkeit wirkt der Grunderkrankung entsprechend weniger ausgeprägt, wofür die leichte Tendenz zur Sprachverarmung und die geringe Mimik mitverantwortlich gemacht werden können. Auffällig ist der kleinschrittige, haspelnde Gang (Nebenwirkungen der neuroleptischen Behandlung?). Weitere psychopathologische Befunde (Bewusstseinsstörungen, Störungen der mnestischen Funktionen, suizidale Tendenzen) konnten im Erstgespräch nicht festgestellt werden.

Testbefunde: Aktivitäts- und Verstärker-Bilanz (AVB-Liste): Viele Bereiche werden als positiv oder unentbehrlich benannt, aber nicht gelebt.

4 Somatischer Befund

Guter AZ und EZ.

5 Auflistung der manifesten Symptome

Negativsymptomatik bei schizophrenem Residualzustand in mäßig ausgeprägter Form:
- Antriebsarmut, Aktivitätsverminderung, Passivität und Initiativemangel, soziale Zurückgezogenheit
- depressive Verstimmung mit dysphorischer Gereiztheit
- geringes nonverbales Kommunikationsverhalten, leichte Tendenz zur Sprachverarmung
- psychomotorische Verlangsamung

Sporadisch aufschimmernde Produktivsymptomatik mit Hören von inneren Stimmen, die Befehle erteilen

6 Verhaltensanalyse

a) funktionale Bedingungen

I. Arbeitsbereich, soziale Kompetenz:

Situation:	Im Büro: Der Chef ruft alle Mitarbeiterinnen (ca. 6) zu einer Besprechung zusammen; Patientin schreibt am Computer, zwei Kolleginnen unterhalten sich laut, sie fühlt sich gestört
Organismus	generelle Selbstunsicherheit, Disposition zu psychotischer Verarbeitung
Reaktionen:	
kognitiv	Bestimmt geht es um mich, ich habe sicher einen Fehler gemacht, ich sage lieber nichts, die sind mir egal, ich kriege Ärger
emotional	Beunruhigung, fühlt sich bedroht, Angst, Ärger, Gereiztheit
physiologisch	Stechen in der Brust, Nervosität, Schwitzen
Verhalten	schnauzt vor Beginn die Kolleginnen an, staut Ärger an, versucht »böse Blicke« zu schicken, gibt muffige Antworten
Konsequenzen:	
$\cancel{C}^-$	Patientin überwindet teilweise Angst vor der Besprechung, beruhigt sich, da sie durch das Anschnauzen etwas Anspannung abreagiert hat
C^+	Kolleginnen sind zurückhaltender, fragen nach ihrem Befinden
C^+	Kolleginnen sind ängstlicher, Gefühl der Macht für die Patientin
C^-	Gefahr des »Ausrastens« ist ständig vorhanden, die Patientin lernt nicht, ihre Bedürfnisse adäquat zu artikulieren, soziale Inkompetenz verstärkt sich eher
C^-	Schuldgefühle

II. Privatbereich, Familienklima:

Situation:	Die Patientin hat einen Kasten Cola gekauft und deponiert ihn in der Abstellkammer. Vater und Bruder nehmen sich eine Cola, ohne zu fragen
Organismus	generelle Selbstunsicherheit, Disposition zu psychotischer Verarbeitung
Reaktionen:	
kognitiv	Immer bin ich die Dumme, von allen werde ich nur ausgenutzt! Patientin schimpft, flucht: Unverschämtheit, die nehmen sich einfach meine Cola, ohne zu fragen! Wo kommen wir denn dahin?
emotional	Ärger, Wut, Gereiztheit

physiologisch   Kribbeln am ganzen Körper
Verhalten   ist patzig, stößt Beschimpfungen und Flüche aus, ohne den Vater oder Bruder direkt anzusprechen, geht in ihr Zimmer

Konsequenzen:

$\cancel{C}^-$ kurzfristig	Patientin erlebt eine »angenehme« Spannungsabfuhr, muss sich dem Konflikt nicht stellen
C^+ kurzfristig	genießt, dass sie die Eltern verunsichern kann, »Machtgefühl«
C^+	Bruder kommt manchmal zu ihr, beruhigt sie, ist nett zu ihr
C^- langfristig	Patientin entwickelt Schuldgefühle, kann kein adäquates Selbstwertgefühl aufbauen
C^-	häusliche Stimmung ist gestört, Vater ignoriert sie, Mutter ärgert sich über sie, macht Vorwürfe

b) Funktionale Zusammenhänge zwischen den Symptomen

Wird die Patientin mit hohem Arbeitsdruck konfrontiert, gerät sie schnell in Panik und bekommt Angst zu versagen. Bewältigungsmechanismen stehen ihr dann nicht zur Verfügung. Angreifbar und leicht zu erschüttern ist sie auch, wenn soziale Kompetenz erforderlich ist, d. h. wenn sie ihre Interessen und Bedürfnisse vertreten und durchsetzen muss. Hier schwankt sie zwischen Überanpassung und Ausfälligkeit. Ihre tiefgründige, durch die Grunderkrankung verstärkte Unsicherheit hat sich durch das vorangegangene häufige Scheitern im Berufs- und Privatleben verfestigt. Ihre Realitätswahrnehmung ist in vielen Bereichen verzerrt. Wenn sie Menschen und Situationen auch manchmal realitätsangemessen einschätzen kann, zieht sie nicht die entsprechenden Konsequenzen.

Aus Angst vor Ablehnung gibt sie Bitten und Forderungen anderer meistens nach. Sie lässt sich ausnutzen, fühlt sich missbraucht, erkennt aber ihren eigenen Anteil nicht. So steht sie aktiver Kontaktaufnahme ablehnend gegenüber, Versuche anderer wertet sie misstrauisch ab. Zum Zeitpunkt der Therapieaufnahme leidet die Patientin verstärkt unter schwankender Residualsymptomatik, die durch den Lebensstil gestützt wird. Sie ist durch die Arbeit und den langen Hin- und Rückweg erschöpft und ruhebedürftig. Zusätzlich lassen ihre Antriebsarmut, die sedierende Medikation, das bequeme Zuhause sie in eine passive Haltung verfallen, die oft zu Langeweile und Frustration führt. Die Interaktion in der Familie mit der überfürsorglichen Mutter und dem barschen, ignorierenden Vater lässt auf eine HEE-Atmosphäre schließen, die die Symptomatik begünstigt. Wenig Ablenkung und die Nachwirkung emotional überfordernder Erlebnisse lassen die Patientin schnell ins Grübeln und in eine dysphorische Stimmung verfallen, wodurch das Auftreten einer leichten Produktivsymptomatik ausgelöst werden kann. Dies versetzt die Patientin in Panik und schürt ihre Angst vor einem Rückfall.

Ressourcen und Verhaltensaktiva
Die Patientin liest gern und viel. Sie hat die ablenkende Wirkung als wohltuend erkannt, setzt sie bewusst ein. Der Vater ist Vorstand eines Sportvereins, sie hätte viele Möglichkeiten, ohne Aufwand an Kursen teilzunehmen. Der Bruder ist Pächter der Sportgaststätte, die Patientin hilft manchmal in der Küche und beim Servieren aus, soziale Kontakte ließen sich hier herstellen. Die Patientin liebt Tiere, sie hat zwei Wellensittiche und beschäftigt sich gern mit dem jungen Hund des Bruders. Somit gibt es viele positive Möglichkeiten im familiären Bereich bei dieser Patientin, die konstruktiv zu nutzen sind.

7 Diagnose zum Zeitpunkt der Antragstellung

Schizophrenes Residuum (F20.5)

8 Therapieziele und Prognose

1. Durch die Förderung von Krankheitseinsicht und Compliance soll der Patientin zu einer verbesserten Selbststeuerung verholfen werden, die ihr den Umgang mit ihrer erhöhten Vulnerabilität und Stressempfindlichkeit erleichtern soll
2. Durch soziales Kompetenztraining soll die Patientin ihre Wahrnehmungsfähigkeit schulen und lernen, ihre eigenen Wünsche und Bedürfnisse angemessen zu artikulieren und durchzusetzen
3. Durch Übungen zum Ausdruck von Gefühlen soll die Patientin lernen, auch negative Gefühle ohne negative Eskalation rechtzeitig zum Ausdruck zu bringen
4. Aktivierung soll die Wahrnehmung eigener Interessen fördern und langfristig zur Erhöhung der Lebensqualität beitragen

Die Prognose ist noch ausreichend günstig, besonders, da die Patientin zuverlässig arbeitet und hier Stabilität seit vielen Jahren zeigt.

9 Behandlungsplan

Einem allmählichen Aufbau der therapeutischen Beziehung soll bei der sehr selbstunsicheren Patientin besondere Aufmerksamkeit zukommen, um ihre Motivation, die sich aus einem zweifelhaften Therapieziel nährt (Abbau der Medikamente), langsam zu verändern in Richtung auf das erste Therapieziel: Der Förderung von Krankheitseinsicht und Compliance. Dies erscheint zunächst am wichtigsten, um sie vor schädlicher Eigenwilligkeit im Hinblick auf die Medikamenteneinnahme zu bewahren und keinen Rückfall zu provozieren. Durch die Unterstützung eines krankheitsangemessenen Umgangs mit Frühwarnsymptomen (z. B. schlechter Schlaf, dadurch erhöhte Stressanfälligkeit) soll der Patientin mehr Einflussmöglichkeit auf ihre emotionale Imbalance vermittelt und dadurch mehr Sicherheit ermöglicht werden. Die größte Verstärkerquelle der Patientin ist ihre Berufstätigkeit und die Tatsache, dass sie die Arbeit seit drei Jahren durchhält. Durch ihre Defizite im sozialen Umgang, wie z. B. ihre gering ausgeprägte Kommunikationsfähigkeit, die kaum vorhandene Fähigkeit, anderen angemessen Grenzen zu setzen, ist diese Errungenschaft immer wieder gefährdet. Ihre Leistungsfähigkeit hängt stark vom Arbeits- und Betriebsklima ab. Um in diesem Bereich ihre Selbstwirksamkeit zu erhöhen und den geringen Grad von Belastbarkeit zu stabilisieren und auszubauen, soll die Patientin durch Rollenspiele, in denen soziale Situationen mit Konfliktpotential geübt werden, sicherer im Umgang mit anderen werden. Veränderungen sollen durch allmähliches Shaping etabliert werden, um die Patientin nicht zu überfordern und Reaktanz hervorzurufen. Insgesamt wird ihre gering erscheinende Lenkbarkeit in Rechnung gestellt werden müssen. Aktivierung und Kontaktaufbau außerhalb der Familie sollen das lethargische Verhalten am Wochenende unterbrechen. Die Patientin soll lernen, sich adäquat zu entlasten, z. B. ein ausgewogenes Verhältnis von Schlaf und Aktivität zu erlangen und sich nicht permanent zu unterfordern. Vorhandene, realistische Möglichkeiten für Kontakte sollen ausgelotet und ausgebaut werden. Die Aufarbeitung der lebensgeschichtlichen Zusammenhänge soll angeboten werden, wobei das Schwergewicht auf eine eher distanzierte, kognitive Verarbeitung gelegt werden muss, um emotional zu stark belastende Prozesse zu vermeiden.

10 Therapieverlauf

Der Aufbau der Patientin-Therapeutin-Beziehung verlief wie vermutet langsam. Die Patientin kam meist erschöpft nach ihrem Arbeitstag zur Therapie und hatte eine Erwartungshaltung, die vom versorgt werden wollen geprägt war. Sie benötigte viel Raum, um über ihre Befindlichkeitsstörungen (u. a. Verdauung, Periode, Harndrang) zu sprechen, zeigte eine überhöhte Selbstaufmerksamkeit, schwankte zwischen Verstörung und Vorwürfen dem Arzt gegenüber (Medikation), wenn z. B. ihr Schlaf schlecht war. Auf Erklärungen und Aufzeigen von Zusammenhängen zwischen dem von der Negativsymptomatik geprägten passiven Lebensstil, ihrer Unzufriedenheit und depressiven Stimmungslage reagierte sie mit stereotyper Zustimmung (Ja, genau! Ja, eben!), zeigte jedoch Reaktanz bei Änderungsvorschlägen (bin schon so oft ausgenutzt worden, die anderen können mal was für mich tun). Krankheitseinsicht und Compliance ließen sich langsam etablieren durch kognitive Erklärungen zur Sensibilität und den fehlenden Filtern (zu dünnhäutig, keine Elefantenhaut haben), um Eindrücke und

Erlebnisse leichter und oberflächlicher zu verarbeiten. Hier erst fühlte sie sich verstanden und akzeptiert, denn sie sprach erstmalig ihre immer wieder aufschimmernde Produktivsymptomatik an. Sie schämte sich, innere Stimmen zu hören, mochte auch über die Inhalte nicht sprechen, konnte aber zunehmend »gefährliche« Situationen benennen: Ärger über andere runterschlucken; Stress, wenn etwas nicht klappt. Ihre belastenden Klinikerlebnisse kamen zur Sprache (Fixierung). Es gelang, die positive Seite der medizinischen Interventionen zu beleuchten, so dass folgende Vereinbarungen erzielt werden konnten: regelmäßige Medikamenteneinnahme, Auslöser für Symptome beobachten, sie dadurch besser kennen- und abschätzen lernen, eigene Bewältigungsmaßnahmen nutzen. Wenn diese nicht mehr ausreichen, selbständig die Klinik aufsuchen (am Wochenende) bzw. auch ohne Termin zum Arzt gehen. Mit der veränderten Bedeutung, die Ärzte, Klinik und Medikation dadurch bekamen, fühlte die Patientin sich sicherer. Ihre eigenen Bewältigungsversuche bestanden darin, dass sie die inneren Stimmen durch Beschimpfen verjagte. Anhand der gesammelten Auslösesituationen (z. B. Tod einer bereits lange krank gewesenen Kollegin; Weitergabe einer persönlichen, vertraulichen Mitteilung »aus Versehen«, weswegen sie Vorwürfe bekam) wurde die Wirksamkeit ihrer Strategie besprochen und versucht, ihre Schimpfkanonaden durch selbstberuhigende Äußerungen zu ersetzen. Dies war jedoch überfordernd, die Patientin konnte den Mechanismus ihres inneren Fluchens nicht abstellen, erlebte es jedoch als entlastend, überhaupt darüber sprechen zu können. Deutlich wurde, wie sehr sie sich damit im Abseits fühlte, dass die Angst, »das Ganze könne herauskommen« handlungssteuernd für ihre Überanpassung war. Das zu Beginn angelegte »Therapietagebuch« führte die Patientin recht gewissenhaft. Es ergab viel Material für die Übungen zur sozialen Kompetenz. Um ein positiveres Selbstbild zu bekommen, wurde sie aufgefordert, ihre Erfolge aufzuzählen. Sie notierte auch soziale Situationen, die sie gemeistert hatte und solche, in denen sie ihrer Meinung nach versagt hatte. Diese wurden durch minutiöses Shaping im Rollenspiel verändert. Zur Vorbereitung wurde die Situation am Flip-Chart in Form einer vereinfachten Verhaltensanalyse schriftlich fixiert, das Rollenspiel auf Tonband mitgeschnitten und besprochen. Die Arbeit war zähflüssig, da die Patientin sehr passiv war. Sie konnte auf nachdrückliches Verlangen vorgefallene Episoden zwar relativ flüssig erzählen, der Schritt zum übenden Verändern gelang aber nur in Ansätzen. Sie reagierte zeitweise verstockt und gereizt, löschte die Therapeutin mit: »Ja, ja, genauso ist es, so müsste man es machen, aber ich kann das nicht!«. Trotzdem gelang es ihr nach zahlreichen Übungen, eine Kollegin an das Angebot, mit ihr zum Shopping zu gehen, zu erinnern und dies umzusetzen (etwas fordern), einer anderen Kollegin das gemeinsame Mittagessen abzusagen, weil diese zu sehr hetzte (etwas begründet ablehnen) und deren Verstimmung darüber ohne Selbstvorwürfe auszuhalten.

Am schwierigsten war es, die Patientin in ihrem Freizeitverhalten zu beeinflussen. Allein das Ausfüllen der AVB-Liste nahm einige Wochen in Anspruch. Heraus kam, dass die Patientin wusste, was sie wollte und was ihr gut täte, jedoch nichts dafür tat. Kontaktmöglichkeiten bestanden zu drei Freundinnen, von denen sie jedoch Anrufe erwartete, die, wenn sie kamen, abgewertet wurden (z. B. die will mir nur was verkaufen!). Sportliche Aktivitäten wurden völlig abgelehnt (zu anstrengend!). Sie lernte einen Mann im Zug kennen, befreundete sich mit ihm und unternahm in der Folgezeit etwas mehr. Schnell stellte sich das alte Muster ein, sie machte, was er wollte. Hier ergab sich ein dankbares Übungsfeld für das Hervorbringen von Wünschen und Bedürfnissen. Die Beziehung war dennoch emotional flach, der junge Hund des Bruders interessierte die Patientin oft mehr. (Das Wochenende wird anstrengend, da habe ich beide, Hund und T.!). Als sie merkte, dass der Freund sie hauptsächlich für seine sexuellen Bedürfnisse brauchte, leitete sie mit therapeutischer Unterstützung die Trennung ein. Nach einer Therapiepause von einem Monat kam sie ausgeglichen in stabiler Stimmung. Die Trennung war vollzogen, sie fühlte sich erleichtert, eine anstrengende Arbeitsphase in der Firma hatte sie gut überstanden, sie hatte Kontakt zu einer Freundin aufgenommen und war gleich eingeladen worden, hatte an zwei Wochenenden bei ihrem Bruder in der Gaststätte ausgeholfen, was ihr Spaß und Ablenkung gebracht hatte. Die Patientin machte nicht den Eindruck, dass sie eine dauerhafte Veränderung vollzogen hatte, eher dass sie aus einer positiven Phase heraus gehandelt hatte. Sie erkannte selbst, dass ihre Defizite nach wie vor im Sozialverhalten lagen. Am Ende der Therapie äußerte sie den Wunsch nach einer Gruppentherapie. Der Vorschlag, sich alternativ einer Selbsthilfegruppe anzuschließen, gefiel ihr gut. Mit Hilfe der Therapeutin nahm sie Kontakt zu einer EA-Gruppe auf. Die Therapie wurde nach 30 Stunden einvernehmlich beendet.

11 Ergebnisse

Die Patientin konnte sich stabilisieren. Krankheitseinsicht und Compliance konnten etabliert werden. Dadurch wurde die Selbstakzeptanz erhöht und die Ängste und Hilflosigkeitsgefühle vor der Produktivsymptomatik verringert. Im Lebensstil konnten nur wenige Veränderungen erreicht werden: Das Schlafen vor dem Fernseher und das abendliches Biertrinken wurden abgebaut bzw. aufgegeben, etwas mehr Bewegung an der frischen Luft durch regelmäßige Hundebetreuung am Wochenende, geringfügige Verbesserung des Kontaktverhaltens. Zum Kommunikationsverhalten hat die Patientin Wissenszuwachs erworben. Veränderungen in Richtung eines adäquateren Sozialverhaltens müssen als gering eingeschätzt werden. Die Patientin selbst gibt an, sich selbstsicherer zu fühlen, mehr innere Distanz zu Dingen, die sie aufregen, herstellen zu können.

Ihr Wunsch, an einer Gruppentherapie oder Selbsthilfegruppe teilzunehmen können als Hinweis für eine größere Öffnung und Kontaktbereitschaft gedeutet werden.

12 Diskussion

Das Thema Befindlichkeit nahm viel Raum in Anspruch, es war jedoch wichtig für einen guten Rapport. Die Patientin-Therapeutin-Beziehung war nach der langen Anlaufphase gut, was sich darin zeigte, dass die Patientin die Hausaufgaben, die im Wesentlichen aus Aufträgen zur Selbstbeobachtung bestanden, langsam, aber gewissenhaft durchführte. Sie hatte ihr »Therapietagebuch« immer bei sich und machte sich auch während der Woche Notizen. Im nachhinein betrachtet war die Therapeutin wohl ein zu perfektes Modell. Die Folge war, dass sie zuviel arbeitete und die ohnehin inaktive, oft müde Patientin, so wie die Mutter, inadäquat entlastete. Die Rücknahme des Tempos und des Anspruchsniveaus gaben der Patientin die Möglichkeit, z. B. die Übungen zum Kommunikationsverhalten in kleineren Schritten durchzuführen. Dies vereinfachte das Training etwas, dennoch war nur eine geringe Transferleistung festzustellen. Ein Gruppentraining wäre vermutlich zielführender gewesen, die Therapeutin versuchte sich zwar als »Coping Model«, wurde jedoch eher als »Mastering Model« aufgefasst. Gut gelungen ist das Herstellen von Krankheitseinsicht und Compliance. Die Patientin hat viel über sich gelernt. Sie traute sich, ihren Arzt über seine Meinung zu ihrem Zustand auszufragen. Sie konnte eine akute Krise am Wochenende allein bewältigen, indem sie sich bewusst Ablenkung verschaffte, den Gedanken an die Möglichkeit, sich notfalls ins Klinikum zu begeben, im Hinterkopf. Sie konnte sich beruhigen. Es fehlte die Zeit, das Familienklima im Hinblick auf eine High-Expressed-Emotion (HEE)-Konstellation näher zu beleuchten und zu bearbeiten, für die es einige Hinweise gab.

Insgesamt muß der Therapieerfolg als ein wenig mager eingestuft werden, wofür die Schwere der Problematik, die Kürze der Therapie, das geringe Abstraktionsvermögen und die geringe Lenkbarkeit der Patientin mitverantwortlich gemacht werden dürften. Ob sich die eingetretene Stabilisierung hält, mag vor diesem Hintergrund bezweifelt werden.

Dipl.-Psych. Bettina Zoepf-Kabel

Fall F Gemischte schizoaffektive Störung (F25.2)/ Agoraphobie (F40.0)

1 Angaben zur spontan berichteten und erfragten Symptomatik

Frau L. wird stationär in der Psychiatrischen Klinik behandelt. Nun ist eine Verhaltenstherapie geplant, die nach der Entlassung ambulant weitergeführt werden soll. Die Patientin berichtet, sie leide seit vielen Jahren an Depressionen und Ängsten, die ihr Leben sehr einschränken. Im Moment fühle sie sich zwar nicht ganz so deprimiert, ihre Stimmung schwanke jedoch ständig. Belastend seien vor allem ihre ständigen Ängste, deren Ursache sie sich nicht erklären könne. Es falle ihr schwer, sich unter fremden Menschen aufzuhalten und sie versuche daher, Einkäufe und Unternehmungen weitgehend einzuschränken. Allein zu sein sei jedoch genauso schlimm, da sie meistens schon beim Aufstehen Angstgefühle habe. Diese seien vor allem körperlich spürbar durch schwitzen, Herzklopfen, Atemnot und Würgen im Hals. Am besten ginge es ihr in Anwesenheit einer ihrer Freundinnen, da fühle sie sich sicher.

Nachts höre sie oft die Stimme ihres verstorbenen Freundes, der ihren Namen rufe und stöhne. Gelegentlich nehme sie bei anderen Menschen auch einen starken Geruch wahr, so als ob »sich die anderen nicht gewaschen hätten«.

2 Lebensgeschichtliche Entwicklung und Krankheitsanamnese

Herkunftsfamilie
Die 57-jährige Frau L. berichtet, sie sei 1940 als unerwünschtes Kind einer erst 18jährigen Mutter geboren worden. Ein Jahr zuvor habe ihre Mutter bereits Drillinge geboren, die jedoch kurz nach der Entbindung gestorben seien. Von ihrem Vater sei ihr berichtet worden, er habe häufig mit der Mutter gestritten und die Familie verlassen, als die Patientin zwei Jahre alt war. Die Mutter wird von Frau L. als ängstlich und kontrollierend geschildert. Sie habe die Patientin für jede Kleinigkeit bestraft, auch geschlagen, und kaum Liebe gezeigt. Aufgrund einer Herzschwäche habe sie die ständige Anwesenheit und Pflege von ihrer Tochter gefordert, so dass diese sogar auf eine eigene Berufsausbildung verzichten musste. Die Ängste der Mutter hätten sich auch auf Frau L. übertragen, sie habe sich selbst sehr wenig zugetraut. Sie habe Autoritätspersonen gegenüber nie widersprochen und die Haltung der Mutter auch nie hinterfragt.

Ehe- und Partnerschaft
Als Frau L. 24 Jahre alt war, habe die Mutter ihren zukünftigen Lebensgefährten kennengelernt und die enge Beziehung zur Tochter gelockert. Sie habe der

Tochter ebenfalls einen Ehemann ausgesucht, den diese dann rasch heiratete, ohne in ihn verliebt zu sein. In den nachfolgenden Jahren gebar sie zwei Töchter und begann zunehmend unter der Alkoholabhängigkeit und Gewalttätigkeit des Ehemannes zu leiden. Er habe sie oft geschlagen und die ältere Tochter sei über zwölf Jahre hinweg sogar sexuell von ihm missbraucht worden. Die Patientin habe sich nicht in der Lage gefühlt, sich und die Kinder zu schützen. Sie habe verstärkt Ängste entwickelt, das Haus zu verlassen, und sei immer depressiver geworden. Die Kinder seien ihr einziger Trost und Kontakt gewesen. Sie hätten oft die Schule versäumt, um bei der Mutter zu bleiben. Erst im Alter von 18 und 19 Jahren hätten die Töchter begonnen, sich stärker von ihr abzulösen. Insbesondere die jüngere Tochter hätte sich zunehmend auf die Seite des Vaters gestellt und auch den Missbrauchsvorwürfen der Schwester nicht geglaubt. Dadurch sei es zunehmend zu einem Bruch in der Familie gekommen, was schließlich zur Scheidung geführt habe.

Auch heute habe die ältere Tochter noch ein distanziertes Verhältnis zu ihr, weiche ihren Wünschen nach Nähe aus und führe ein eigenes Leben mit Mann und Kindern. Die jüngere Tochter hingegen habe ähnliche Probleme wie die Patientin (Ängste und Depressionen). Sie hätten sehr häufigen Kontakt miteinander, sie bereite Frau L. aber auch viel Kummer, da sie auf ihren Namen Waren aus Versandhäusern bestelle, die die Patientin dann bezahle.

Mit 42 Jahren kurz nach der Scheidung habe Frau L. ihren späteren Verlobten kennen gelernt, der sie jedoch ebenfalls schlecht behandelt habe. Sie sei geschlagen, gedemütigt und betrogen worden. Er habe ihr hinterher spioniert und sie habe das Gefühl gehabt, sie könne niemanden mehr vertrauen, alle Leute seien gegen sie und würden hinter ihrem Rücken schlecht über sie sprechen. Tatsächlich seien damals viele Leute gegen sie gewesen, hätten hinter ihrem Rücken über sie geredet. Als sie sich schließlich vom Freund trennte, habe sie sich schuldig gefühlt. Er sei bald darauf verstorben und habe ihr einen Schuldenberg hinterlassen aufgrund gemeinsam unterschriebener Kreditverträge. Nach seinem Tod habe sie begonnen, nachts seine Stimme zu hören, was bis zum heutigen Tag anhält. Ebenso seien üble Geruchsempfindungen aufgetreten.

Seit dieser Partnerschaft lebt die Patientin allein, wünscht sich jedoch langfristig wieder eine Beziehung zu einem Mann.

Ausbildung/Beruf
Nach Abschluss der Volksschule sei Frau L. zuhause geblieben, um die Mutter zu pflegen. Danach sei sie Hausfrau und Mutter gewesen. Nach der Scheidung habe sie acht Jahre als Küchenhilfe gearbeitet und sei jetzt 14-tägig als Putzhilfe bei einem älteren Herrn beschäftigt. Zusammen mit einer kleinen Rente seien diese Einkünfte gerade ausreichend. Oft mache sie sich Sorgen wegen ihrer finanziellen Situation.

Soziale Kontakte/Interessen
Als Kind und Jugendliche habe Frau L. ein großes Bedürfnis nach Geselligkeit verspürt. Sie könne sich jedoch nur an wenige Erlebnisse erinnern, wo sie der Kontrolle der Mutter entweichen und sich amüsieren konnte. Als Erwachsene habe sie aufgrund ihrer Ängste und der Eifersucht der Partner wenig soziale Kontakte gehabt. Erst seit sie allein lebe, gehe sie regelmäßig mit Freundinnen aus, gehe in die Kirche und in eine Gruppe des sozialpsychiatrischen Dienstes. Durch die Beschäftigungstherapie in der Psychiatrie habe sie auch erstmalig eigene Interessen entwickelt. Zuhause sehe sie jedoch nur fern oder höre Radio.

Krankheitsentwicklung
Obwohl die Patientin seit frühem Lebensalter an Ängsten litt, wurde sie erst im Alter von 32 Jahren wegen endogener Depression behandelt. Es schlossen sich insgesamt fünf stationäre Aufenthalte in der Psychiatrischen Klinik und ein längerer Aufenthalt in einer Tagklinik an. Es handelte sich immer um ein Zustandsbild mit wechselnd ausgeprägter Depressivität, Weinen, Antriebslosigkeit, körperlichen Missempfindungen, Angstzuständen und in den letzten acht Jahren auch Beeinträchtigungs- und Beziehungsideen sowie Verfolgungswahn. Nach dem Tod des Ex-Freundes kamen akustische und olfaktorische Halluzinationen hinzu. Hinweise auf psychotische Ich-Störungen wurden jedoch nicht festgestellt. Die Symptome sprachen wechselnd gut auf verschiedene Neuroleptika und Antidepressiva an. Eine psychotherapeutische Behandlung ist bisher nicht erfolgt. Frau L. wird vom sozialpsychiatrischen Dienst betreut.

Am 30.9.1997 wurde die Patientin mit der Diagnose einer schizoaffektiven Psychose erneut stationär in der psychiatrischen Klinik aufgenommen, um neuroleptisch neu eingestellt zu werden. Die Behandlung mit Saroten und sieben partiellen Schlafentzügen bewirkten eine Stimmungsaufhellung. Durch die Einnahme von Leponex scheinen sich die Halluzinationen etwas verringert zu haben, ein sicherer Einfluss konnte jedoch nicht festgestellt werden.

3 Psychischer Befund zum Zeitpunkt der Antragstellung

Die altersentsprechend gekleidete, freundliche Patientin ist im Kontakt zugewandt und interessiert. Auf den ersten Blick wirkt sie etwas mürrisch, durch ihren vorgezogenen Unterkiefer und die zusammengekniffenen Augen. Diese Mimik lässt sich durch den Versuch erklären, von den Lippen abzulesen (Schwerhörigkeit) und durch die schlecht sitzende Gebissprothese. Sie spricht mit lauter, etwas polternder Stimme. Ihre Ausdrucksweise ist wenig differenziert, aber überlegt.

Orientierung, Aufmerksamkeit und Gedächtnis sind ungestört. Das formale Denken ist geordnet. Neben dem nächtlichen Entfremdungserleben und der Geruchswahrnehmungen besteht kein Hinweis auf Sinnestäuschungen, Wahn-, oder Ich-Störungen. In Bezug auf paranoides und depressives Erleben ist Frau L. einer klinischen Vergleichsgruppe zuzuordnen (Paranoid-Depressivitäts-Skala [PD-S] [P = paranoide Symptome P'10; D = depressive Symptome D'20; Kv = Krankheitsverleugnung Kv'8). Es besteht kein Anhalt für Suizidalität. Der Mehrfach-Wahl-Wortschatz-Test weist auf eine durchschnittliche Begabung hin (IQ 97). Sie neigt tendenziell zu leichten kognitiven Beeinträchtigungen (Mini-Mental-Status-Test:23).

4 Somatischer Befund

Leukozytose unklarer Genese, Hörgerät wegen beidseitiger Schwerhörigkeit, ansonsten unauffälliger HNO-Befund. Guter Allgemeinzustand. Alkoholgenuss gelegentlich in geringen Mengen, Nikotinabhängigkeit.
Medikamente: Seit fünf Jahren Lithiumprophylaxe; Saroten, Leponex, Laitan, Tavor als Bedarfsmedikation

5 Verhaltensanalyse

Angstsymptome

Situation:	Allein zuhause, bevorstehende Konfrontation mit fremden Menschen (z. B. Einkaufen), negative Erinnerungen, negative Gedanken über zukünftige Ereignisse
Organismus	Züge einer ängstlichen, dependenten und unsicheren Persönlichkeit, Disposition zu psychotischer Verarbeitung
Reaktion:	
kognitiv	Ich brauche Hilfe, jetzt kommt gleich die Angst, ich werde mit ihr nicht allein fertig
emotional	Angst, Hilflosigkeit, Unsicherheit, Depressionen, Selbstzweifel
physiologisch	Schwitzen, Würgen im Hals, Herzklopfen, Zittern, Unruhe
Verhalten	Situation verlassen, bzw. vermeiden, Hilfe suchen
Konsequenzen:	
$\cancel{C}^-$ kurzfristig	Angstreduktion durch Vermeidung
C^+ kurzfristig	Zuwendung von Freundinnen, professionellen Helfern
C^- langfristig	Aufrechterhaltung der Ängste und Depressionen durch Verstärkerverluste und erhöhter Erwartungsangst (Angst vor der Angst), Verstärkung des negativen Selbstbildes (C^-), soziale Inkompetenz bleibt bestehen (C^-)

Verhaltensdefizite:
Durchsetzungs- und Konfliktfähigkeit, positives Selbstbild, autonomes Verhalten, Selbstsicherheit, Wahrnehmen eigener Bedürfnisse, Selbstverstärkung

Verhaltensexzesse:
Verlassenheitsängste, selbstabwertende Gedanken, Grübeln, Besorgnis, Erinnerungen an negative Erlebnisse, Vermeidung
Ressourcen:
Interesse an Unternehmungen (Tanzen, Stadtbummel, Gespräche, Spaziergänge), Willensstärke, sich gelegentlich trotz großer Ängste darauf einzulassen

6 Diagnose zum Zeitpunkt der Antragstellung

Gemischte schizoaffektive Störung (F25.2) / Agoraphobie (F40.0)

7 Therapieziele und Prognose

Die Patientin nennt als Ziele, ihre allgemeine Anspannung und Lebensangst zu reduzieren, sich körperlich wohler zu fühlen und vor allem das Alleinsein besser aushalten zu können.

Sie möchte ihre Vermeidungs- und Panikreaktionen abbauen, unter fremde Menschen gehen können, an vielfältigen Aktivitäten teilnehmen können. Dies würde ihre Stimmungslage weiter stabilisieren und einem Rückfall in die Depression vorbeugen.

Wichtig ist ihr auch, ihre Bedürfnisse besser durchsetzen zu können, sich sozial sicherer zu fühlen, ihre Minderwertigkeitsgefühle gegenüber anderen abzubauen. Die Halluzinationen scheinen im Moment für die Patientin keine sehr große Belastung darzustellen. Dennoch ist es ein weiteres Ziel, deren Auftretenshäufigkeit und Intensität zu verringern.

Bezüglich der Behandlung der Angstsymptomatik ist die Prognose relativ günstig. Trotz ihrer Vermeidungstendenzen und der Chronifizierung der Erkrankung zeigt die Patientin eine hohe Veränderungsmotivation und signalisiert einen deutlichen Lebenswillen. Sie hat sich bereits eine Lebensform geschaffen, die eine günstige Voraussetzung für die Therapie darstellt (ohne pathologische Partnerbeziehung, soziale Unterstützung durch Freundinnen, Arbeit). Die Diagnose einer schizoaffektiven Psychose ist hingegen prognostisch ungünstig, da das Einsetzen schwerer depressiver und psychotischer Symptome die Angstbehandlung wesentlich behindern würden.

8 Behandlungsplan

1. a) Für die Angstbehandlung müssen der Patientin zunächst wichtige Informationen über die Entstehung und Aufrechterhaltung von Angst und Panik vermittelt werden (z. B. Teufelskreismodell, Einbeziehung von biographischen Daten und der lerntheoretischen Entwicklung).

b) Des weiteren müssen ihr Strategien zur Beeinflussung des allgemein erhöhten Erregungsniveaus und der Panikreaktionen vermittelt werden:
- Muskelrelaxation nach Jacobson
- Erregungsabfuhr in Form von körperlichen Aktivitäten (Gymnastik, Spazieren gehen)
- Erlernen von kognitiven Techniken (Grübelstopp, positive Selbstinstruktionen nach Meichenbaum, Umlenkung negativer automatischer Gedanken, Erzeugen positiver innerer Bilder durch imaginative Verfahren)

c) Da Frau L. bereits in der Lage ist, sich nach Absprache mit der Therapeutin in angstauslösende Situationen zu begeben, ist für sie eine selbständig durchgeführte graduierte Expositionsbehandlung in vivo möglich.

2. Nach dem Einsetzen der Angstreduktion durch Habituation wird die Patientin vermehrt in der Lage sein, Sozialkontakte zu erweitern und sich verstärkenden Aktivitäten zu widmen.
Durch weitere Aktivitätenplanung und Wochenstrukturierung soll somit depressives Verhalten weiter abgebaut werden.

Der Einsatz von kognitiven Techniken (Sokratischer Dialog, Spaltentechnik nach Beck) ist notwendig, um die ungünstigen Bewertungsschemata der Patientin zu verändern. Kognitive Verzerrungen ihrer Selbstwahrnehmung als inkompetent und minderwertig müssen abgebaut werden, Realitätsüberprüfungen und Verhaltensexperimente eingesetzt werden.

3. Durch Videofeedback und Rückmeldung in der Patientengruppe kann die Patientin ein realistischeres Selbstbild entwickeln. Sozial auffällige Verhaltensweisen können durch Shaping verändert werden (z. B. verbesserte Stimmmodulation, entspanntere Mimik). Im sozialen Kompetenztraining kann die Patientin lernen, ihre Interessen gegenüber der Tochter oder Freundin besser durchzusetzen, Ärger adäquat auszudrücken und ihre Kommunikationsfertigkeiten zu verbessern.

Auch die Erfahrungen eigener Kompetenz im Umgang mit der Angst sind gute Voraussetzungen, um die negativen Einstellungen über sich selbst und ihre Fähigkeiten zu korrigieren. Die Steigerung der Kompetenzerwartung und eine Steigerung des Selbstwertgefühls könnten die Entstehung weiterer Beziehungsideen und die Ausprägung der akustischen und olfaktorischen Wahrnehmungen verringern. Der Einsatz von Reframing (positive Umdeutung) und die »Normalisierung« der Symptome, auch eine vorsichtige Aufdeckung ihrer Funktionalität, könnten hilfreich sein.

9 Therapieverlauf

a) Angstbewältigung

Die Patientin lernte zu Beginn der Therapie die Anwendung der Progressiven Muskelrelaxation, die sie mit Hilfe einer Kassette zuhause übte und weiterhin regelmäßig anwendet, bzw. in Form einer Kurzentspannung zur Angstbewältigung einsetzt. Ihre innere Unruhe und das hohe Erregungsniveau sind nun deutlich gesenkt und die Schmerzen in der Blasengegend treten kaum noch auf. Beim Abbau der Anspannung halfen ihr auch wärmeinduzierende Vorstellungen. Insgesamt reagierte Frau L. sehr positiv auf Visualisierungsübungen (angenehme Erinnerungen, Wunschbilder), mit deren Hilfe sie gegen die gewohnheitsmäßige Erzeugung negativer Erinnerungen und Katastrophenphantasien anzugehen lernte. Es konnten auch einige Aktivitäten gefunden werden, die positiven Einfluss auf ihre ängstlich-depressive Stimmung haben und die sie nun einsetzt, um ihre negativen Gedanken umzulenken (z. B. Fotos ihrer Kinder betrachten, heißes Bad nehmen, Musik hören). Zunächst war es nicht einfach für Frau L., ihre Kognitionen zu benennen und den Zusammenhang mit ihren Gefühlen und körperlichen Missempfindungen herzustellen. Oft war ihr »Kopf einfach leer« und die Therapeutin musste verschiedene Vermutungen äußern, von denen Frau L. dann die Zutreffenden identifizierte. Einfacher ging es bei den verhaltensorientierten Übungen. Frau L. führte selbständig Expositionen in vivo durch (Einkaufen, Ausgehen, Ämterbesuche, etc.) und freute sich sehr, dass die Angst vor diesen Situationen immer weiter absank. Durch das soziale Kompetenztraining (s. u.) bekam sie mehr Selbstvertrauen und wurde immer aktiver. Mittlerweile besucht sie zweimal in der Woche eine Freizeitgruppe des Sozialpsychiatrischen Dienstes. Am Wochenende geht sie regelmäßig mit Freundinnen ins Café oder zum Tanzen. Sie geht viel spazieren und arbeitet weiterhin in geringem Umfang als Haushaltshilfe bei einem älteren Herrn.

Auch das Alleinsein bereitet ihr weniger Schwierigkeiten. Es gibt zwar noch Tage, an denen sie sich besonders angespannt und ängstlich fühlt, aber sie lässt sich von der Angst weniger beeinflussen, d.h. ihre Bewertung der Angst hat sich geändert. Statt zu vermeiden (z. B. aus der Wohnung zu flüchten) benutzt sie Strategien, die es ihr ermöglichen, die Angst besser zu akzeptieren und ein Aufschaukeln bis zur Panik zu verhindern (z. B. sich durch Hausarbeit ablenken, Radio hören). In der Mitte der Therapie gab es einige Wochen, in denen sie ganz angstfrei war, was sie sehr genoss. Besorgnis trat dann wieder in Zusammenhang mit einem Umzug auf, den sie aber nun gut, ohne größere Rückfälle, gemeistert hat.

b) Bewältigung der Depression

Einige Ängste und vor allem die Depression können vor dem Hintergrund ihrer ungünstigen Einstellung sich selbst gegenüber betrachtet werden. Im sokratischen Dialog ließ die Therapeutin daher Belege und Gegenbelege für ihre Annahmen finden (»wenn ich etwas sage, ist es bestimmt falsch, andere lachen über mich, ich werde bestraft«). Auch in Bezug auf die Therapeutin traten ungünstige Erwartungen auf (z. B. »Frau B. wird schimpfen, wenn ich mich verspäte«), die korrigiert werden konnten. Es gelang Frau L. auch, eine neue Sichtweise ihrer negativen Erfahrungen in der Vergangenheit zu entwickeln (z. B. dass der Ex-Freund sie Krüppel nannte, liegt an seinem schlechten Charakter und nicht an ihrer Unzulänglichkeit). Die Therapeutin griff sofort ein, wenn Frau L. begann, sich abzuwerten und forderte sie zur Umformulierung auf (»Zerstreutheit« statt »Blödheit«). Um die Patientin aus den negativen Denkschemata herauszuführen, musste die Therapeutin die negativen Selbstgespräche auch provokativ überzeichnen, was die Patientin mit viel Humor nahm.

Als sich der Therapieerfolg eingestellt hatte, bereitete es Frau L. erwartungsgemäß Schwierigkeiten, diesen internal zu attribuieren (»vielleicht ist dies einfach ein Glücksjahr«). Einige Therapiestunden mussten darauf verwendet werden, Frau L. anzuleiten, ihre Kompetenzen wahrzunehmen und wertzuschätzen. Als die Therapeutin als Übung vorschlug, eine Liste mit Stärken anzufertigen, vergaß Frau L. diese Aufgabe und brachte zur nächsten Therapiesitzung stattdessen eine lange Liste mit ihren Defiziten mit. Glücklicherweise gelang es der Therapeutin, zahlreiche Beispiele aus der Biographie der Patientin anzuführen, die Frau L.s Willensstärke und Kompetenz deutlich belegen. Zu Ende der Therapie war es somit möglich, dass Frau L. ein realistisches und für sie zufriedenstellendes Selbstbild entwickeln konnte, das ihr nun hilft, depressive Stimmungen besser abzufangen.

c) Erweiterung der sozialen Kompetenz

Besonders unsicher war sich die Patientin am Anfang der Therapie bzgl. Ihrer Fähigkeiten im Umgang mit anderen. In Rollenspielen übte Frau L. daher Reaktionsweisen, die ihr schwer fielen (Kontaktaufnahme, Interessen durchsetzen, Nein-Sagen) und bereitete sich auf bevorstehende Konfliktsituationen vor (z. B. gegenüber der Tochter, dem Vermieter, einem sexuell übergriffigen Nachbarn). Auch einige ungünstige Aspekte in ihrem Äußeren und der Stimme konnte sie durch Videofeedback erkennen und modifizieren. Frau L. begann, sich zunehmend attraktiver zu kleiden und zu schminken. Zum ersten Mal in ihrem Leben fühlte sie sich anderen gegenüber gleichwertig oder sogar im Vorteil. Sie begann, von sich aus auf andere zuzugehen, konnte sich aber auch besser von der Kritik durch andere abgrenzen. Es gab tatsächlich im nachbarlichen Umfeld Intrigen gegen sie und manipulative Freundinnen, bei denen Misstrauen gerechtfertigt schien. Daher musste die Patientin lernen, ihren Argwohn differenzierter zu betrachten, d. h. zuerst nach Hinweisen zu suchen, die Zurückhaltung erforderlich machen. In diesem Zusammenhang wurde auch ihr

Wunsch nach einer Partnerschaft besprochen. Frau L. erkannte bei sich ein Verhaltensmuster, sich wiederholt von missbrauchenden Partnern abhängig zu machen und konnte auch den Vorteil schätzen lernen, dass sie nun selbstbestimmter leben kann.

d) Verringerung psychotischer Symptome

Die Patientin ist mit der Einnahme ihrer Medikamente (z. B. Lithium, Leponex) sehr zuverlässig. Auf dieser Basis führten die psychotherapeutischen Maßnahmen zur Steigerung des Selbstwertgefühls und dem Abbau ihrer Angst auch zu einem Rückgang der psychotischen Symptome.

Darüber hinaus verwendete die Therapeutin positive Umdeutungen der Halluzinationen, was anscheinend erfolgreich war. Die Wahrnehmung des unangenehmen Geruchs (faules Fleisch) wurde normalisiert (als »Schweiß, muffige Luft«), so dass Frau L. den Geruch besser akzeptieren konnte, sich weniger dadurch beeinträchtigt fühlte und zuletzt gar nicht mehr wahrnahm.

Die abendlichen Rufe des toten Ex-Freundes bereiteten Frau L. am meisten Angst und sie vermutete, eine Stimme aus dem Jenseits zu hören, als Strafe dafür, dass sie sich vom Freund getrennt hatte. Es wurden auch alternative Erklärungsmöglichkeiten exploriert (z. B. Ohrensausen aufgrund von Stress, lautgewordenen Gedanken und Erinnerungen). Die Therapeutin ging dabei auf die Schuld- und Minderwertigkeitsgefühle von Frau L. ein und bestärkte die Patientin darin, dass sie ein Recht hatte, sich vor den Demütigungen des Freundes zu schützen. Außerdem setzte die Patientin erfolgreich Musik ein, um die Stimme zu übertönen und sich abzulenken. Mittlerweile nimmt sie das Rufen kaum mehr wahr und ist diesbezüglich gleichgültiger geworden.

10 Motivationsanalyse

Während der gesamten Therapie zeigte sich die Patientin sehr motiviert und kooperativ. Anfänglich war ihre gute Compliance wohl auf ihr Bestreben zurückzuführen, von der Therapeutin nicht abgelehnt zu werden (soziale Erwünschtheit, Dependenz). Durch die Steigerung ihres Selbstwertgefühls und die wachsende soziale Kompetenz wurde sie weniger abhängig von externen Verstärkern, wendete erfolgreich die geübte Selbstverstärkung an (»gell, das habe ich gut gemacht«).

11 Interaktionsanalyse

Anfangs stand die ängstliche Haltung der Patientin im Vordergrund. Sie besaß von Haus aus wenig Introspektionsfähigkeit, war sich bezüglich eigener Problemlösungen sehr unsicher und benötigte viel Anleitung und positive Rückmeldung durch die Therapeutin. Diese wiederum empfand Mitgefühl und Sympathie für Frau L. (fühlte sich vielleicht auch durch das Vertrauen der Patientin geschmeichelt), so dass sich rasch eine positive therapeutische Beziehung entwickeln konnte. Allerdings vergrößerte sich dadurch auch die Bindung an die Therapeutin, was sich z. B. darin zeigte, dass Frau L. meist schon eine Stunde vor der Sitzung erschien und beteuerte, sie würde gerne mehrmals in der Woche kommen. Sobald die Symptomatik deutlich gebessert war, wurde die Therapie daher unter das Motto »Hilfe zur Selbsthilfe« gestellt. Zusammen mit Frau L. wurde ein Netzwerk sozialer Unterstützung erarbeitet (inklusive betreutes Einzelwohnen) und es wurde vermehrt über das Therapieende und die Zeit danach gesprochen. Frau L. hatte zunächst Angst, sie könne es ohne Therapie nicht schaffen. Als die Abstände zwischen den Sitzungen vergrößert wurden, zeigte sich jedoch, dass Frau L. die erlernten Bewältigungsstrategien selbstständig anwenden konnte (ohne sich an andere Personen zu klammern) und sogar den befürchteten Umzug gut überstand. Die Therapeutin ist zuversichtlich, dass Frau L. mit Auslösern für depressive oder psychotische Zustände nun besser umgehen kann und weiß, wo sie sich gegebenenfalls Hilfe holen kann. Die Behandlung konnte nach 32 Stunden beendet werden.

Dipl.-Psych. Iris Bowman

Fall G Schwere depressive Episode ohne psychotische Symptome (F32.2)

1 Angaben zur spontan berichteten und erfragten Symptomatik

Die 67-jährige Patientin berichtet, dass es ihr nicht möglich sei, sich durchzusetzen und nein zu sagen. Das sei besonders gegenüber ihrem ältesten Sohn so, der sich von ihr schon oft Geld geliehen habe, das er aber noch nie zurückgegeben hätte. Trotzdem würde sie ihm immer wieder Geld geben. Sie mache das, weil sie sich Vorwürfe mache, dass sie bei seiner Erziehung etwas falsch gemacht und ihn anders behandelt habe als seine beiden Brüder. Die beiden jüngeren Söhne stünden ihr auch gefühlsmäßig näher. Sie wolle das wiedergutmachen und sich damit seine Zuneigung sichern. Es würde aber wenig nützen. Im Krankenhaus hätte er sie nicht besucht und komme auch sonst nur zu ihr, wenn er Geld brauche oder seine Kinder Geburtstag hätten und sie ihnen ein Geschenk machen solle.

Dass sie sich ihrem Sohn gegenüber nicht durchsetzen könne, belaste und deprimiere sie sehr. Sie leide dann unter Schlafstörungen und esse sehr viel. Sie denke manchmal daran, den Kontakt ganz abzubrechen. Sich selbst gönne sie nur wenig. Sie kaufe ihre Kleidung im Sonderangebot und spare auch bei ihren Lebensmitteln. Sie habe das Gefühl, dass sie es nicht wert sei, sich etwas Gutes zu leisten.

2 Lebensgeschichtliche Entwicklung und Krankheitsanamnese

Die Mutter der Patientin war Hausfrau, der Vater von Beruf Schlosser. Er war taubstumm. Die Patientin wurde in Niederbayern als zweitälteste von insgesamt fünf Kindern geboren. Bis auf eine Schwester waren alle Kinder unehelich. Im Alter von drei Monaten wurde die Patientin von einer Pflegemutter aufgenommen. Diese alleinstehende Frau hatte einen eigenen Sohn und war überwiegend berufstätig.

Sie sei eine sehr christliche, gutmütige und geduldige Frau gewesen, zu der ein vertrauensvolles Verhältnis bestanden habe. Die leibliche Mutter kam ca. zweimal im Jahr zu Besuch und habe sie dann regelmäßig geschlagen. Die Patientin besuchte die Volksschule. Nach Schulabschluss lebte sie vorübergehend bei einer Tante in einer bayerischen Großstadt und begann eine Ausbildung als Näherin. Als die leibliche Mutter hilfsbedürftig wurde, habe sie die Lehre abgebrochen, sei zu ihrer Mutter gezogen und habe sich um die Geschwister gekümmert. Nebenbei habe sie in einer Metzgerei mit Gaststätte als Verkäuferin und Bedienung gearbeitet. Mit 21 Jahren wurde sie schwanger und heiratete den Vater des Kindes, einen Maurer. Ihr Ehemann entwickelte während der Ehe eine Alkoholabhängigkeit und wurde deshalb zweimal stationär in einem Bezirkskrankenhaus behandelt. Um die Familie zu versorgen, musste die Patientin als Putzhilfe arbeiten. 1959 und 1962 kamen noch zwei weitere Söhne zur Welt. Nach der Geburt des letzten Sohnes erkrankte die Patientin an einer Psychose und wurde erstmals ambulant psychiatrisch behandelt. Auch danach war sie die Ernährerin der Familie, indem sie als Putzhilfe in einer Schule tätig war.

1967 habe sie die Scheidung eingereicht wegen der täglichen Auseinandersetzungen mit ihrem Ehemann. Im Zusammenhang mit der Scheidung habe sie an einer schweren depressiven Episode gelitten und einen Suizidversuch unternommen, da sie sich von ihrem Ex-Mann bedroht fühlte. Danach lebte sie alleine mit den drei Söhnen und arbeitete als Putzhilfe. Sie habe nicht viel Zeit für die Kinder gehabt, was ihr – besonders gegenüber ihrem ältesten Sohn – ein schlechtes Gewissen mache.

Nach einem Streit mit dem ältesten Sohn am Heiligabend 1991 habe sie einen zweiten Suizidversuch mit Rohypnol-Tabletten unternommen, selbst aber noch den Notarzt gerufen. Daraufhin sei sie in einem Städtischen Krankenhaus aufgenommen und anschließend in eine psychiatrische Klinik verlegt worden.

Seither sei es im Abstand einiger Monate immer wieder zu depressiven Episoden gekommen, die ambulant psychiatrisch behandelt wurden. 1995 kam es zur zweiten stationären Aufnahme, nachdem die Patientin immer antriebsärmer geworden war, vermehrt grübelte und Schlafstörungen hatte.

Die Patientin lebt allein in ihrer Wohnung. Zu ihren Geschwistern hat sie keinen Kontakt. Die brieflichen Kontaktversuche der in Amerika lebenden älteren Schwester beantwortet sie nicht, da diese sie als Kind öfters geschlagen habe. Zu den beiden jüngeren Söhnen habe sie einen guten Kontakt, besonders zum jüngsten. Bis vor ca. fünf Jahren habe sie auch noch die Kinder des jüngsten Sohnes tagsüber betreut. Die beiden jüngeren Söhne kämen öfters vorbei, um ihr zu helfen. Sie wüssten um die Problematik mit ihrem ältesten Sohn, würden sich jedoch nicht einmischen. Einmal täglich komme eine Frau von der Caritas, um die Medikamente der Patientin herzurichten. Einmal wöchentlich habe sie eine Haushaltshilfe. Andere soziale Kontakte bestünden nicht. Sie wisse oft nicht, was sie – abgesehen von ihren Arztbesuchen – den ganzen Tag tun solle und laufe dann einfach ziellos in der Stadt umher.

1998 kam es zur dritten stationären Aufnahme, nachdem sich bei der Patientin nach einem Knöchelbruch zunehmend Insuffizienzgefühle, Niedergeschlagenheit, Ängste, Unsicherheiten und passive Todeswünsche zeigten. Nach Abklingen der akuten Symptomatik wurde die Patientin zur ambulanten Psychotherapie überwiesen, um eine weitere Stabilisierung zu gewährleisten.

3 Psychischer Befund zum Zeitpunkt der Antragstellung

Die kleine, etwas übergewichtige Patientin ist schwerhörig und wirkt älter. Sie ist gepflegt, ihre Haltung ist aufrecht. Auf den ersten Blick erscheint sie durchsetzungsfähig und patent und das Ausmaß ihrer Depressionen ist nicht erkennbar. Im Kontakt ist sie zugewandt und äußert offen ihre Sympathie. Im Affekt ist sie schwingungsfähig. Die Psychomotorik ist altersentsprechend und nicht reduziert. Sie antwortet offen auf alle Fragen, ihre Antworten und Erzählungen sind inhaltlich jedoch ausschweifend und weichen oft auf Nebensächliches und Belanglosigkeiten ab. Es ist schwierig, im Gespräch beim Thema zu bleiben. Sie scheint aktuell wenig introspektionsfähig. Von Suizidgedanken ist sie momentan glaubhaft distanziert.

4 Somatischer Befund

Nach Arztbrief besteht eine insulinpflichtige Diabetes mellitus, Typ II. Alle sonstigen Laborwerte, EEG, EKG sowie orientierende neurologische und internistische Untersuchungen sind ohne pathologischen Befund.

5 Verhaltensanalyse

a) Analyse des Symptomverhaltens

Situation:	Ältester Sohn will Geld von ihr borgen.
Reaktionen:	
Kognition	»Wenn ich ihm nichts gebe, mag er mich nicht mehr.«
	»Vielleicht gibt er es diesmal zurück.«
	»Hab ich bei ihm etwas falsch gemacht?«
	»Vielleicht merkt er, dass mir die beiden anderen Söhne näher stehen.«
Emotion	Angst, Schuldgefühle, Hilflosigkeit
Physiologie	Schlafstörungen, Appetitsteigerung
Verhalten	Patientin gibt dem Sohn Geld, Sozialer Rückzug
Konsequenz	$\cancel{C}^-$ kurzfristig: Reduktion von Angst- und Schuldgefühlen
	C^- langfristig: Depressionsentwicklung
	C^- Selbstkonzept »ich schaffe es nicht« bleibt
Verhaltensdefizite	Durchsetzung eigener Bedürfnisse, Selbstverstärkung
Verhaltensexzesse	Selbstvorwürfe und Selbstabwertung
Verhaltensaktiva	Die Patientin erkennt mittlerweile, dass sie sich die Zuneigung ihres Sohnes nicht erkaufen kann und dass sie mehr an sich und ihre Bedürfnisse denken sollte.

b) Mikroanalyse

Auslösende Situation ist für die Patientin der drohende Verlust einer wichtigen Selbstwertquelle, nämlich die Zuneigung ihres Sohnes (S). Aufgrund überdauernder geringer Wertschätzung eigener Bedürfnisse und mangelnder Selbstverstärkungsmöglichkeiten (O) vermeidet sie die Auseinandersetzung und unterdrückt normalpsychologische Bewältigungsmechanismen wie Gefühle von Schmerz oder Trauer mit Hilfe der verhaltenssteuernden Emotionen Angst und Schuldgefühle (R1). Aus diesen Emotionen heraus handelt sie und gibt den Forderungen des Sohnes nach (R2). Kurzfristig erfährt sie dadurch eine Entlastung ($\cancel{C}^-$), langfristig wird jedoch durch das Gefühl der Hilflosigkeit der Weg zur Depression eingeleitet (C^-).

c) Makroanalyse

Die Lebensgeschichte der Patientin lässt auf eine depressiogene Lebens- und Beziehungsgestaltung schließen und eine persönliche Disposition zur Depression vermuten. In ihrer Herkunftsfamilie musste sie sich um ihre Mutter und ihre Geschwister, in ihrer Ehe um ihren Mann und ihre Kinder kümmern und für sie sorgen. Sie selbst war als Mensch mit eigenen Bedürfnissen nicht wichtig. Der Fokus in ihrem Leben lag auf dem Dasein für andere. Dadurch dürfte sie nicht in der Lage gewesen sein, interne Selbstwertquellen und Selbstverstärkungsmechanismen zu lernen und ist auf externe Bestätigung angewiesen. Wie bei depressiv disponierten Menschen erfolgt bei ihr die Selbstwahrnehmung selektiv negativ. Gleichzeitig wird bei der Selbstbewertung das Soll immer über das Erreichbare gesetzt und Misserfolge werden internal attribuiert. Das Scheitern ihrer Ehe und das schlechte Verhältnis zu ihrem ältesten Sohn und dessen ständige Geldforderungen stehen in ihrer Wahrnehmung im Vordergrund, sie sieht die Schuld in ihrer Person und es findet ständig eine Selbstbestrafung durch Selbstabwertung und Selbstvorwürfe statt. Dazu kommt, dass wichtige Bereiche, in denen sie extern bestätigt wurde, in den letzten Jahren sukzessive weggefallen sind (Berentung, Betreuung ihrer Enkel) und so die Zuneigung ihres ältesten Sohnes als Selbstwertquelle an Bedeutung zugenommen hat.

d) Funktionsanalyse

Geht man von der Grundannahme des zur Depression disponierten Menschen aus, hat die Depression bei der Patientin die Funktion, intensive Gefühle, wie Wut, Schmerz, Hass, das daraus entstehende Verhalten und die resultierenden Konsequenzen – Geldverweigerung, Liebesverlust des Sohnes – zu verhindern.

6 Diagnose zum Zeitpunkt der Antragstellung

Schwere depressive Episode ohne psychotische Symptome (F32.2).

7 Therapieziele

1. Strukturierung des Tagesablaufs, Aktivitätenplanung und Einbindung in soziale Kontakte, um Möglichkeiten von Fremd- und Selbstverstärkung zu schaffen.
2. Abbau des abhängigen und depressiven Verhaltens (depressive Selbstabwertung, Schuldgefühle) und Förderung von Selbstwahrnehmung und Selbstwert.
3. Stärkung der Selbstbehauptung gegenüber dem ältesten Sohn, um eine wesentliche Grundlage für die Depressionen der Patientin zu beseitigen.
4. Abbau sozialer Ängste, Aufbau sozialer Kompetenz im familiären und gesellschaftlichen Bereich.

8 Behandlungsplan

zu 1. und 2.: Selbstkontrollansatz (Roth und Rehm): Führen von Tagesprotokollen, Aktivitätenaufbau, Zielformulierungen, Selbstverstärkung.

zu 2. und 3.: Aufdecken der krankheitsfördernden Gedanken zur Selbstwahrnehmung und zur Beziehung zum Sohn, Hinterfragen des Realitätsgehalts, kognitive Umstrukturierung durch Besprechung der Lebens- und Lerngeschichte mit Fokussierung auf die eigenen Leistungen und deren Verstärkung.

zu 4.: Aufbau sozialer Kompetenzen mit einer Hierarchie von Rollenspielen.

9 Behandlungsverlauf

Um bei der Patientin eine Strukturierung ihres Tagesablaufs zu erreichen, wurde von Anfang an in der Hälfte der Zeit der wöchentlichen Sitzung ein Wochenplan für die kommende Woche erarbeitet. Es wurde eingetragen, welche festen Termine (Arztbesuch, Therapie, Caritas) anstanden und dann überlegt, welche zusätzlichen angenehmen Aktivitäten für die Patientin in Frage kommen. Die Patientin zeigte Interesse an einer von ihr bereits vor ihrem stationären Aufenthalt besuchten Malgruppe bei der Caritas, regelmäßigen Kirchenbesuchen, dem gelegentlichen Besuch einer Kunstausstellung, spazieren gehen und bummeln in der Stadt, ins Café gehen, Malen zu Hause usw. Die Malgruppe und der Kirchenbesuch wurden fest in den Wochenplan aufgenommen. Darüber hinaus sollte sie mindestens zweimal wöchentlich eine der anderen Aktivitäten unternehmen. Während der Woche sollte die Patientin den Wochenplan selbständig ergänzen, z. B. Besuch der Söhne, Einkaufen usw. Außerdem wurde die Patientin ermutigt, weitere soziale Kontakte aufzunehmen, z. B. mit einer Frau aus der Malgruppe oder mit einer früheren Freundin. Grundsätzlich zeigte sich, dass die Patientin durchaus in der Lage ist, auf andere Menschen zuzugehen und auch sonst wenig Schwierigkeiten in sozialen Situationen hat. Die Patientin zeigte allerdings geringe Eigeninitiative, so dass eine Aufforderung von therapeutischer Seite nötig war. Obwohl sie sich positiv über die neuen Kontakte äußerte, war während der Therapie zu erkennen, dass die Patientin nur geringe intrinsische Motivation besitzt und eher durch äußere Anstöße zu motivieren ist.

Auf einem Stimmungsbarometer sollte die Patientin täglich morgens und abends ihr Befinden angeben, um ggf. einen Zusammenhang zwischen Aktivität und Befinden herzustellen. Dadurch sollte der Patientin der kausale Zusammenhang verdeutlicht, und die Motivation zur Aktivität erhöht werden. Die Patientin zeigte insgesamt gute Mitarbeit, gab allerdings an, dass sie nicht gerne schreibe, so dass ihre selbständigen Einträge oft nicht vollständig waren. Beim Stimmungsbarometer zeigte sich nicht unmittelbar ein Zusammenhang zwischen Aktivität und Stimmung. Es war allerdings nach ca. zehn Wochen ein genereller Stimmungsanstieg zu erkennen. Darüber hinaus war die Patientin jetzt in ihren Erzählungen ruhiger und konnte besser beim Thema bleiben. Ihrer eigenen Aussage nach sei dies ein Zeichen, dass es ihr besser gehe.

Das für die Patientin im Vordergrund stehende und oft von ihr eingebrachte Problem war die Beziehung zu ihrem ältesten Sohn. Hauptsächlich in dessen Geldforderungen sah sie ein Indiz für ihre Fehler bei seiner Erziehung. Mit der Patientin wurde deren Lebensgeschichte besprochen und die Schuldgefühle gegenüber ihrem ältesten Sohn thematisiert. Die von der Patientin in ihrer Wahrnehmung existierende Ungleichbehandlung ihrer drei Kinder konnte anhand konkreter Beispiele relativiert werden. Es gelang der Patientin mehr und mehr, die Individualität ihres Sohnes anzuerkennen, ihm als erwachsenen Menschen Eigenverantwortung für sein Tun zu übertragen und sich dadurch zu entlasten. Es stellte sich heraus, dass ihr ältester Sohn große Ähnlichkeit mit ihrem geschiedenen Mann hat und sie deshalb emotionale Probleme ihm gegenüber habe. Die Patientin gab an, dass es sie erleichtere, darüber zu sprechen und die Aufdeckung der möglichen Zusammenhänge ihr den Umgang mit ihrem Sohn erleichtere. Bei Besprechung der Lebensgeschichte zeigte sich, dass die Patientin ihre eigenen Leistungen herabwürdigte. Die Versorgung ihrer Mutter und ihrer Geschwister, die Alleinerziehung ihrer Kinder und die Rolle der Ernährerin ihrer Familie sah sie lediglich als Pflichterfüllung von vorgegebenen, von ihr stark internalisierten Normen. Durch Hinterfragen der Normen, Aufzeigen konträrer Beispiele, durch gezielte Betonung der Leistungen der Patientin, durch Nachfragen und durch häufige Verstärkung wurde versucht, die durchgängig negative Sichtweise ihrer selbst zu verändern. Gegen Ende der Therapie war bei den Äußerungen der Patientin sowohl inhaltlich (sie sprach öfters über sich und ihre Arbeit), wie auch mimisch (es zeigte sich gelegentlich ein stolzes Lächeln) eine Veränderung erkennbar.

An der Beziehung zu ihrem Sohn konnte insofern real gearbeitet werden, da der Sohn der Patientin noch DM 2.000,– schuldete. Die Patientin zeigte sich zu Beginn der Therapie entschlossen, diesmal nicht auf eine Rückzahlung zu verzichten. Zwischendurch zeigten sich aber immer wieder Zweifel über die Richtigkeit ihres Handelns. Auf Vorschläge der Patientin hin wurden konkrete Schritte erarbeitet, wie sie vorgehen wollte: Zahlungsziel vereinbaren, Rückzahlungsraten festlegen, Telefonate mit dem Sohn bei Nichterfüllung der Zahlungstermine führen usw. In den Sitzungen wurden die Gespräche vorbereitet, geübt und mögliche Antwortalternativen erarbeitet. Besprochen wurden auch die möglichen Reaktionen des Sohnes und was diese im einzelnen für die Patientin bedeuten. Trotz Ängsten über einen möglichen endgültigen Bruch hielt die Patientin an ihrem Rückzahlungswunsch und den erarbeiteten Schritten fest. Sie erhielt kurz vor Weihnachten die letzte Rate. Die Patientin erklärte, dass es für sie eine große Erleichterung darstelle, sich dem Sohn gegenüber behauptet zu haben, die Sache aber trotzdem gütlich verlaufen, und es nicht zum Bruch mit dem Sohn gekommen sei. Dies dürfte für die Patientin den Haupterfolg und den größten Verstärker darstellen.

10 Motivationsanalyse

Die Therapiemotivation der Patientin war von Anfang an zwar relativ gut, es war aber zu erkennen, dass in ihrer Vorstellung die Therapie dazu diente, jemanden zum Zuhören zu haben. Eine Änderungsmotivation war hauptsächlich in Bezug auf die Abgrenzungsproblematik gegenüber ihrem ältesten Sohn zu spüren. Durch die konsequente Führung von Wochenplänen und den Aufbau von Aktivitäten wurde aber zusätzlich versucht, eine intrinsische Motivation zur Veränderung im Alltagsleben aufzubauen. Durch Empathie in der therapeutischen Beziehung und durch kontinuierliche Verstärkung der internen Selbstwertquellen sollte die Bereitschaft zur Veränderung der abwertenden Selbstwahrnehmung erreicht werden. Beides müsste in der weiteren Therapie noch vertieft werden.

11 Interaktionsanalyse

Interventionen bezüglich Aktivitätenplanung und Beziehung zum Sohn wurden bereitwillig aufgenommen. Bei Interventionen in Bezug auf ihre Lerngeschichte schweifte die Patientin besonders in den ersten Stunden vom Thema ab. Hier zeigte sich ca. ab der zweiten Hälfte der Therapie ein deutliches Interesse seitens der Patientin. Die Patientin zeichnete sich aus durch Pünktlichkeit, Freundlichkeit und Anspruchslosigkeit. Dies wirkte verstärkend, obwohl es ihre grundsätzliche Einstellung ausdrückt, es allen recht machen zu wollen.

Die offen geäußerte Sympathie für die Therapeutin ließ den Eindruck entstehen, dass es der Patientin darum ging, selbst beliebt zu sein und jemanden zum Reden zu haben.Gleichzeitig zeigte es ihre Dankbarkeit, dass sich jemand um sie kümmert. Dieses Verhalten verstärkte natürlich die therapeutischen Bemühungen um Struktur und Therapiezielerreichung. Die anfängliche Sprunghaftigkeit der Patientin in ihren Erzählungen und das manchmal vergessene Hörgerät erforderten auf therapeutischer Seite einige Geduld.

Die Behandlung konnte nach insgesamt 20 Einzelübungen beendet werden.

Dipl.-Psych. Ute Eckstein

Fall H Rezidivierende depressive Episode (F 33.1) bei selbstunsicherer Persönlichkeitsakzentuierung

1 Angaben zur spontan berichteten und erfragten Symptomatik

Die 19-jährige Patientin, die sich in der Ausbildung zur Krankenschwester befindet, berichtet, dass sie furchtbar darunter gelitten habe, dass ihre Mutter immer schon getrunken habe. Der Vater habe es ignoriert, er sei viel auf Montage weg gewesen, sie selbst flüchte eigentlich auch vor dem Alkoholproblem der Mutter. Sie habe oft Angst, dass alle negativ über sie sprechen. Sie habe schon als Kind nie richtige Freunde gehabt. Außerdem habe sie sich mit 16 Jahren entschlossen, zur Großmutter zu ziehen, was die Mutter nicht einmal bemerkt habe. Es sei ihr durchaus nicht leicht gefallen, bei der Großmutter zu leben, da diese plötzlich auf Ordentlichkeit, Haushaltspflichten, Weggehen usw. geachtet habe. Es sei ein richtiger Erziehungswechsel gewesen, sie habe sich aber sicherer gefühlt obwohl auch der Großvater Alkoholiker war und kurz nachdem sie bei den Großeltern einzog an Lungenkrebs gestorben sei. Außerdem traue sie sich nirgends nackt zu sein bzw. Körperteile von sich entblößt zu sehen. So mache sie sogar zuhause in der eigenen Toilette das Licht aus und vermeide auch im Bad, sich jemals nackt zu sehen. Sie könne deswegen auch kaum anderswo auf die Toilette gehen.

2 Lebensgeschichtliche Entwicklung und Krankheitsanamnese

Die Patientin wächst als einziges Kind einer Lohnbuchhalterin und eines Maschinenmonteurs in der ehemaligen DDR auf. Der Vater ist unter der Woche, manchmal auch über das Wochenende, regelmäßig auf Montage unterwegs, so dass sie ihn wenig erlebt. Wenn das der Fall ist, hat sie nichts zu melden, es gilt nur, was er sagt. Er sei auch lange bei der NVA gewesen. Dies merke man heute noch seinem autoritären Verhalten an, wobei sie ihn gleichzeitig oft sehr unsicher erlebe. Er habe sich von der Mutter scheiden lassen, jedoch dann diese zwei Jahre später wieder geheiratet. Die Patientin vermutet, dass dies der reine Versorgungsaspekt ist, da die Mutter ihn von allen Haushaltspflichten entlastet. Er unterstützt die Mutter finanziell, da alle anderen Geldmittel wie Arbeitslosenunterstützung und Sozialhilfe, ausgelaufen sind. Außerdem lebt und arbeitet der Vater jetzt seit einigen Jahren in der Nähe von F., so dass er nur noch alle zwei bis drei Wochen am Wochenende zu seiner Frau fährt. Mit dem Vater könne sie auch wenig besprechen, von formalen Dingen abgesehen. Beruflich habe er sie unterstützt, auch bei ihrem Umzug nach F., und er frage schon gelegentlich nach, wie es ihr in der Ausbildung geht. Die Mutter sieht sie nur noch ungefähr einmal im Monat, wenn sie zu ihrer Großmutter fährt. Mit der Mutter wird es immer schlimmer, körperliche Folgen sind sichtbar, sie wiegt nur noch wenig, isst kaum noch, alles riecht nach Urin und oft ist sie eingekotet. Alle externen Hilfen – vom Allgemeinen Sozialdienst wie auch von der Patientin selbst – hat die Mutter abgelehnt. Die Patientin kompensiert mit einer Traumwelt, in der sie sich befindet, in der alles gut ist, in der sie Freunde und normale Eltern hat. Sie ist dort auch eine selbstsichere Person. Diese Traumwelt habe ihr schon immer geholfen. Sie könne sich gar nicht erinnern, wie sie ohne diese Traumwelt gelebt habe, auch heute in beruflichen Stresssituationen flüchtet sie manchmal in diese imaginäre Welt, wo es ihr gut geht und alles in Ordnung ist.

Der Umzug zur Großmutter mit dem von der Patientin genannten Erziehungswechsel kann sie heute als positiv sehen. Sie habe dort erstmals gelernt, wie man einen Haushalt führt, wie man sich überhaupt organisiert. Bis auf die kleinen Einschränkungen habe sie dort auch so etwas wie Fürsorge und Geborgenheit erfahren. Der alkoholkranke Großvater habe nicht gestört, da er kaum noch anwesend war, sondern oft tagelang bei Trinkkumpanen übernachtet habe.

Was sie als größeres Problem sieht ist, dass sie bei der Großmutter immer alles aufessen musste, fast bis zum Erbrechen. Seitdem leide sie unter Übergewicht. Es sei der Gegensatz zu zuhause gewesen, wo nie regelmäßiges Essen vorhanden war und die Patientin sich oft selbst mühsam etwas kochte. So habe sie keine deutliche Wahrnehmung für den Unterschied zwischen Appetit und Hunger. Die Patientin wohnt jetzt in einem Lehrheim für angehendes Krankenpflegepersonal in F. Der Umzug hierher sei einerseits eine Befreiung gewesen, andererseits merke sie, wie sehr ihre Vergangenheit sie immer noch im Griff hat. Der Beruf gefällt ihr gut, sie kann sich auch trotz Ängsten gut in die Lerngruppe integrieren, baut jedoch keine stabilen Freundschaften auf. Finanziell ist sie durch die Unterstützung vom Vater abgesichert (DM 800,–). Die Patientin meint, dass sie gut mit dem Geld auskommt, da sie sehr bescheiden ist. Sie nimmt durchaus auch an Veranstaltungen und Festen der Schule teil, vermeidet jetzt Sozialkontakte nicht mehr, nur innerlich »beamt« sie sich teilweise aus Kontakten weg, wenn diese zu anstrengend werden.

3 Psychischer Befund zum Zeitpunkt der Antragstellung

Die kleine, kräftig gebaute, aber kaum sichtbar übergewichtige Patientin berichtet ein wenig kindlich, jedoch erstaunlich genau und differenziert. Guter emotionaler Kontakt, wobei sie davon verunsichert und ängstlich ist, dass sie vom Konsiliararzt erfährt, dass die Diagnosen an die Krankenkasse weitergegeben werden. Trotzdem bleibt sie nach Rückversicherung über die anonymisierte Weitergabe der Diagnosen dann sehr offen in ihrem Bericht. Intellektuelle Leistungsfähigkeit und Differenziertheit sehr gut. Die Patientin ist voll orientiert, Konzentration und Aufmerksamkeit gut, Denken geordnet, inhaltlich unauffällig, im Affekt gedrückt, erschöpft. Emotionale Schwingungsfähigkeit etwas eingeschränkt. Antrieb vermindert, erledigt jedoch die Hausaufgaben, die sie erhält. Suizidalität glaubhaft verneint, insbesondere auch aus Glaubensgründen (Patientin ist evangelisch).

4 Somatischer Befund

Abgesehen von gelegentlichem Spannungskopfschmerz (fraglich Migräne) ergaben sich keine pathologischen Befunde.

5 Verhaltensanalyse

Beschreibung der Krankheitsphänomene in den vier Verhaltensebenen:

Motorische Ebene: Patientin reagiert, indem sie in ihre Traumwelt geht und viel Zeit zu Hause mit Essen von Süßigkeiten verbringt. In der Öffentlichkeit, indem sie z. B. auf die andere Straßenseite geht, wenn sie meint, andere reden negativ über sie.
Kognitive Ebene: Patientin hat die Befürchtung, sie werde entdeckt, es würde entdeckt, aus »was für einer Familie« sie kommt, es wird über sie getuschelt, denkt, sie kann niemand an sich heranlassen, da dann ihre grauenhafte Familie entdeckt wird und sie dafür Ablehnung erfährt.
Emotionale Ebene: Ängstlichkeit, Gedrücktheit, Unsicherheit.
Physiologische Ebene: Patientin berichtet, sie habe häufig Appetit, obwohl kein Grund dafür besteht, sowie gelegentliche Migräneattacken; manchmal schwitzt oder zittert sie.
Verhaltensexzesse: Flüchten aus der Realität in ihre Traumwelt, zu viel negatives Denken über den Lebensalltag, Überschätzung der negativen Auswirkung ihrer Herkunftsfamilie auf sie selbst.
Verhaltensdefizite: Selbstunsicherheit, Ängstlichkeit bei Sozialkontakten.

Die berichteten Probleme treten auf (S), wenn die Patientin z. B. einkaufen gehen muss, wo sie meint, dass jeder sie beobachtet und die anderen sehen, dass sie alle Süßigkeiten im Großpack kauft, über sie lachen, weil sie dick ist oder über sie tuscheln würden. Sie schwitzt dann (R physiologisch), wird unsicher (R emotional) und kauft oft überhaupt nicht richtig ein (R motorisch), so dass sie kaum die Grundnahrungsmittel zu Hause hat (C^- kurzfristig) und damit als Konsequenz tatsächlich abends oft nur über Milchschnitten im Großpack verfügt, die sie dann innerhalb kürzester Zeit in sich hineinschlingt, was für sie einen beruhigenden Effekt hat ($\mathcal{C}^-$).

Eine weitere problematische Situation (S) entsteht, wenn manchmal in der Schule gelacht und gekichert wird. Sie meint, dass über sie gelacht und gekichert wird (R kognitiv), wobei sie sich dort durch das sie interessierende Thema etwas sicherer ist. Sie traut sich dann jedoch nicht mehr, sich zu melden (R motorisch), schwitzt mehr (R physiologisch) und spürt wieder Angst (R emotional). Wieder bestehen die kurzfristigen Konsequenzen in Erleichterung durch das Vermeidungsverhalten ($\mathcal{C}^-$) sich nicht zu melden und dadurch die Belastung, sich der Klasse zu stellen, auszuweichen. Langfristige Konsequenz ist jedoch, dass sie das negative Selbstbild nicht korrigieren kann (C⁻ langfristig).

Für die oben beschriebene massive Angst, nackt bzw. teilweise unbekleidet irgendwo zu sein, sich selbst zu sehen oder entdeckt zu werden (S), so dass sie sogar zu Hause in ihrer Wohnung das Licht im Bad ausmacht (R motorisch), hat die Patientin selbst keinerlei Erklärung. Das Verhalten kenne sie schon immer, auch beim Duschen in ihrer kleinen Duschkabine sei sie sehr froh, dass nirgends ein Spiegel sei, auch sonst nicht im Appartement. Sie würde sofort ganz starke Angst bekommen (R emotional), Zittern (R physiologisch), müsse sich sofort bedecken (R motorisch) und empfinde starke Schamgefühle (R emotional). Sobald sie das Bad verlässt und wenn sie sich durch das Löschen des Lichts geschützt hat, fühlt sie sofort Erleichterung ($\mathcal{C}^-$ kurzfristig) und ist dann ruhiger, auch wenn sie mit den anderen Verrichtungen (Händewaschen usw.) noch nicht fertig ist. Sie weiß, dass sie bereits in der Schul- und Jugendzeit und auch selbst bei den wenigen Verwandten, zu denen sie Kontakt hatte, immer aus diesem Grund vermied, dort auf die Toilette zu gehen. Könne sie dies einmal nicht vermeiden, so habe sie oft schon am nächsten Tag starke Kopfschmerzen (C⁻ für das Vermeidungsverhalten).

Hypothetisches Funktions- und Bedingungsmodell:
Patientin gelingt es durch ihr Vermeidungsverhalten (z. B. Abtauchen in die Traumwelt) sich gut zu fühlen, wobei sie langfristig nicht lernt, sich den Realitäten und dem Alltag zu stellen. Außerdem überprüft sie die Realitätsangemessenheit ihrer Ängste nie. Dadurch, dass sie jetzt nach F. umgezogen ist, kann sie sich in der großen Stadt sicherer fühlen, dass hier nicht über sie geredet wird. Was sie jedoch nun erlebt, ist, dass dies eine Pseudosicherheit ist, solange sie intern von der fixen Idee, man sehe ihr das schlechte Elternhaus an, begleitet wird. Auch das Essverhalten verhindert, dass sie Bewältigungsmechanismen lernt, wobei sie durch die sozial verwahrlosende Erziehung ihrer Eltern keinerlei Lernmöglichkeiten hatte, wie sie besser mit Belastungen umgehen kann. Auch bei den Großeltern, die vom Alter als Modell nicht mehr in Frage kamen und auch wegen des späten Zeitpunkts, an dem sie zu diesen gezogen ist, hatte

sie keine Möglichkeit mehr, stabile Verhaltensmuster zu erlernen. Dies zeigt sich auch in der Unsicherheit, wie sie sich ernähren soll, da sie ja auch hierzu nie etwas vermittelt bekam. Es ist davon auszugehen, dass die Patientin über eine gute Beobachtungsgabe verfügt, da sie einige Alltagsfertigkeiten und Verhaltensweisen bei ihren Mitschülerinnen abgeschaut hat, bei denen sie als Kind und Jugendliche hin und wieder eingeladen war (Modelllernen). Aufgrund ihrer Ängste hat sie sich leider nie ein zweites Mal einladen lassen. Auch hier wieder Vermeidungsverhalten, was verhindert hat, dass die Patientin wirklich Hilfe bekommen hätte von Seiten anderer Erwachsener oder Lehrer, weswegen sich die Symptomatik auch stark chronifizieren musste.

Verhaltensaktiva und Ressourcen:
Positiv ist anzumerken, dass die Patientin die Therapie von sich aus aufsuchte, da ihr Heim in der Nähe der Praxis ist und sie jeden Tag an dem Schild vorbeilief. Sie habe sich dann irgendwann aufgerafft zu läuten und sich sofort angemeldet, ohne lange zu überlegen. Jetzt ist sie froh, dass sie die Problematik angeht, da sie spürt, wie sehr sie in ihrer Weiterentwicklung behindert ist. Zusätzlich positiv ist der Enthusiasmus, mit dem sie in ihrem Beruf arbeitet, besonders auch ihre Hilfsbereitschaft, die dort sehr geschätzt wird.

6 Diagnose zum Zeitpunkt der Antragstellung

Rezidivierende depressive Episode (F33.1) bei selbstunsicherer Persönlichkeitsakzentuierung.

7 Therapieziele und Prognose

Patientin will selbstsicheres, offenes, altersadäquates Verhalten lernen, dadurch auch die Angst vor einer Partnerschaft verlieren, ihr Essverhalten normalisieren, sich trauen zu sich und zu ihrem Körper zu stehen, Freundinnen einzuladen. Sie will lernen, sich ohne Unsicherheit in eine Gruppe zu integrieren. Sie möchte außerdem belastbarer werden, da sie merkt, wie der Beruf sie manchmal überfordert und sie auch hier über zu wenig Bewältigungsfertigkeiten verfügt. Die Patientin ist gut motiviert, Krankheitseinsicht ist gegeben. Sie hat sich außerdem Informationsbroschüren über Alkoholerkrankung besorgt, damit sie selbst erfahren kann, was sie für ihre Mutter tun kann.

8 Behandlungsplan

Skills-training (sensu Linehan) zur Schulung der Achtsamkeit, Emotionsmodulation und Stresstoleranz in Bezug auf zwischenmenschliche Fertigkeiten.

Validierungsstrategien für fixe bzw. überwertige Vorstellung bezüglich anderer und hierzu begleitend *Diskriminationstraining* zur Verbesserung von Unterscheidungsleistungen und den darauf folgenden Reaktionen.Die Patientin soll in die Lage versetzt werden, Reize differenziert wahrzunehmen, damit Unterschiede, die für Person, Objekt und Situation wesentlich sind, bemerkt werden können und sie dadurch adäquatere Reaktionen wählen kann. Das Diskriminationslernen soll unterstützt werden durch Rückmeldung über Video (shaping),sowie strukturierte Beobachtungsübungen, die als Hausaufgaben gegeben werden. *Kognitionsevozierung*, damit Patientin lernt, automatische Gedanken und kognitive Verzerrungen zu erkennen, um den Prozess der kognitiven Umstrukturierung als nächsten Schritt durchführen zu können. Hierbei sollte Patientin lernen, alternative Wahrnehmungen über sich selbst und Beobachtungen von sich selbst zu erhalten und alternative, konstruktive Einstellungen zu entwickeln und diese einzusetzen. Patientin sollte dies lernen einmal durch direkte Rückmeldung in der Therapiesitzung, Übungen im Rollenspiel, Imagination, Tagesprotokoll negativer Gedanken und Selbstbeobachtung. Diese Verfahren sollen ineinander greifend eingesetzt werden.

Für berufliche Belastungen *Vermittlung von Strategien der Stressimpfung/Stressbewältigung*, damit sie lernt, mit belastenden Situationen umzugehen, Ärger zu kontrollieren bzw. entsprechend sinnvoll abzubauen und für weitere Belastungssituationen über Möglichkeiten verfügt, diese selbst zu erfassen und Verhaltensalternativen dafür zu finden.

Zusätzlich Aufbau und Erweiterung von *Kommunikationsfähigkeit* durch strukturierte Übungen,um der Patientin zu ermöglichen, Forderungen zu stellen, Wünsche, Bedürfnisse einzubringen und handlungsblockierende Ängste und Hemmungen zu erkennen und abzubauen. *Stimuluskontrolle* zum Aufbau eines ungestörten Essverhaltens und Aufbau eindeutiger Essatmosphäre und dazu begleitend Einführung in *Entspannungsverfahren*.

Zusätzlich soll die Patientin angeregt werden, an einem Entspannungstraining in der Volkshochschule teilzunehmen, wo sie auch die Möglichkeit zu Kontakten hat. Wenn es sich trotz der Schichtarbeit ermöglichen lässt, wäre es gut, wenn die letzten 20 Sitzungen als doppelstündige Sitzungen in der Gruppe beim *Training zum Aufbau sozialer Kompetenz* stattfinden, wo sie *Problemlöseverfahren* und *interaktionelle Fertigkeiten* (s. a. Rabaioli-Fischer, 1994) erwerben kann und das in der Einzeltherapie Erlernte vertiefen kann.

Somit bitten wir um 25 Einzelstunden (Ziffer 882) sowie 40-Mal Ziffer 884 bzw. 20 Doppelstunden als Gruppentherapie. Gut wäre eine offene Verteilung dieser Stunden, da unklar ist, inwieweit die Patientin durch den Schichtdienst an der Gruppentherapie teilnehmen kann bzw. nach alternativen Möglichkeiten gesucht werden muss.

9 Behandlungsverlauf

Die Patientin arbeitete in der Therapie sehr engagiert mit, wobei sie besonders anfangs große Erfolge erzielte. Diese galten den internen kognitiven Prozessen, in denen sie sehr gut für sich erkannte, dass sie alles Negative auf sich bezieht, Reaktionen anderer überinterpretiert und sich dadurch innerlich selbst blockiert. Sie lernte sehr schnell, sich weniger Gedanken darüber zu machen, welche Meinung andere von ihr haben. Es gelang ihr bereits nach wenigen Wochen und nur einmaliger Exposition mit der Therapeutin, durch Straßencafés, über Plätze, durch die Schulklasse und das Krankenhaus zu schlendern, ohne weitere Ängste zu hegen, dass andere Leute Auffälligkeiten an ihr entdecken könnten. Gleichzeitig registrierte sie dabei, dass sie mehr Kapazität für sich selbst hatte, sich besser auf ihre Aufgaben und die Dinge im eigenen Interesse konzentrieren konnte, sodass sie z. B. im Unterricht den Stoff sehr viel besser aufnahm. Zusätzlich konnte sie diese Energie auch für sich im Wohnheim nutzen, traute sich, Freundinnen zu sich ins Zimmer einzuladen und achtete nicht mehr darauf, ob sie es allen recht mache, sondern fragte direkt nach den Wünschen der anderen und überlegte dabei auch mehr, was sie selbst möchte.

Einen großen Durchbruch erreichte sie in der Gruppentherapie. Es gelang ihr dabei, über ihre Schamgefühle und Ängste zu sprechen. Allein die Tatsache, dass sie zum allerersten Mal in ihrem Leben anderen Menschen erzählte, dass sie sich für die alkoholabhängige Mutter schäme, bedeutete eine deutliche Entlastung. Ihre Mutter wurde wegen mehrfachen Stehlens und aggressiver Ausbrüche im Verlauf der letzten Behandlungswochen festgenommen. Auch dies konnte die Patientin in der Gruppe berichten. Sie übte die Gespräche, die sie mit der Mutter im Gefängnis führen musste und entwickelte eine größere innere Distanz. Mit diesen Übungen in der Gruppe erweiterte sie ihr Verhaltensrepertoire erheblich. Vor allen Dingen zeigt sich im nonverbalen Aspekt eine deutliche Verbesserung in Körperhaltung, Stimme, Stimmfluss und Gesichtsausdruck. In einem fiktiven Brief an die Mutter (Rabaioli-Fischer, 2000) konnte sie noch vorhandene Wünsche und Erwartungen an die Mutter entdecken und für sich klären, dass diese wohl unerfüllt bleiben werden. Sie erkannte ihre eigenen Stärken, die sie auch durch die positive Rückkopplung in der Klassengemeinschaft deutlicher spürte, beispielsweise dadurch, dass sie vermehrt eingeladen wurde. Zuletzt fühlte sie sich auch in dem Klinik-, Stations- und Schulalltag völlig integriert und kam von dem Bild der Außenseiterin ganz weg.

Das Essverhalten veränderte die Patientin fast selbständig. Sie ließ alle Süßigkeiten weg, die sie vorher in großen Mengen zu sich genommen hatte. Sie nahm dabei ohne große Mühe innerhalb weniger Wochen acht Kilo ab und erreichte ein normales Gewicht. Diese Ernährungsumstellung hielt sie über den ganzen Therapieverlauf bei. Zum Schluss der Behandlung wurde die Teilnahme an der Gruppe für sie unmöglich, da sie wegen Personalmangels in der Klinik ständig in wechselnde Schichten eingesetzt wurde und teilweise von Spätschicht über Nachtschicht zu Frühschicht wechseln musste. Sie konnte sich dort schlecht abgrenzen, da sie wusste, dass sie bei der nahenden Abschlussprüfung von den Klinikschwestern und Ärzten benotet werden würde, die ihr auch die Schichtwechsel zuteilten. Diesen Konflikt konnte sie adäquat lösen, nachdem sie in der Therapie geübt hatte, ihre Ängste offen anzusprechen. Sie erhielt wieder bessere Einsatzpläne, ohne dass die Aussprache negative Folgen mit sich trug. Auch in den letzten Wochen, in denen sie auf die Abschlussprüfung lernte, konnte sie ihr Essverhalten stabilisieren. Sie gliederte sich in eine Prüfungsvorbereitungsgruppe ein, in der sie weitere soziale Fertigkeiten erwarb, sodass sie zuletzt nicht mehr in ihre Traumwelt flüchtete, sondern sich ausgefüllt in der Arbeit und Freizeit erlebte. Zusätzlich schloss sie sich einer kleinen Sportgruppe an. Nebenher bemerkte sie, dass sie kaum noch Migräneattacken hatte. Dies führte sie auch auf folgende Dinge zurück: Sie spürte seltener innere Anspannung, da sie Ärger bereits in den Anfängen benennen konnte, hatte Spaß an Unternehmungen, empfand sich durch das erreichte Gewicht auch psychisch als normaler und konnte die positive Rückmeldung in der Gruppentherapie gerade auch für ihr Aussehen am Schluss mit sichtlicher Freude annehmen.

Die Patientin führte während der Behandlung ihr Therapietagebuch, in dem sie positive Ereignisse und Inhalte aus den Sitzungen für sich notierte. Sie wollte nach dem Abschluss der Schule ein Stellenangebot in Österreich annehmen.

Von der Gruppe erhielt sie ein Videoband aus den Therapiestunden, in dem sie sich bei einer Selbstsicherheitsübung am Arbeitsplatz beobachten, und so immer wieder auf die Inhalte der Therapie zurückgreifen kann. Dieses Band gefiel ihr und sie war sichtlich gerührt, dass die Gruppe dieses Geschenk eigens für sie angefertigt hatte.

Die Angst mit Licht auf die Toilette zu gehen sollte in einer Expositionsübung mit der Therapeutin in der Wohnung der Patientin trainiert werden. Sie weigerte sich jedoch, diese Übung durchzuführen, da sie schon bei der Vorstellung massive Beklemmungen verspürte. Die Therapeutin ging auf diese Befürchtungen ein und akzeptierte den Wunsch der Patientin. Beim Abschlussgespräch schilderte die Patientin jedoch, dass sie zwangsweise dieses Verhalten habe ablegen müssen, da sie ja immer wieder Besucherinnen in ihrem Appartement hatte und dann quasi unbewusst ihr Verhalten umgestellt habe. Einen Grund für die Angst konnte sie auch nach Abschluss der Therapie nicht benennen.

Die Behandlung konnte somit mit 20 Sitzungen Einzel- und 20 Sitzungen Gruppentherapie abgeschlossen werden.

10 Interaktionsanalyse

Am Anfang der Behandlung schien die Patientin bereits sehr zuverlässig, erfüllte alle Hausaufgaben und Übungen. Sie entwickelte auch eigenständige Ideen zur Problembewältigung, was von der Therapeutin sehr deutlich verstärkt wurde. Die Therapeutin war durch die schnellen Fortschritte überrascht, wobei die Übungsbereitschaft der Patientin in der Gruppe besonders erfreulich war, und sie dort die stärksten Erfolge erzielte. Dies führte zu einer offenen, kooperativen Arbeitsbeziehung mit gegenseitiger Motivierung.

Barbara Rabaioli-Fischer

Fall I Dysthymia (F34.1)/sexuelle Aversion und mangelnde sexuelle Befriedigung, nicht verursacht durch eine organische Störung (F52.10)/Essattacken bei sonstigen psychischen Störungen (F50.4)

1 Angaben zur spontan berichteten und erfragten Symptomatik

Die 31-jährige Speditionskauffrau berichtet sichtlich nervös: »Mein Hauptproblem ist, dass ich mich sehr einsam fühle und seit acht Jahren keinen Partner habe, obwohl ich gerne möchte. Ich verliebe mich öfters, ziehe mich aber immer gleich zurück, wenn jemand auch an mir Interesse zeigt, ich habe Angst vor Sexualität. Ich bin als Kind von zwei Nachbarsjungen sexuell missbraucht worden.« Weiter gibt die Patientin an: »Ich bin oft sehr deprimiert: ich mag meinen Körper nicht und fühle mich sehr minderwertig. Außerdem bin ich fürchterlich zappelig und nervös und habe fast täglich Essanfälle auf Süßigkeiten, besonders Schokolade.«

2 Lebensgeschichtliche Entwicklung der Patientin und Krankheitsanamnese

Familienanamnese: Die Eltern der Patientin leben in einer deutschen Großstadt. Der Vater (63 J.) war Dreher von Beruf, er ist aufgrund von Magengeschwüren und fast völliger operativer Entfernung des Magens vorzeitig berentet. Er ist Alkoholiker, geriet wegen jeder Kleinigkeit aus der Fassung und schrie dann die Familienmitglieder an. Am Wochenende trank er vermehrt, lallte dann nur noch und wurde der Mutter gegenüber sehr ordinär, was die Patientin heute noch mit Ekel und Hass erfüllt. Der Vater liebt sie in einer erdrückenden Weise und ist eifersüchtig auf alle ihre Freunde. Zu ihrer jetzigen Situation äußert er sich: »ich bin so froh, dass du noch solo bist, da habe ich dich noch für mich allein.« Verstanden fühlte sie sich von ihm nicht, alles, was ihr wichtig war, machte er lächerlich.

Die Mutter (57 J.) arbeitet als Verwaltungsangestellte. Die Patientin liebt ihre Mutter sehr, denn diese verwöhnt sie. Sie schenkte ihrer Tochter viel, vor allem bekam sie als Trost immer Schokolade. Sie selber ist Diabetikerin und isst auch viel Süßes, weswegen sie immer wieder ins Krankenhaus muss. Die Mutter besprach alles mit der Tochter, auch ihre unglückliche Ehe und die Sexualität, die sie mit ihrem Mann als ekelig erlebte. Inzwischen hat sich die Patientin von ihrer Mutter etwas distanziert, sie erlebt deren Liebe als einengend und teilt nicht mehr alle ihre Ansichten. Die Patientin fühlte sich von ihrer Mutter geliebt, aber ihre Bedürfnisse wurden oft nicht ernstgenommen. Beispielsweise brachte ihr die Mutter, gerade wenn sie abnehmen wollte, Unmengen Schokolade mit und äußerte:»Schau her, ich habe dir was Feines mitgebracht, ich wollte Dir doch nur eine Freude machen.«

Die Patientin hat einen zwei Jahre älteren Bruder, mit dem sie sich schon immer gut verstand. Er ist technischer Zeichner und wohnt in Ostdeutschland. Sie idealisiert ihn nach eigenen Angaben und möchte ihm alles recht machen. Er dagegen überhäuft sie oft mit Komplimenten, was ihr sehr gut tut. In der Kindheit beneidete sie ihn, weil er als Junge mehr Rechte hatte und mehr tun durfte.

Schulische/berufliche Laufbahn: Die Patientin machte mit 20 Jahren das Abitur mit durchschnittlichen Noten. In Französisch war sie immer sehr gut, deswegen ging sie anschließend auf die Universität in Bordeaux, um Französisch zu studieren. Die Eltern zwangen sie nach zwei Jahren zur Rückkehr, indem sie ihre Tochter in einer Fremdsprachenschule in ihrer Heimatstadt anmeldeten. Die Patientin fügte sich widerwillig, weil sie sich in Frankreich sehr wohl fühlte. Sie beendete 1987 diese Schule mit Erfolg. In diesen Jahren zu Hause war sie sehr depressiv, sie hatte zu nichts Lust, war antriebsarm und weinte viel. Sie nahm 20 kg zu durch exzessiven Süßigkeitskonsum. Oft hatte sie das Gefühl, nicht genügend Luft zu kriegen. Sie brachte das in Verbindung mit dem Gefühl, von den Eltern erdrückt zu werden und zog in eine entfernte Großstadt, wo sie eine zweijährige Ausbildung zur Speditionskauffrau machte. Diesen Beruf übt sie in ihrer Lehrfirma aus, was ihr auch viel Spaß macht und Anerkennung bringt.

Soziale Beziehungen und Sexualität: Die Patientin hatte schon immer einige gute Freunde, sie hat keine Schwierigkeiten, Kontakte zu knüpfen. Sie ist beliebt und kann auch sehr fröhlich und ausgelassen sein. Mit 11 Jahren wurde sie von zwei 13-jährigen Jungens aus der Nachbarschaft, mit denen sie oft spielte, zu Oralsex gezwungen. Sie war hinterher völlig verwirrt, voller Scham und Ekel, auch vor sich selbst. Sie erzählte dieses Erlebnis niemanden, wenig später wurde sie zudem die Vertraute der Mutter, die der Tochter von der ekligen Sexualität mit dem Vater berichtete. Der Patientin gelang es, die Gewalterfahrung lange zu verdrängen. In Frankreich war sie zwei Jahre lang mit einem algerischen Piloten befreundet, in dieser Beziehung gab es keine sexuellen Probleme. Aufgrund unterschiedlicher kultureller und religiöser Einstellungen trennten sich die beiden. In späteren, ganz kurzen Beziehungen zu Männern hatte die Patientin keine Lust mehr auf Sexualität, sie »ließ es einfach nur über sich ergehen«. Seit vier Jahren hat die Patientin keine intimen Beziehungen mehr, sie verliebt sich zwar öfters, aber wenn die Männer auch Interesse zeigen, macht sie schnell einen Rückzug. Seit drei Jahren ist ihr die sexuelle Gewalterfahrung durch Albträume und Flashbacks richtig bewusst.

Aktuelle Lebenssituation: Die Patientin wohnt allein in einer Mietwohnung. Sie arbeitet fast zwölf Stunden täglich, so dass unter der Woche nicht viel Zeit für Freizeitaktivitäten bleibt. Am Wochenende kauft sie ein, liest viel, hört Musik, trifft sich mit Freunden.

3 Psychischer Befund zum Zeitpunkt der Antragstellung

Die Patientin wirkt freundlich, aber spürbar nervös und unsicher. Sie verhaspelt sich immer wieder, nimmt eine unbequeme Sitzhaltung ein und blinzelt oft. Nachdem sie ihre Hauptbeschwerden genannt hat, wirkt sie ruhiger und erleichtert,»dass sie nun alles gesagt hat«. Sie ist klein und stämmig, leicht übergewichtig. Von den 20 kg, die sie zuhause bei den Eltern zugelegt hat, hat sie inzwischen 15 kg wieder abgenommen. Die Stimmung wirkt subdepressiv. Sie ist bewusstseinsklar, das Denken formal geordnet, keine Wahnsymptomatik, keine Suizidalität. Die Intelligenz scheint überdurchschnittlich.

4 Somatischer Befund

Keine pathologischen Befunde.

5 Verhaltensanalyse

Problemverhalten: a) Essattacken, b) Rückzug von Männern.
Genetisches Entstehungsmodell:
Ad a) Mutter als Modell: Sie isst selbst und gibt der Tochter viele Süßigkeiten bei inneren Spannungszuständen. Ärger, Stress, Einsamkeit oder Minderwertigkeitsgefühle bewirken schon lange operant das übermäßige Essverhalten, das mit Gefühlen wie Trost und Belohnung verknüpft ist. Dies wirkt aufrechterhaltend im Sinne einer positiven Verstärkung, negativ verstärkend wirkt sich die Reduktion der unangenehmen Gefühle aus. Ein fehlendes Alternativverhalten zum Abbau der Spannungen lässt das Essverhalten ebenso aufrechterhalten.

Ad b) Aversive Erlebnisse durch die eigene sexuelle Gewalterfahrung, durch die Berichte der Mutter über den ekligen Sex mit dem Vater, durch das Miterleben, wie der Vater die Mutter mit vulgären Ausdrücken beschimpfte und enttäuschende Erfahrungen, dass Männer »nur das eine wollen«. Die Patientin entwickelt dadurch Aversion und Angst vor Sexualität, was zum Rückzug von Männern führt. Dies wird aufrechterhalten durch die Reduzierung der Angst (negative Verstärkung) und mangelnde Entwicklung von Alternativverhalten (wie mit dem Partner die unangenehmen Erfahrungen besprechen und eigene Autonomie und

Kontrolle in der Sexualität durchsetzen). Nach dem Rückzug reagiert die Patientin mit Essattacken.

Beschreibung des Problemverhaltens:
a) Essattacken:
S: Bei vermehrten Spannungszuständen durch beruflichen Stress, Gefühlen von Einsamkeit, Minderwertigkeit, Angst, Scham und Schuld, Ablehnung des eigenen Körpers.
O: Erhöhtes physiologisches Arousal.
R: Kognition: Ich muss jetzt Süßigkeiten essen, sonst drehe ich durch. Wenn ich schon gestresst bin, möchte ich mir wenigstens etwas Gutes tun. Emotion: Einsamkeit, Ärger, Scham. Physiologie: Hohe Anspannung, Nervosität, Gier nach Süßigkeiten. Motorik: Schnelles-in-sich-Hineinstopfen von 1–2 Tafeln Schokolade oder Schokokeksen.
C: Kurzfristig: Reduktion der unangenehmen Gefühle, dafür sich getröstet fühlen (₵⁻). Doch schon gleich nach dem Essen: Gefühle von Scham, Ekel vor sich selbst und Selbstvorwürfe (C⁻). Langfristig: Leichtes Übergewicht (C⁻).

b) Rückzugsverhalten
S: Wenn Männer (auch Männer, für die die Patientin gerade schwärmt) Interesse an ihr zeigen, indem sie sich ihr vermehrt zuwenden und sich mit ihr treffen wollen.
O: Erhöhtes physiologisches Arousal. Kognitives Programm: Alle Männer wollen nur Sex und Sexualität ist eklig und mit Gewalt und Enttäuschung verbunden.
R: Kognition: Jetzt muss ich aufpassen, jetzt muss ich weg, bevor er was will, was ich nicht will. Emotion: Bedürfnis nach Zärtlichkeit, aber große Angst davor. Angst vor Übergriffen des Partners und vor den eigenen aversiven Gefühlen gegenüber der Sexualität. Angst, nicht normal zu sein. Physiologie: Anspannung, vermehrt Blinzeln und Juckreiz, Übelkeit. Motorik: Schnelles Verabschieden mit vorgeschobenen Gründen, dann schnell nach Hause gehen.
C: Kurzfristige Erleichterung (₵⁻), dann aber Gefühle von Leere, Enttäuschung und Einsamkeit (C⁻), die mit einer Essattacke betäubt werden (₵⁻). Langfristig: trotz bestehendem Partnerwunsch entsteht keine Beziehung (C⁻).

Funktionsanalyse: Die Essattacken haben wahrscheinlich die Funktion, schnell unangenehme Gefühle (Einsamkeit, Ärger, Schuld und Scham) zu reduzieren und sich selbst Zuwendung und Trost zu verschaffen. Dabei kann dies (im Gegensatz zu sexuellen Partnerbeziehungen) autonom und unabhängig geschehen. Durch den Süßigkeitenkonsum hat die Patientin leichtes Übergewicht, was

nach ihren eigenen Aussagen die Wahrscheinlichkeit reduziert, dass ein Mann an ihr Interesse hat. Dies reduziert wiederum die Angst vor nahem Kontakt. Durch das Rückzugsverhalten erspart sich die Patientin die innere Auseinandersetzung mit ihren unangenehmen sexuellen Erfahrungen und ihren Ängsten, und sie schützt sich gleichzeitig vor neuen Enttäuschungen.
Verhaltensexzesse: Essattacken. Rückzug, wenn Männer an ihr Interesse zeigen. Nervöses Verhalten wie Blinzeln oder sich Kratzen. Starke Gefühle von Abneigung der Sexualität und ihrem eigenen Körper gegenüber. Gefühle von Minderwertigkeit, Schuld und Scham. *Verhaltensdefizite:* Aushalten von Spannungszuständen und ihre adäquate Bewältigung (wie angemessener Ausdruck von Ärger und Abgrenzung, Führung eines inneren, selbstverstärkenden Dialogs, sich Gutes tun durch die Erfüllung verschiedener anderer Bedürfnisse). Sich emotionalen Begegnungen zu Männern stellen können, körperliche Nähe zulassen und selbst regulieren können. *Verhaltensaktiva:* Erfolgreich im Beruf, intensive Sozialkontakte zu Frauen.

6 Diagnose zum Zeitpunkt der Antragstellung

Dysthymia (F34.1) / sexuelle Aversion und mangelnde sexuelle Befriedigung, nicht verursacht durch eine organische Störung (F52.10) / Essattacken bei sonstigen psychischen Störungen (F50.4)

7 Therapieziele und Prognose

Die Dysthymie drückt sich in den spezifischen Störungen (Essattacken, Rückzug bzw. sexuelle Aversion) aus und wird deshalb nicht gesondert behandelt.
- Abbau der Essattacken auf Süßigkeiten, Aufbau von adäquaten Strategien zur Spannungsreduzierung und jeweiligen Bedürfnisbefriedigung.
- Abbau der dysfunktionalen kognitiven Muster bezüglich des eigenen Körpers, Aufbau von realistischen Einstellungen und positiver Selbstwahrnehmung.
- Emotional – kognitive Verarbeitung der traumatischen sexuellen Erfahrung.
- Abbau des Rückzugsverhaltens gegenüber Männern, Aufbau von Fähigkeiten, eigene Wünsche bezüglich der Sexualität zu artikulieren und selbst Nähe und Distanz zu regulieren. Wiedererreichen von sexueller Genussfähigkeit.

Die Prognose ist insgesamt als günstig zu betrachten, da die Patientin psychologische Zusammenhänge versteht und introspektionsfähig ist. Zudem steht sie durch den bisher unerfüllten Partnerwunsch unter großem Leidensdruck. Dies motiviert sie für eine Therapie und eigene Veränderungen sehr.

8 Behandlungsplan

Ad Essattacken:
- Selbstbeobachtung und Protokollierung der Essattacken, Schwerpunkt auf Wahrnehmung der vorausgehenden Gedanken und Gefühle, Stimuluskontrolle.
- Bedingungsanalytische Gespräche zur Aufdeckung der Lerngeschichte des Essverhaltens und der auslösenden und aufrechterhaltenden Bedingungen.
- Identifikation dysfunktionaler kognitiver Muster und Entwicklung förderlicher Einstellungen bezüglich Essverhalten und Figur.
- Entwicklung alternativer Verhaltensweisen zur Spannungsreduzierung, Entspannungsverfahren, Ruhebilder.

Ad Rückzugsverhalten bzw. sexuelle Aversion:
- Selbstbeobachtung des Rückzugverhaltens, dabei Einüben der Wahrnehmung von automatischen Gedanken, kognitive Gesprächsführung zur Umstrukturierung.
- Bedingungsanalytische Gespräche zur Aufdeckung der Lerngeschichte des Rückzugverhaltens und der auslösenden und aufrechterhaltenden Bedingungen.
- Imaginationsübungen zur kognitiv-emotionalen Traumaverarbeitung, dabei Herausarbeiten der starken, handlungsfähigen eigenen Anteile und Verhaltensweisen und Abbau der Selbstvorwürfe bezüglich der sexuellen Gewalterfahrung.
- »Diskriminationstraining« zur realistischeren Einschätzung von Männern.
- Erlernen von Sicherheitssignalen (sensu Seligman).
- Rollenspiele zum Erlernen von adäquater Äußerung und Durchsetzung eigener Bedürfnisse und Abweisung von unerwünschten Forderungen und Wünschen anderer.

9 Behandlungsverlauf

Therapieziel:
Abbau der Essattacken auf Süßigkeiten. Aufbau von adäquaten Strategien zur Spannungsreduzierung und jeweiligen Bedürfnisbefriedigung.

Zunächst beobachtete und protokollierte die Patientin ihre Essattacken. Sie konnte die vorausgehenden Gefühle und Spannungszustände gut wahrnehmen und benennen. Danach wurden die Methode der Stimuluskontrolle (kein Süßigkeitsvorrat zu Hause, Essen nur am Küchentisch und nicht nebenbei) und der Reaktionsverzögerung zur Lockerung der Reaktionskette (Lust auf Süßes – Essanfall) eingesetzt.

Der Behandlungsschwerpunkt bezüglich der Essattacken lag aber auf der adäquaten Spannungsreduzierung. Gefühle der Einsamkeit waren oft auslösend für eine Essattacke. So wurde ein Aktivitätsplan erstellt, die Patientin hatte Lust auf körperliche Bewegung zusammen mit anderen, so dass sie in ein Fitnesscenter ging und später, nachdem sie eine Stelle mit einem normalen Arbeitstag von acht Stunden fand, begann sie Salsa zu tanzen. Dies machte ihr so viel Spaß, dass das Bedürfnis auf Süßes viel geringer wurde (zudem fehlte die Gelegenheit, da sie selten zu Hause war). Stress und Konflikte waren weitere Auslöser für Essattacken. Dabei war das Hauptproblem, dass die Patientin ihre Meinung und Bedürfnisse nicht äußerte und sich nicht gegen Forderungen anderer abgrenzte. Hinterher ärgerte sie sich und fraß alles, einschließlich Süßigkeiten, in sich hinein. Hierzu konnten ihre kognitiven Programme identifiziert und anhand der Lerngeschichte erklärt werden: »ich darf meine Bedürfnisse nicht äußern, die werden sowieso nicht ernst genommen« und »es muss alles getan werden, um Konflikte zu vermeiden«. Es wurden alternative Einstellungen erarbeitet und in Handlung umgesetzt, dies wurde teilweise in Rollenspielen eingeübt. Die Patientin schaffte es, sich immer besser in der Arbeit zu behaupten, z. B. gegen zu hohe Arbeitsanforderung, und vertrat in einigen, bisher symbiotischen Freundschaften zu Frauen immer mehr ihren Standpunkt. Sie konnte die dadurch entstehenden Konflikte gut aushalten oder auch gut lösen und freute sich über ihre wachsende innere Unabhängigkeit und Selbstwertgefühl. Selbstzweifel waren auch Stimuli für Essattacken. Diese bezogen sich hauptsächlich auf ihre Figur und die Sexualität. Der Behandlungsverlauf diesbezüglich wird weiter unten dargestellt.

Die Patientin machte schon nach einigen Therapiestunden große Fortschritte bezüglich der Essattacken, indem sie ihre Spannungen adäquat bewältigen lernte. Durch ein ausgewogenes Diätprogramm reduzierte sie weiter ihr Gewicht. Trotz aller Fortschritte gab sie zunächst an, noch kein normales Verhältnis zum Essen zu haben. Sie aß meist mit schlechtem Gewissen, fragte sich, ob es wirklich nötig war zu essen. Durch genaues Protokollieren dessen, was sie aß, zeigte sich, dass sie – entgegen ihrer Empfindung – viel Gesundes aß und insgesamt keine zu große Mengen. Dies beruhigte sie und sie hatte nun Argumente gegen ihre Schuldgefühle. In einer Gegenüberstellung: was sie gerne/nicht gerne isst und was gegessen werden sollte/und was nicht, wurde deutlich, dass sie sich genau das verbietet, was sie gerne isst. Die Patientin fasste alsbald den Entschluss, dass sie ihre natürliche Essensvorlieben nicht ewig bekämpfen will, und konnte so zur Konsequenz bewegt werden, Nudeln, Cornflakes und Schokolade ganz bewusst in den Ernährungsplan mit einzubeziehen, sich dies zu erlauben (Kohlenhydrate als wichtigen Bestandteil der Nahrung ansehen mit Wirkung auf den Serotoninspiegel) und zu genießen (sogar auch mal in größeren Mengen).

Therapieziel: Abbau der dysfunktionalen kognitiven Muster bezüglich des eigenen Körpers, Aufbau von realistischen Einstellungen und positiver Selbstwahrnehmung.

Die Patientin freute sich darüber, dass sie schon 15 kg seit dem Auszug aus dem Elternhaus abgenommen hatte, fand aber trotzdem ihre Oberschenkel noch viel zu dick. In sokratischer Gesprächsführung zeigte sich, dass sie damit eine Art Weiblichkeit assoziierte, die sie ablehnte. Es erinnerte sie an ihre Mutter, die sie als viel zu inaktiv und unselbständig erlebte (»so will ich nicht werden«). Die Patientin lernte zu differenzieren, dass dickere Oberschenkel nichts mit Inaktivität zu tun haben. Durch die Betrachtung von Fotos und Videoaufnahmen begann sich das Muster »ich bin zu dick« langsam zu lösen, die Patientin war eigentlich ganz zufrieden mit ihrer Figur und Ausstrahlung (Gestik, Sprechweise usw.). In den Sitzungen wurde die Körperwahrnehmung herausgearbeitet und der Patientin bewusst gemacht, die sie beim Sport und vor allem beim Tanzen hatte. Da empfand sie Freude an ihrem Körper, an den Bewegungen, der Kraft, der Lebendigkeit. Das alte kognitive Muster, besonders bezüglich der Oberschenkel, kommt immer wieder durch, die Patientin setzt dann aber die realistischere Sichtweise entgegen und kann sich damit besser akzeptieren.

Therapieziel: Emotional – kognitive Verarbeitung der traumatischen sexuellen Erfahrung

Die Patientin konnte beim Berichten der sexuellen Gewalterfahrung Wut über die Demütigung und die Gewalt verspüren, machte sich aber gleichzeitig Selbstvorwürfe, weil sie sich nicht ausreichend dagegen gewehrt hatte. Sie erfuhr Entlastung durch Erklärungen dafür, z. B. dass sie überrumpelt wurde und die anderen mehr und stärker waren. Diesem Erlebnis konnte auch die Dramatik genommen werden, indem in bedingungsanalytischen Gesprächen klar wurde, dass die sexuelle Aversion nur zu einem Teil mit diesem einmaligen Erlebnis zusammenhängt. Vielmehr mögen die häufigen Konfrontationen mit der Einstellung der Mutter (Sexualität ist ekelhaft) und dem unter Alkoholkonsum ordinär werdenden Vater ihre negativen Auswirkungen hinterlassen haben. Durch diese Erklärungen konnte die Patientin ihre Angst vor der Sexualität besser akzeptieren und als verständliche Reaktion sehen, was viel Druck von ihr nahm. Anknüpfend an die Zeit, wo sie Sexualität auch genießen konnte, konnte in ihr die Zuversicht geweckt werden, dass sie dies auch wieder erreichen kann.

Therapieziel: Abbau des Rückzugsverhaltens gegenüber Männern. Aufbau von Fähigkeiten, eigene Wünsche bezüglich der Sexualität zu artikulieren und selbst Nähe und Distanz zu regulieren. Wiedererreichen von sexueller Genussfähigkeit.

Durch die kognitive Umstrukturierung der negativen Einstellungen bezüglich ihrer Sexualität (»ich kann nicht mehr normal reagieren«) und der Einübung des Ausdrucks eigener Bedürfnisse, fasste die Patientin nach der achten Therapiestunde genügend Mut, sich auf eine Beziehung mit einem Arbeitskollegen, den sie schon länger kannte und mochte, einzulassen. Es kam zum sexuellen Kontakt, den die Patientin genießen konnte. Ihre Anteile an der positiven Erfahrung sah sie in der Auswahl eines sensiblen, rücksichtsvollen Mannes und in der Steuerung der sexuellen Handlung nach ihren Bedürfnissen. Die Patientin war sehr froh, ihr Rückzugsverhalten unterbrochen zu haben, geriet aber immer wieder in Angst, sexuell nicht normal zu reagieren, wenn sie nicht so viel Lust dazu hatte oder sie auch mal Schmerzen beim Koitus empfand. Dies konnte in den Sitzungen besprochen und auf anderes (normale Schwankungen in der Lust auf sexuellen Kontakt, unausgesprochene Konflikte mit dem Partner) als auf ihre Unnormalität attribuiert werden. Die Patientin lernte in dieser Beziehung, die etwa drei Monate dauerte, gut ihre Bedürfnisse nach Nähe und Distanz zu spüren und zu artikulieren. Sie beendete die Beziehung, weil ihr der Freund geistig unterlegen war. Danach lernte die Patientin viele Männer kennen, die Interesse an ihr hatten. Sie genoss dies und reagierte nicht mehr mit totalem Rückzug. Sie äußerte verbal klar, wie sie sich die Beziehung oder den Kontakt vorstellte, musste aber lernen, dass verbale Abgrenzung nicht immer ausreicht, wenn ihr Verhalten nicht kongruent ist (z. B. ausdrücken, dass sie keine sexuellen Handlungen möchte, aber sich dann trotzdem körperlich anlehnen oder die Männer mit nach Hause nehmen). Hier war ein Diskriminationstraining zur Einschätzung von Männern und Erlernen von Sicherheitssignalen hilfreich.

10 Interaktionsanalyse

Die Patientin erwarb schnell die Sympathie der Therapeutin durch ihr offenes, freundliches Wesen und vor allem durch ihre große Motivation, das in den Sitzungen Erlernte in vivo auszuprobieren. Die schnell eintretenden Verbesserungen sind auf diese große Umsetzungsfähigkeit der Patientin zurückzuführen, aber wahrscheinlich auch auf ein großes Vertrauen in die Therapeutin. Dieses bestand von Anfang an, da die Patientin auf Empfehlung einer Freundin kam. Diese vertrauensvolle Erwartung machte der Therapeutin Druck. Die Therapeutin besprach deswegen mit der Patientin deren Erwartungen, die sie nicht nur an die Therapie, sondern auch an die Therapeutin hatte. Es konnte geklärt werden, dass nur sie selber Veränderungen herbeiführen könne und die Therapeutin sie dabei begleite und Impulse gebe. Als die Patientin dann die ersten Fortschritte machte, konnte dies wieder aufgegriffen und ihr der eigene Anteil daran aufgezeigt werden, was ihre Selbsteffizienz stärkte.

In der Mitte der Therapie wurde die Patientin etwas euphorisch, vor allem durch die Begeisterung für das Salsatanzen, so dass die Therapeutin sich verantwortlich fühlte, sie wieder auf den Boden zurückzuholen, aber ohne ihr die Lebensfreude zu nehmen. In dieser Rolle fühlte die Therapeutin sich etwas unwohl. Die Patientin machte dann aber eigene Erfahrungen, die ihre Überschwänglichkeit wieder reduzierten und entwickelte ein ausgeglichenes Maß an Aktivität und Ruhe, was die Therapeutin dann auch beruhigte und aus ihrer Aufpasserrolle befreite.

Die Therapie dauerte 45 Stunden, die letzten fünf Stunden wurden mit größeren Abständen durchgeführt.

Dipl.-Psych. Heide Oeverland

Fall J Zwangsstörung, vorwiegend Zwangsgedanken und Grübelzwang (F42.0)/Bulimia nervosa (F50.2)

1 Angaben zur spontan berichteten und erfragten Symptomatik

Die 28-jährige Patientin berichtet, sie leide seit dem Tod ihrer Mutter vor neun Jahren unter Zwangsgedanken. Sie habe aggressive Gedanken, mit potenziell gefährlichen Gegenständen wie Messer, Schere, Hammer, Scherben etc. andere Menschen zu verletzen oder sie zu töten. Sie habe Angst, auf Grund ihrer Zwangsgedanken irgendwann einmal verrückt zu werden, da sie ihre Gedanken als unsinnig erlebe, mit ihnen aber nicht umgehen könne. Ferner leide sie ein- bis zweimal wöchentlich unter abendlichen Fressanfällen. Sie esse dabei zwar keine überaus großen Mengen (in der Regel: eine große Portion Nudeln), müsse aber willentlich jede Mahlzeit erbrechen, die sie nach 16.00 Uhr zu sich nehme. Sie fühle sich mit ihrem Gewicht von 60 kg bei 1,70 m Größe zu dick, wolle noch etwa 4 kg abnehmen. Sie fühle sich deutlich mehr durch ihre Zwänge als durch ihre Bulimie beeinträchtigt.

2 Lebensgeschichtliche Entwicklung und Krankheitsanamnese

a) Lerngeschichtliche Entwicklung

Ihre Mutter (mit 53 Jahren an Krebs verstorben) sei einerseits verständnisvoll und aufopfernd ihren Kindern gegenüber gewesen, andererseits aber auch sehr launisch. Wenn sie als Kind ungehorsam oder wütend gewesen sei, habe dies ihre Mutter mit Nichtbeachtung bestraft und mehrfach tagelang nur das Nötigste mit ihr geredet. Sie habe dann Angst gehabt, sie werde von ihren Eltern verlassen und habe darum gebettelt, dass ihre Mutter ihr verzeihe. Ihr Vater (58 Jahre, selbständig), ein ruhiger, realistisch denkender Mensch, habe Ärgeräußerungen ebenfalls nicht ausgehalten, er habe dann jeweils beleidigt den Raum verlassen. Diese Reaktionen ihrer Eltern begünstigten die Bemühungen der Patientin, ihr Verhalten weitmöglichst zu kontrollieren und sich angepasst zu verhalten. Als Kind habe sie Kontrollzwänge gehabt. Ferner konnte sie nur ungenügend lernen, Konflikte auf eine angemessene Art zu lösen und ihre Gefühle bei Belastungen zu regulieren. Wie ihre Mutter reagiere sie bei Belastungen mit ausgeprägten Gefühlsschwankungen, fühle sich oft hilflos wütend, dann wieder stunden- bis tagelang depressiv. Sie habe als Kind versucht, durch gute Leistungen Anerkennung bei ihren Eltern, vor allem bei ihrem Vater, zu finden, da Fleiß und Ehrgeiz wichtige Werte in ihrer Familie gewesen seien. Sie sei aber selten gelobt worden und wünsche sich noch heute, dass er ihr gegenüber anerkennende Worte äußere.

b) Psychische und körperliche Entwicklung unter Berücksichtigung der familiären Situation, des Bildungsgangs und der beruflichen Situation

Sie sei gemeinsam mit einer elf Monate älteren Schwester und einem sieben Jahre jüngeren Bruder aufgewachsen. Von klein auf sei sie immer an den Leistungen ihrer Schwester gemessen worden und habe sich oft dumm und unfähig gefühlt, weil ihre Schwester in allem besser gewesen sei. Dennoch habe sie immer schon eine sehr innige Beziehung zu ihrer Schwester gehabt. Sie fühle sich ihr gegenüber aber insofern abhängig, da sie ihre Schwester bewundere, wie diese ihr Leben meistere. Als Jugendliche sei sie weiterhin sehr angepasst gewesen. Ihren Ärger darüber, wie wenig ihr an Freiheiten erlaubt werde, habe sie indirekt derart zu äußern versucht, dass sie mit Worten versucht habe, ihre Eltern, vor allem ihre Mutter, zu kränken. Als Kind und Jugendliche habe sie sehr darunter gelitten, dass ihr Vater wenig zu Hause und auch dann nie erreichbar war. Wenn er sich mit ihr beschäftigt habe, habe er sie oft mit beschämenden Bemerkungen hinsichtlich ihrer Leistungen, ihres Aussehens, ihrer Freunde verletzt.

In der Schule habe sie, um gemocht zu werden, die Rolle eines »Clowns« angenommen. Zeitweise habe sie eine Führungsrolle eingenommen. Oft habe sie sich aber völlig unsicher und tief verletzt gefühlt, da sie und ihre Schwester als arrogant gegolten hätten und Bemerkungen über »die blöden R.-Töchter« gefallen seien. Es sei ihr aber immer gelungen, gute Freundinnen zu finden.

Ihre körperliche Entwicklung sei normal verlaufen, sie sei als Kind zunächst mollig, dann normalgewichtig gewesen. Sorgen um ihr Gewicht habe sie sich erstmals als Jugendliche während ihrer ersten Partnerschaften gemacht und sich mit 65 kg zu dick gefühlt. Sie habe viele Diäten versucht, diese seien aber erfolglos gewesen. Nach dem Tod ihrer Mutter habe sie 75 kg gewogen, danach habe sie mit exzessivem Rauchen angefangen. Vor einem Jahr, als ihre einzige langjährige Partnerschaft in die Brüche gegangen sei, habe sie kurzzeitig nur 55 kg gewogen, habe dann aber bald wieder zugenommen.

Von jeher sei es ihr schwergefallen, Beziehungen zu Partnern aufrechtzuerhalten. Sie habe zahlreiche sehr kurze Beziehungen und sexuelle Kontakte gehabt. Ihre langjährige Beziehung sei »gefühlsmäßig turbulent« gewesen. Phasen von extremem Glück hätten rasch mit Phasen massiver Streitigkeiten abgewechselt.

Nach Abschluss ihres Abiturs verfolgte die Patientin auf Grund eines nicht ausreichenden Notendurchschnittes ihren Berufswunsch, Psychologie zu studieren, nicht weiter, sondern führte eine einjährige Ausbildung zur Kosmetikerin durch. In diesem Beruf wechselte sie in den kommenden vier Jahren sieben mal die Arbeitsstelle, entschloss sich danach, in der Gastronomie tätig zu sein, da sie hierbei mehr Bestätigung erhalte. Auch hier wechselte sie mehrfach die Arbeitsstelle. Derzeit führt sie ein eigenes Imbisslokal. In ihrer Freizeit bildet sie sich zur Restaurantfachfrau weiter.

c) Besondere Belastungen und Auffälligkeiten in der Entwicklung

Als größte Belastungen habe sie die Zeit vor dem Tod ihrer Mutter empfunden, da hauptsächlich sie die häusliche Pflege ihrer Mutter übernommen habe. Sehr belastend sei nach dem Tod ihrer Mutter das räumlich beengte Zusammenleben mit ihrer Schwester gewesen sowie vor einem Jahr das Auseinanderbrechen ihrer letzten Partnerschaft.

d) Krankheitsanamnese

Ihre Zwangsgedanken seien zunächst auf ihre Schwester gerichtet gewesen, mit der sie nach dem Tod ihrer Mutter gemeinsam ein kleines Appartement bewohnt habe, nach einigen Wochen auf ihren Vater und ihre Freundin, nach einigen Monaten allgemein auf Menschen aus ihrem Bekanntenkreis sowie schwache Menschen und Kinder. Vor 5 Jahren habe sie eine analytische Behandlung bei ihrem derzeitigen Psychiater durchgeführt, diese jedoch abgebrochen. Sie habe sich zwar insgesamt stabiler gefühlt, habe aber keine Besserung ihrer Zwänge und ihrer Bulimie erfahren. Vor 2 Jahren habe sie 55 Stunden ambulante Verhaltenstherapie durchgeführt. Dabei sei viel an ihren Schwierigkeiten in Beziehungen zu Männern gearbeitet worden, an andere Themen könne sie sich nicht erinnern. Sie habe sich nun zu einem Therapeutenwechsel entschlossen, da sie konkret an einer Bewältigung ihrer Zwänge und zweitrangig ihrer Bulimie arbeiten wolle. Die Bulimie sei ebenfalls erstmals nach dem Tod ihrer Mutter aufgetreten, sie sei zeitweilig gebessert gewesen. Ihr Krankheitsmodell ist es, einen Großteil erblicher Vorbelastung bei ihren psychischen Problemen anzunehmen. Ihre Mutter sei mehrfach wegen »endogenen Depressionen« behandelt worden, ebenso ihre Tante und ihre Großmutter.

e) Aktuelle soziale Situation

Die Patientin lebt allein in einer Eigentumswohnung. Finanziell ist sie gut gestellt. Im Nebenhaus leben ihre Schwester und ihr Vater, zu denen regelmäßiger Kontakt besteht. Sie hat keinen Partner.

3 Psychischer Befund zum Zeitpunkt der Antragstellung

Es zeigten sich keine Defizite im Bereich der Wahrnehmung, des Denkens, der mnestischen Funktionen und der Intelligenz. Es ließ sich ein guter Kontakt herstellen, sie berichtete offen und sprachlich gut differenziert über ihre Beschwerden. Sie zeigte sich emotional schwingungsfähig. Der Antrieb war nicht gemindert. Die Patientin zeigte sich verzweifelt, als sie über ihr Unvermögen, mit ihren Zwangsgedanken umzugehen, berichtete. Sie verneinte glaubhaft das Vorliegen von Suizidgedanken. Auffällig war ihre Neigung, frühere Therapeuten entweder zu idealisieren oder ihre Leistungen völlig abzuwerten.

4 Somatischer Befund

Nach Aussagen der Patientin bestehen keine körperlichen Auffälligkeiten. Seit einem Monat nimmt sie mit Absprache ihres Psychiaters Anafranil 90 mg, aufsteigend auf 150 mg. Die Patientin, die in den vergangenen Jahren bereits mehrfach dieses Medikament in geringerer Dosierung eingenommen hat, dieses aber immer wieder von sich aus absetzte, da sie es als unwirksam empfand, zeigt nun Compliance, Anafranil in höher Dosierung über einen längerfristigen Zeitraum einzunehmen. Sie raucht zwei bis drei Schachteln Zigaretten am Tag. Alkohol trinkt sie gelegentlich und in Maßen.

5 Verhaltensanalyse

Verhaltensdefizite
- in Beziehungen zu Menschen, die ihr wichtig sind: Äußern von Kritik oder Ärger, Ablehnen von Forderungen oder Wünschen an sie
- Fertigkeiten in der Lösung von Konflikten
- instabile Bewertung ihres Aussehens, ihrer Leistungen, ihres Selbstwertes
- Entspannungs- und Genussfähigkeit

Verhaltensexzesse
- übermäßige Kontrollbemühungen des eigenen Verhaltens in folgenden Bereichen: Körpergewicht und Aussehen, Einhalten von einschränkenden Essgewohnheiten (nichts mehr essen nach 19.00 Uhr), übermäßiges Arbeiten (beruflich und im Haushalt) sowie Ausübung von Fitnesstraining 3× wöchentlich ausschließlich unter Leistungsaspekt
- leichte Kränkbarkeit durch Kritik oder Ablehnung
- zeitweise verbal-aggressives Verhalten flüchtig bekannten Menschen gegenüber, v. a. im Berufsalltag
- übermäßiges Rauchen

Verhaltensanalyse für das im Vordergrund stehende Beschwerdebild der Zwangsimpulse:

Situationen:
SD: Der Impuls, einem anderen Menschen Gewalt anzutun bzw. ihn zu töten, tritt auf, wenn die Patientin Gegenstände sieht, die sich als Waffe benutzen lassen (Messer, Scheren, Axt etc.). Sie betreffen dann denjenigen Menschen, mit

dem sie gerade in Kontakt ist. Nach Tagen erhöhter Belastung (vor allem nach erlebten Kränkungen) treten Tötungsgedanken zeitweise auch abends oder nachts auf, ohne dass sie die entsprechenden Gegenstände sieht, und betreffen dann in der Regel ihre Schwester.

S∆:
Die Zwangsimpulse treten nicht auf, wenn sie Alkohol getrunken hat (sie fühlt sich dann gelöst und ausgeglichener), wenn sie sich stimmungsmäßig sehr wohl fühlt oder arbeitsmäßig stark eingespannt ist.

Organismus:
Programmbedingungen: »wenn ich mich nicht unter Kontrolle habe, passiert etwas Schreckliches«. »Im Leben alleine dazustehen/verlassen zu werden, halte ich nicht aus«.

Reaktionen:
kognitiv:
a) Befürchtungen: »ich lande im Gefängnis/in einer Nervenklinik«, »wenn ich meine Schwester/meinen Vater umbringe, stehe ich allein da«
b) gegensteuernde Gedanken: »ich kann weggehen«, »ich kann den Gegenstand wegschmeißen«, »ich kann Alkohol trinken«, »mein Vater wird mir helfen, wenn ich vor Gericht muss«, »wenn es nicht mehr anders geht, kann ich mich umbringen«.

emotional:
Angst, Unruhe.

Verhalten/Motorik:
Die Patientin verlässt nach Möglichkeit die Situation (z. B. geht sie in ein anderes Zimmer oder wendet sich ab) oder versucht, sich mit einer anderen Arbeit abzulenken.

Physiologie:
Körperliche Anspannung, Zittern, Schwitzen.

Konsequenzen:
₡⁻ kurzfristig: Spannungsminderung
C⁺ Bestätigung der Selbstsicht: Nur eine völlige Kontrolle meiner Impulse verhindert, dass ich Schlimmes anrichte
C⁻ langfristig: Frustration und vermindertes Selbsteffizienzgefühl auf Grund der nicht durchführbaren Bemühungen, sich noch besser unter Kontrolle halten zu müssen.

Verhaltensaktiva und bereits entwickelte Selbsthilfemöglichkeiten:
- Lesen von Fachliteratur über Zwänge und gestörtes Essverhalten
- hohes berufliches Engagement
- sie hält Kontakte zu Freundinnen aufrecht

6 Diagnose zum Zeitpunkt der Antragstellung

Zwangsstörung, vorwiegend Zwangsgedanken und Grübelzwang (F42.0) / Bulimia nervosa (F50.2)

7 Therapieziele und Prognose

1. Modifizierung ihrer Sichtweise, dass eine 100prozentige Kontrolle der eigenen Gedanken und Verhaltensweisen möglich und notwendig ist.
2. Auseinandersetzung mit den Zwangsgedanken mit dem Ziel einer Neubewertung der Gedanken als weniger bedrohlich.
3. Erhöhung der Entspannungs- und Genussfähigkeit.
4. Erhöhung der sozialen Kompetenz in den Bereichen Forderungen stellen, Nein-Sagen, Ärger und Kritik äußern.

Die Patientin ist hochmotiviert, an einer direkten Behandlung ihrer Zwangsgedanken und ihres überhöhten Kontrollbedürfnisses zu arbeiten. Diesbezüglich wird die Prognose für eine Besserung der Zwangsgedanken als befriedigend eingeschätzt.

8 Behandlungsplan unter Berücksichtigung motivationaler Aspekte

zu Therapieziel 1 : Durchführung von Verhaltensübungen, in denen die Patientin versucht, bzgl. ihres Kontrollbedürfnisses kleine Risiken einzugehen
zu Therapieziel 2 : Durchführung von Konfrontationsübungen mit den angstauslösenden Zwangsimpulsen, zunächst während der Therapiestunden, im Therapieverlauf auch als Hausaufgabe
zu Therapieziel 3 : Durchführung von Übungen der Progressiven Muskelentspannung nach Jacobson bzw. Motivierung der Patientin für die Teilnahme an einem Entspannungsverfahren im Rahmen der Gesundheitsbildung, Durchführung von Elementen eines Genusstrainings
zu Therapieziel 4 : Information über die Merkmale selbstsicheren Verhaltens (Abgrenzung von den beiden Extremen selbstunsicheren vs. aggressiven Verhaltens); Durchführung von Selbstsicherheitsübungen (nach Hinsch & Pfingsten, 1998)

Die Therapieziele sollen in der angegebenen Reihenfolge bearbeitet werden. Geplant ist die Durchführung von mindestens 45 Einzeltherapiesitzungen von je 50-minütiger Dauer.

Da die Bewältigung der Zwangsgedanken aus therapeutischer Sicht und Sicht der Patientin im Vordergrund stehen, wird auf das Störungsbild der Bulimie zunächst nur am Rande (möglicherweise bei der Durchführung der Risikoübungen und des Genusstrainings; Informationsgabe über günstiges Essverhalten im Rahmen des »Anti-Diät-Modells«) eingegangen.

Mit den Zwangs-Konfrontationsübungen, deren Vorgehensweise zu Beginn der Therapie erklärt wird, soll dann begonnen werden, wenn die Patientin hierfür bereit ist.

9 Therapieverlauf

Insgesamt wurden 45 Therapiesitzungen durchgeführt. Da die Patientin eine hohe Veränderungsmotivation hinsichtlich ihres Verhaltens mitbringt, sich in vielen Lebensbereichen überangepasst und kontrolliert zu verhalten, begannen wir in der fünften Stunde damit, die Funktion dieses Verhaltens herauszuarbeiten. Derzeit am belastendsten erlebt die Patientin ihr Verhalten, anderen Menschen gegenüber eine Freundlichkeit vorzuspielen, die sie nicht empfindet. Als Funktion dieses Verhaltens erkannte sie, dass sie sich rasch minderwertig fühlt, wenn sie Anzeichen von Ablehnung bei anderen wahrnimmt und dieses Gefühl vermeiden möchte. Gefühle von Minderwertigkeit und das Erleben, für eigene Belange nicht eintreten zu können, erkennt sie in weiteren Gesprächen als wichtige auslösende Bedingung für ihre Tötungsgedanken. Den Schwerpunkt der kommenden Stunden legten wir auf die Erarbeitung selbstsicheren Verhaltens *(Therapieziel 4)*. Anhand von standardisierten Rollenspielen erarbeiteten wir die Bereiche »Forderungen stellen« und »Nein-Sagen« in Alltagssituationen. Im Rollenspiel wurde deutlich, dass die Patientin nur geringfügige Verhaltensdefizite aufweist, sich aber durch ungünstige Gedanken (»ich blamiere mich«) gehemmt fühlt. Als Hausaufgabe führte die Patientin über eine Dauer von vier Wochen zuvor besprochene Übungen aus und berichtete von einer Abnahme ihrer Gedanken, sich zu blamieren und von einem besseren Selbstvertrauen. Sie versuche nun auch, in Kontakten zu Bekannten und Freunden häufiger ihre Meinung zu vertreten. Im Therapieverlauf wurde immer deutlicher, wie sehr die Patientin unter ihrer Angst, von anderen abgelehnt oder verlassen zu werden, leidet. In der 12.–16. Stunde stand die Arbeit an ihrer Kindheitserfahrung, von der Mutter viel Kritik und wenig inneren Halt bekommen zu haben, im Vordergrund. Es fiel der Patientin schwer, während der Stunde längere Zeit Gefühle von Traurigkeit zuzulassen, auch wenn sie sich auf aus der Gestalttherapie abgeleitete Rollenspielübungen mit dem »leeren Stuhl« einlassen konnte. Die von der Mutter vermittelte Botschaft, »du bist so, wie du bist, nicht gut genug« erlebte sie als belastend und auch als sehr stabilen Anteil ihres Selbstkonzeptes. In der 16. Stunde äußerte die Patientin die Bereitschaft, die Zwangskonfrontationsübungen durchzuführen. Die Vorbereitung dieser Übungen bestand in der folgenden Stunde darin, dass die Patientin angstauslösende Gegenstände (Messer und Axt) in die Sitzung mitbrachte und nochmals detailliert ihre Gedanken und Gegengedanken schilderte. Situationen, in denen Zwangsgedanken auftreten, ordnete sie nach dem Grad der Angstauslösung. Während der kommenden zwei Wochen wurden in drei Doppelsitzungen die Konfrontationsübungen durchgeführt *(Therapieziel 2)*. Die Patientin hielt angstauslösende Gegenstände in ihrer Hand und berichtete laut von ihren Gedanken, zunächst im Therapieraum, später auf einem Kinderspielplatz. In der dritten Sitzung ließ sich die Patientin in einer Eisenwarenhandlung verschiedene Messer erklären und hielt sich lange Zeit in diesem Geschäft auf. Die Tonbandaufnahme der ersten Sitzung hörte sich die Patientin täglich bei Durchführung ihrer Übungen an. Während der Übungen ließ sie sich gut wahrnehmbar intensiv auf Gefühle ein. Sie berichtete, dass sie sich mit potentiellen Waffen in ihrer Hand zunächst sehr mächtig gefühlt habe, was aber rasch in eine Ohnmacht und Traurigkeit gekippt sei, da sie die Waffen doch nicht gebrauchen werde. Nach zwei Wochen berichtete die Patientin, dass sie relativ angstfrei mit Messern etc. auch in Gegenwart von Kindern und ihrer Schwester umgehen könne und sie ihre Zwangsgedanken als weniger bedrohlich empfände. Als wesentlich empfinde sie ihre gewonnene Sicherheit, dass sie die Gegenstände nicht tatsächlich als Waffen einsetzen werde, da sie hierzu viel zu ängstlich sei. In den kommenden Sitzungen (ab der 24. Stunde) standen die bei vorangegangenen Sitzungen erlebten Gefühle von Traurigkeit im Vordergrund. Die Patientin sah sich ferner mit einer Zukunftsangst konfrontiert, da sie sich in den vergangenen Jahren zu wenig um eine zufriedenstellende Lebensgestaltung gekümmert habe. Als neues Therapieziel erarbeiteten wir, dass die Patientin schrittweise Veränderungen in den Lebensbereichen Beruf und Freizeitgestaltung umsetzt, ohne in ihr typisches Muster, alles auf einmal unter hohem Leistungsdruck erreichen zu müssen, zu verfallen. Die ursprünglich überlegte Programmbedingung »ich muss alles kontrollieren, sonst passiert eine Katastrophe« präzisierten wir dahingehend, dass sich die Patientin minderwertig fühlt, sobald sie nicht in allen Lebensbereichen ein Höchstmaß an Leistung und sofortigem Erfolg erreicht *(Therapieziel 1)*.

Die bereits zu Beginn der Therapie versuchte kognitive Umstrukturierung ihres Selbstbildes »ich bin nicht gut genug« wurde fortgesetzt. Wie zu Therapiebeginn schilderte die Patientin ihre Kindheitserfahrungen mit den überhöhten Leistungsansprüchen ihrer Eltern, vor allem der Mutter, als hierfür wesentlich, zeigte dabei aber wenig Gefühlsbeteiligung. Als sehr viel effektiver erwies sich eine Aussöhnung mit den erlebten Konsequenzen aus dem kritisierenden und wenig unterstützenden Verhalten ihrer Mutter. Entscheidungen, für die sie sich bisher verurteilt hatte, vor allem kein Studium durchgeführt zu haben auf Grund ihrer Angst vor dem Leben in einer größeren Stadt, und ungünstiger Partnerwahlen, konnte sie nun besser akzeptieren. Zur Unterstützung einer schrittweisen Umsetzung ihrer Veränderungswünsche (Umschulung in den Bereich Telearbeit, Aufbau neuer Freizeitinteressen anstelle der Diskobesuche) ohne Leistungsdruck setzte ich das Imaginationsverfahren des »Idealisierten Selbstbildes« ein. Die Patientin hatte jedoch Schwierigkeiten beim Imaginieren und erlebte als hilfreicher den Einsatz von beruhigenden Selbstinstruktionen für die belastende Situation »allein zu Hause sein und über die eigenen Lebenspläne nachdenken«. Insgesamt konnte die Patientin von ihrem überhöhten Leistungsstandard bis Therapieende zumindest teilweise abrücken. Das Vorgehen, sich daran zu erinnern, sich mit kleineren Erfolgen bzw. Bemühungen zufriedenzugeben, übte sie ein und wertete dies als wesentlichen Punkt, auf den sie nach Therapieende achten wolle.

Sie erkannte diesen Bereich als sehr wesentlich, da sie nach Besserung ihrer Zwangsgedanken ab der 28. Stunde wieder häufiger willentlich ihre Abendmahlzeiten (Mengen normalen Ausmaßes) erbrach. In der 29.–34. Stunde vereinbarten wir als zwischengeschaltetes Therapieziel eine Beobachtung und Veränderung ihrer Essgewohnheiten. Wie es schon zu Beginn der Therapie mein Eindruck war, brachte die Patientin für diesen Bereich nur eine geringe Veränderungsmotivation mit. Sie führte zwar über die Dauer von zwei Wochen sehr ausführlich Essprotokolle und ging zu regelmäßigen Mahlzeiten über, zeigte aber wenig Bereitschaft, von ihrem Ideal eines schlanken Körpers abzuweichen.

Zur Verbesserung ihrer Körperwahrnehmung nahm sie an einem Tai-Chi-Kurs teil und lockerte auch ihr wöchentliches strenges Fitnessprogramm, erlebte dadurch aber keinen wesentlichen Zuwachs an Zufriedenheit mit dem eigenen Körper. Das abendliche Erbrechen trat in der Folgezeit aber nur noch selten auf und wurde von der Patientin als kaum belastend erlebt. Die Durchführung von Genusstraining und einfachen Körperwahrnehmungsübungen, die ich mit der Patientin am Ende von drei Therapiestunden jeweils durchführte *(Therapieziel 3)*, empfand sie als sehr angenehm. Sie versuchte nun auch, zu Hause besser zu genießen, dies gelinge ihr teilweise sehr gut (Musik hören, baden, gemütliche Atmosphäre schaffen), hinsichtlich des Essens jedoch meist nicht. Zur Teilnahme an einem Entspannungstrainingskurs konnte ich die Patientin nicht motivieren.

Ab der 23. Stunde reduzierte die Patientin in Absprache mit ihrem Psychiater Anafranil und setzte das Medikament nach fünf Wochen völlig ab. In der 39. Woche schlug ich der Patientin eine baldige Beendigung der Therapie vor, vereinbarte aber noch einige Stunden im zweiwöchigen, zuletzt vierwöchigen Abstand, um das für sie zeitlebens belastende Thema »Trennung« noch besprechen zu können.

10 Interaktionsanalyse

Die Patientin zeigte sich bei Durchführung von Verhaltens- und Konfrontationsübungen während der Therapiestunde und zu Hause sehr bemüht. Jeweils zu Beginn einer Therapiestunde berichtete sie ausführlich von Gefühlen und Erlebnissen während der Woche. Diese Mitarbeit der Patientin bewirkte bei der Therapeutin, dass sie gerne mit ihr zusammenarbeitete. Sie verleitete die Therapeutin aber auch teilweise zu der falschen Einschätzung, dass sich die Patientin auch gefühlsmäßig auf eine tiefergehende Arbeit einlässt. Dies war zwar in manchen Stunden (vor allem während der Durchführung der Zwangskonfrontationsübungen und in den folgenden Stunden) durchaus der Fall, nahm aber im letzten Drittel der Therapie immer mehr ab. Die Patientin wich Gefühlen durch bagatellisierende Schilderungen aus. Bei der Therapeutin erweckte dies den Eindruck, dass die Patientin die Therapie nicht beenden wollte, obwohl sie zu weitergehenden Veränderungen nicht bereit war. Eine baldige Therapiebeendigung erwies sich dann auch als günstig und wurde auch von der Patientin positiv aufgenommen.

11 Abschließende Bemerkungen

Die Patientin konnte im Therapieverlauf ihre Zwangsgedanken deutlich mindern. Am Therapieende traten diese Gedanken nur noch gelegentlich auf und wurden von der Patientin als nicht mehr bedrohlich erlebt. Die Durchführung der Zwangskonfrontationsübungen erwies sich auch aus dem Grund als sehr effektiv, da hinterher die Veränderungswünsche der Patientin hinsichtlich einer zufriedenstellenderen Lebensgestaltung deutlicher hervortraten und die Patientin auch aktiv werden konnte, konkrete Veränderungen herbeizuführen. Am Ende der Therapie berichtete die Patientin über eine erhöhte Selbstakzeptanz; sie empfinde sich nicht mehr als minderwertig. Ausgenommen hiervon ist allerdings der Bereich »Aussehen und Gewicht«. Die Patientin möchte von ihren Bemühungen, ihr Gewicht streng zu kontrollieren, nicht abweichen, auch wenn sie inzwischen zu einem günstigeren Essverhalten übergegangen ist. Am Störungsbild des abendlichen Erbrechens im Rahmen einer bulimischen Symptomatik änderte sich im Verlauf dementsprechend wenig. Es tritt nach wie vor gelegentlich auf, wird von der Patientin aber als wenig belastend erlebt.

Dipl.-Psych. Isabella von Bohlen

Fall K Selbstunsichere Persönlichkeit (F 60.6)

1 Angaben zur spontan berichteten und erfragten Symptomatik

Die 37-jährige Mutter zweier Kinder und Inhaberin eines Second-Hand-Ladens berichtet, dass ihr Vater ihre zehnjährige Tochter sexuell missbraucht habe. Dadurch sei ihr ihre eigene Kindheitsgeschichte, wie sie von ihrem Vater und dem Großvater missbraucht wurde, auch wieder deutlich geworden. Sie habe den Vater nun angeklagt, er sei auch verurteilt worden. »Aber ich brauche jetzt doch auch Hilfe, um mit allem besser fertig zu werden. Der Vater ist aber nicht mein einziges Problem, meine Mutter hat mich nie gemocht, sie hatte die Einstellung zu mir »dich hätte es nicht auch noch gebraucht« und sie hat mich immer für alles schuldig gemacht. Das habe ich jetzt immer noch in mir, ich fühle mich wertlos und für alles verantwortlich.«

2 Lebensgeschichtliche Entwicklung des Patienten und Krankheitsanamnese

Familienanamnese: Die Mutter (*1931) ist selbständige Geschäftsfrau, Geld und Erfolg sei auch das einzige gewesen, was sie interessiert habe. Sie war die Dominante in der Familie, der Vater habe sich untergeordnet.

Den um drei Jahre älteren Bruder der Patientin habe die Mutter bevorzugt. Die Patientin habe sie abgelehnt und für alles verantwortlich und schuldig gemacht. Der Vater (*1930) war Vertreter. Er hatte dabei nicht viel Erfolg. Seine Frau brachte ihn dann in der Firma unter, in der sie damals arbeitete, und war seine Chefin.

Der Vater hatte sich nie mit den Kindern abgegeben. Erst als die Patientin elf Jahre alt war, fing er plötzlich an, sich für sie zu interessieren und missbrauchte sie sexuell. Sie erfuhr dadurch, dass sie selbst und ihre Bedürfnisse überhaupt nichts wert sind, sondern dass sie erst Zuwendung (positive Verstärkung) erfährt und für den anderen etwas bedeutet, wenn sie die Bedürfnisse des anderen erfüllt.

Der Großvater, der zeitweise mit im selben Haus wohnte, tat dies ebenso. Die Patientin erzählte es niemandem, die Männer baten sie, es für sich zu behalten mit den Worten »oder möchtest Du, dass wir ins Gefängnis kommen?« Erst mit 15 Jahren schaffte es die Patientin, sich zu wehren, indem sie eine Kommode vor ihre Zimmertüre schob.

Der Vater verging sich auch an der zehnjährigen Tochter der Patientin, was durch die plötzlichen schlechten Schulleistungen der Tochter aufgedeckt wurde.

Schulische und berufliche Entwicklung: Die Patientin machte die Mittlere Reife, anschließend die Berufsschule zur Bauzeichnerin (Abschluss 3,25).Seit einigen Jahren betreibt sie eine Second-Hand-Boutique, die aber keine großen Einnahmen bringt,so dass sie noch stundenweise in ihrem Beruf arbeitet.Bevor die Kinder kamen, arbeitete die Patientin in einem Architekturbüro, wo ihr viel Verantwortung aufgetragen wurde, die sie gerne und gut übernahm.

Entwicklung des Sozialverhaltens und Partnerschaft: Die Patientin hatte eigentlich nie eine richtige Freundin, schon als Kind hatte sie Angst vor Ablehnung. So war sie auch damals sehr zurückhaltend.Freundschaften zu Männern fingen mit 18 Jahren an.Sie hatte zwei längere Beziehungen, in denen sie auch die Sexualität genießen konnte, da die Männer einfühlsam mit ihr umgingen.Seit 15 Jahren ist sie mit einem Steuergehilfen verheiratet. Aus dieser Ehe gingen zwei Kinder hervor: eine zehnjährige Tochter und ein achtjähriger Sohn. Es gibt immer wieder Schwierigkeiten in der Ehe. Der Mann könne nicht sparsam genug mit Geld umgehen und helfe auch nicht ausreichend im Haushalt,aber die Partner können gut miteinander reden und vieles lösen.Zu den Kindern haben beide Elternteile ein gutes Verhältnis. Der Vater sei etwas strenger und sie eher der verständnisvollere Teil.

Aktuelle Lebenssituation: Die Patientin lebt mit ihrem Mann und den zwei Kindern in einer Kleinstadt.Vormittags arbeitet sie in ihrem Beruf als Bauzeichnerin,nachmittags ist sie in ihrem Laden,da können die Kinder nach der Schule hinkommen und Hausaufgaben machen. Finanziell kommt die Familie gerade über die Runden.

3 Psychischer Befund zum Zeitpunkt der Antragstellung

Die attraktive Patientin wirkt sehr offen und freundlich, angepasst, erwirbt sich auch sofort meine Sympathie. Sie ist bewusstseinsklar und zur Person,Situation, Ort und Zeit voll orientiert.Gute Intelligenz, keine inhaltlichen oder formalen Denkstörungen.Vom Affekt her wirkt sie zunächst eher oberflächlich,sie erzählt ihre traumatischen Kindheitserfahrungen ohne große Gefühlsbeteiligung, bleibt auf der Handlungsebene. Die Stimmung scheint insgesamt eher subdepressiv, kein Anhalt für Suizidalität.

4 Somatischer Befund

Die Patientin leidet unter Migräne, Allergien, Blasenentzündungen und Schlafstörungen mit Alpträumen, aber nicht mehr so stark und häufig wie noch vor einigen Jahren.

5 Verhaltensanalyse

Problemverhalten: Negative Selbstverbalisation, Sich-wertlos- und Sich-für-alles-schuldig-fühlen in sozialen Situationen.

Beispielsituation auf der Mikroebene: Die Patientin trifft eine Freundin. Wenn diese nicht dauernd ausdrückliche positive Rückmeldung gibt (ausreichend Blickkontakt, freundliches Lächeln, sofortiges Anknüpfen an Gesprächsinhalte, eindeutige positive verbale Rückmeldung):

Kognition: Habe ich was falsch gemacht? Was stört sie an mir? Ich habe mich wohl nicht richtig verhalten und bin es sicher auch nicht wert, dass man sich mit mir abgibt.
Emotion: Schuldgefühle, Verunsicherung.
Physiologie: Anspannung, Hautjucken.
Verhalten: Schweigsamer werden, sich zurückziehen, abwarten bis wieder eindeutige positive Rückmeldung kommt.

Situationen:
Alle sozialen Situationen. Bedingungen, die die Auftretenshäufigkeit oder Intensität des Problemverhaltens verändern: Besser bei sehr vertrauten Personen, von denen sich die Patientin einigermaßen angenommen fühlt. Schlimmer bei weniger vertrauten Personen und in Gruppen. Schlimmer, wenn nicht ständig positive Rückmeldung des Interaktionspartners kommt.

Organismus:
Kognitive Programme: Ich bin nichts wert. Ich bin erst was wert, wenn ich die Bedürfnisse der anderen erfülle. Ich bin an allem Schuld. Ich bin Schuld, wenn es den anderen nicht gut geht.

Reaktionen:
Kognition: Ich bin nichts wert. Ich bin schuld, wenn es irgendwo Probleme gibt. Grübeleien, ob die anderen sie mögen und ob sie nichts falsch gemacht hat.
Emotion: Schuldgefühle, Unsicherheit.
Physiologie: Anspannung, Hautjucken.
Verhalten: Ständige Aufmerksamkeit auf die Erwartungen und die Rückmeldung der anderen, bzw. weiteres Kontaktverhalten oder Rückzug.

Konsequenzen:
C^+: Die Patientin hat durch ihre Aufmerksamkeit und das Eingehen auf die Bedürfnisse der anderen eine gewisse Kontrollmöglichkeit über die Interaktion und sichert sich positive Zuwendung.

C^-: Kritik von außen fällt meistens weg durch das selbstkritische Verhalten und den Rückzug.
C^+: Die Patientin verhindert so die Erfahrung der uneingeschränkten Wertschätzung und den Aufbau vieler Freundschaften.
C^-: Ständige Anspannung durch die Aufmerksamkeit auf die Bedürfnisse der anderen, die eigenen Bedürfnisse werden ignoriert und kommen zu kurz.

Funktionsanalyse: Das Anpassungsverhalten und die ständige Selbstkritik scheint vor allem die Funktion zu haben, weitere Beschuldigungen zu verhindern und sich ein Minimum an Zuwendung zu sichern.

Verhaltensexzesse: Ständige Aufmerksamkeit auf die Bedürfnisse der anderen. Grübeleien über das eigene Verhalten, selbstabwertende und selbstbezichtigende Kognitionen, sozialer Rückzug.

Verhaltensdefizite: Wahrnehmung und Ausdruck eigener Bedürfnisse, positive Selbstverbalisation.

Verhaltensaktiva: Im beruflichen Bereich leistungs- und durchsetzungsfähig. In der eigenen Familie als Mutter und Ehefrau gut integriert. Hier beginnt die Patientin, ihre Bedürfnisse wahrzunehmen und auszudrücken. Die Patientin ist dabei, sich der eigenen Kindheitserfahrung zu stellen und den Vater zur Verantwortung zu ziehen.

6 Diagnose zum Zeitpunkt der Antragstellung

Selbstunsichere Persönlichkeit (F 60.6) / sexueller Missbrauch in der Kindheit

7 Therapieziele und Prognose

- Abbau der negativen und Aufbau von positiver Selbstverbalisation
- Aufbau von sozialer Kompetenz
- Unterstützung bei der Auseinandersetzung mit den Missbrauchserfahrungen

Die Prognose erscheint günstig. Die Patientin ist sehr motiviert an sich zu arbeiten, sie ist introspektionsfähig und erkennt psychologische Zusammenhänge. Ihr psychischer Zustand scheint stabil genug, um sich belastenden Erinnerungen zu stellen.

8 Behandlungsplan

Als erstes:
- Selbstbeobachtung und Protokollierung der dysfunktionalen Gedanken
- Bedingungsanalytische Gespräche zur Aufdeckung der Lerngeschichte des Problemverhaltens mit Bezug auf die aktuellen auslösenden und aufrechterhaltenden Bedingungen

Danach:
- Kognitive Umstrukturierung, dabei Einüben von alternativen Gedanken und positiver Selbstverbalisation
- Wahrnehmungstraining für eigene Bedürfnisse. Im Rollenspiel soll die Patientin lernen, diese angemessen auszudrücken und durchzusetzen

Erst im weiteren Verlauf der Therapie nach Aufbau eines festen Vertrauensverhältnisses und beginnender positiver Selbstwahrnehmung:
- Imaginationsübungen zur kognitiv-emotionalen Traumaverarbeitung, dabei Herausarbeiten der starken, handlungsfähigen eigenen Anteile und Verhaltensweisen.

9 Therapieverlauf

Therapieziel: Abbau von negativer und Aufbau von positiver Selbstverbalisation

Dies war zunächst das wichtigste Thema für die Patientin. Sie beobachtete sich selbst in unterschiedlichen sozialen Situationen und lernte durch bedingungsanalytische Gespräche die Zusammenhänge zwischen ihren dysfunktionalen Gedanken, den nachfolgenden Gefühlen von Unsicherheit und Niedergeschlagenheit und dem daraus resultierenden eigenen Verhalten und dessen Konsequenzen zu verstehen. Sie lernte auch, die dysfunktionalen Gedanken schneller zu identifizieren und noch in der sozialen Situation zu hinterfragen und durch realitätsgerechtere Gedanken zu ersetzen. Dabei war für die Patientin sehr wichtig, dass ihr durch die Therapie klar wurde, wie sich ihre Selbstabwertungen im Verlauf ihrer Lebensgeschichte entwickelt haben. Sie konnte sie dadurch zuordnen (»die Mutter hat mir immer eingeredet, dass ich nichts wert bin« und »für meinen Vater und meinen Opa waren meine Bedürfnisse nicht wichtig«) und sich in aktuellen sozialen Situationen leichter davon distanzieren (»das war damals, heute ist es anders«). Bei der gemeinsamen Suche nach positiven Selbstaussagen wurde deutlich, dass die Patientin ihr berufliches Vermögen als sehr positiv einschätzt, aber in sozialen Situationen ihre positive Wirkung nur ihrem attraktiven Äußeren zuordnet. Dies konnte in Verbindung mit ihrer Lerngeschichte gebracht werden, da sie in ihrer Jugend ausschließlich Zuwendung für ihre körperlichen Reize bekam. Es wurde mit der Patientin besprochen, dass ihr diese Reduzierung auf rein körperliche Aspekte nicht gerecht wird und sie sich damit selbst weiter abwertet. Sie lernte dann andere positive Werte an sich zu sehen, wie Freundlichkeit und Gut-Zuhören-Können, so dass sie anstelle der negativen Selbstverbalisation in sozialen Situationen positive Aussagen über sich machen konnte. So konnte sie ihren Selbstwert stärken. Obwohl die Patientin diese Techniken beherrschte, brauchte sie doch immer wieder die externe Bestätigung von der Therapeutin, dass das positive Selbstbild angemessen ist und nicht eine Verzerrung.

Therapieziel: Aufbau von sozialer Kompetenz

Hierbei ging es vor allem um Wahrnehmung und Durchsetzung eigener Bedürfnisse und um Ablehnen von Erwartungen anderer. Innerhalb ihrer Familie machte die Patientin diesbezüglich die besten Fortschritte, sie hatte beispielsweise den Wunsch, dass ihr Mann sich mehr am Haushalt beteiligt. Eigene Versuche, dies durchzusetzen, waren bisher gescheitert. Im Rollenspiel wurde deutlich, dass sie ihr Bedürfnis nicht klar genug formuliert. Dies wurde eingeübt, dazu wurde besprochen, dass sie bei der Anwendung durchsetzungsfreudigeren Verhaltens möglicherweise Schuldgefühle und Ängste aushalten müsse. Die Patientin konnte das Besprochene gut anwenden, ihr Mann übernahm auf ihren Wunsch hin bestimmte Hausarbeiten und sie fiel nicht gleich in ihr altes Muster zurück, die Aufgaben wieder selbst auszuführen, weil es der Mann mal vergaß, oder aus Schuldgefühlen heraus. Im außerfamiliären Bereich tat sich die Patientin schwerer, etwas einzufordern oder abzulehnen. In bedingungsanalytischen Gesprächen wurden die hinderlichen Programme herausgearbeitet, wie »meine Bedürfnisse sind nicht wichtig« und »wenn ich meine Bedürfnisse durchsetze, bin ich unverschämt und werde verlassen«. Die Angst vor Zuwendungsverlust war sehr groß, so dass die Patientin lange brauchte, bis sie sich ihrer Angst stellen konnte und im Verhaltensexperiment überprüfte, ob ihre Befürchtung auch wirklich eintritt. Sie berichtete dann aber voller Stolz und Freude von gegenteiligen Erfahrungen.

Therapieziel: Unterstützung bei der inneren Auseinandersetzung mit den Missbrauchserfahrungen

Die Patientin konnte einige Erlebnisse berichten und auch ihre begleitenden Gefühle (Ekel, Scham) benennen. Doch blieb sie nie lange bei diesem Thema, obwohl es ihr größter Wunsch war, »innerlich damit fertig zu werden«. Darauf angesprochen, erklärte es sich die Patientin mit Selbstschutz: wird sie möglichst wenig erinnert, wird auch möglichst wenig zerstört von dem ansonsten positiven Bild, das sie vor allem von ihrem Großvater hat. Es ist für die Patientin schwer auszuhalten, dass die einzige Art von Zuwendung, die sie als Kind und Jugendliche bekam, eine unrechte, sie ausnützende Art war. Eine Auseinandersetzung mit dem Inzest würde für die Patientin auch eine Auseinandersetzung mit ihrem Selbstbild bedeuten. Sie müsste aus der reinen Opferrolle heraustreten und andere Aspekte ihres Selbst integrieren (wie Machtgefühle über den Opa oder ihre eigenen Anteile daran, dass ihr Vater ihre Tochter missbrauchen konnte). Dies schien für die Patientin noch zu belastend zu sein. Dagegen konnten aktuelle Auswirkungen mit der Patientin durchaus besprochen und geändert werden, wie ihre verzerrte Einstellung »wenn mich jemand mag, dann wegen meiner Attraktivität« oder ihr Verhalten zu Hause, die Toilettentüre immer weit offen zu lassen, weil sie sich keinen eigenen Intimbereich erlaubte.

Therapieziel: Übernahme von Verantwortung für die Konsequenzen des eigenen Handelns

Dieses Ziel ergab sich erst im Laufe der Therapie. Es zeigte sich nach einigen Stunden, dass zu dem Problemverhalten der negativen Selbstverbalisation »ich bin Schuld, wenn es Probleme gibt«, in anderen Bereichen immer deutlicher die gegenteilige Tendenz zu Tage trat, sich nur als das Opfer zu sehen und eigene Anteile und Verantwortung völlig zu ignorieren. Die Patientin rutschte finanziell von einer Schwierigkeit in die andere, wozu sie die Einstellung hatte »immer passiert uns was, es darf uns einfach nicht gut gehen«. Hier musste die Patientin damit konfrontiert werden, dass sie daran auch Verantwortung trägt. Sie erkannte als ihre eigenen Anteile, dass sie Unangenehmes immer vor sich her schiebt, solange, bis es negative Folgen für sie hat, und dass sie Negatives gar nicht wahrnehmen will und so handelt, als ob es das nicht gäbe. (z. B. richtete sie sich schon einen neuen Laden ein, bevor sie den Mietvertrag in den Händen hatte und die Bank die Übernahme der Kaution zusicherte – und dann gab es im Vertrag Klauseln, die strenger als erwartet waren und die Bank weigerte sich, den Kredit zu übernehmen). Die Konfrontation musste sehr vorsichtig erfolgen, da sich die Patientin sehr schnell kritisiert fühlte. Es war für sie wiederum hilfreich, aus ihrer Lerngeschichte nachzuvollziehen, dass es früher für sie eine notwendige Strategie war, Negatives nicht wahrzunehmen und zu verdrängen, dass dies heute aber dysfunktional und für sie sogar schädlich ist.

10 Interaktionsanalyse

Die Patientin gewann durch ihre offene, freundliche Art schnell die Sympathie der Therapeutin. Doch war bald ihre Vermeidung spürbar, sich auf unangenehme Emotionen einzulassen. So erzählte sie in den Sitzungen zunächst Belangloses und blieb auf der Handlungsebene, so dass die Therapeutin nicht wusste, worum es ihr eigentlich dabei ging. Für die Therapeutin war es anstrengend, sie immer wieder zu unterbrechen und danach zu fragen, was das eben Berichtete für sie bedeutet. Die Therapeutin kam sich auch sehr unhöflich dabei vor. Dies konnte mit der Patientin aber gut geklärt werden. Sie sah die Unterbrechungen und das Nachfragen der Therapeutin als hilfreich an, da sie ihre Tendenz auszuweichen kannte und dies ja gerade in den Sitzungen nicht wollte. Dass sie sich wirklich mehr auf die Therapie einlassen konnte und weniger auswich, zeigte sich auch daran, dass sie für einige Wochen verstärkt depressiv war. Die Patientin konnte dies positiv deuten, indem sie weniger verdrängte und sich vermehrt mit ihren negativen Erfahrungen auseinander setzte. Als schwierige Gratwanderung, mit der Angst, die Patientin nicht zu verletzen, empfand die Therapeutin die Zeit der Konfrontation (um die Mitte der Therapielaufzeit) mit ihrer Opferrolle und der mangelnden Übernahme von Eigenverantwortung. Aber auch hier konnte mit der Patientin gut besprochen werden, wie es ihr mit der Konfrontation ging (ihr »zog es den Boden unter den Füßen weg«, als ihr deutlich wurde, wie dysfunktional ihre bisherigen Strategien waren), ebenso lernte sie zu differenzieren, dass die Therapeutin nicht die kritikreiche Böse ist (wie damals ihre Mutter), sondern es gut mit ihr meinte, indem sie ihr ineffektive Strategien aufzeigen wollte, um effektivere zu entwickeln.

Durch die gegenseitigen Beziehungsklärungen konnte sich die Patientin immer besser auf die Therapie einlassen. Sie wich weniger aus, zeigte weniger Reaktanz und wurde immer bereiter, neue Verhaltensweisen auszuprobieren, womit sie dann positive Erfahrungen machte. Die Therapie wurde nach 45 Stunden beendet.

Dipl.-Psych. Heide Oeverland

Fall L Unreife Persönlichkeit (F60.8)/Rechenstörung (F81.2)

1 Angaben zur spontan berichteten und erfragten Symptomatik

Die 24-jährige Musikalienhändlerin berichtet: »Ich habe Probleme in der Arbeit, man hat mir schon zweimal gekündigt. Ich mache manchmal Sachen falsch, die jede Aushilfe kann. Aber manches mache ich auch sehr gut«. Auf weiteres Befragen beschreibt die Patientin Schwierigkeiten mit Rechnen. Besonders würde sie oft Zahlen vertauschen. Außerdem habe sie wohl Konzentrationsprobleme; Freunde hätten sie darauf hingewiesen, dass sie immer wieder die gleichen Fragen stellen würde, obwohl sie die Antwort schon bekommen hätte.

Weiter erzählt die Patientin, dass es sie belastet, gar nicht zu wissen, was eigentlich genau der Kündigungsgrund war. Sie kenne dies auch aus sozialen Situationen, wo sie ebenfalls nicht einschätzen könne, ob sie sich angemessen verhalte und von den anderen akzeptiert werde. Sie würde dauernd darüber grübeln und zu keinem Ergebnis kommen.

2 Lebensgeschichtliche Entwicklung der Patientin und Krankheitsanamnese

Familienanamnese: Der Vater der Patientin (66 J.) ist pensionierter Lehrer für Mathematik und Physik. Als schon in der Grundschule deutlich war, dass seine Tochter gerade in diesem Bereich Schwierigkeiten hatte, übte er sehr viel mit ihr. Die Patientin beschreibt ihn dabei als unterstützend. Insgesamt sei er aber streng, ruhig und sozial eher gehemmt. Er habe viel für sie getan, sie z. B. oft mit dem Auto zum Gesangsunterricht gefahren. Die Mutter (64 J.) ist pensionierte Hauptschullehrerin.

Sie habe sowohl liebevolle als auch autoritäre Seiten. Streng sei sie, was Ordnung und Kleidung angeht. Auf der anderen Seite könne die Patientin mit ihr über alles reden, die Mutter sei sehr verständnisvoll. Beide Eltern würden sich auch heute noch gut verstehen und liebevoll miteinander umgehen. Die familiäre Atmosphäre war durch einen guten Zusammenhalt, auch unter den Geschwistern geprägt.

Die Patientin war die jüngste von vier Kindern: Schwester +5 J., Bruder +6 J., Bruder +7 J. Die Geschwister haben alle akademische Berufe: Ärztin, promovierter Physiker, Volkswirtschaftler. Die Patientin leidet darunter, dass sie beruflich nicht mithalten kann. Sie erinnert sich, dass sie als Kind schon immer darunter litt, dass sie so viel weniger als die Geschwister konnte, sie führt das aber auf den Altersunterschied zurück. Die Geschwister und die Eltern behandelten sie eben immer als die Kleine, die noch nichts alleine konnte und der man alles abnehmen und helfen musste.

Zu ihrer *Sozialentwicklung* gibt die Patientin an, dass sie kaum Freunde hatte. Sie spielte jahrelang mit einem um vier Jahre jüngeren Nachbarsjungen und hatte kein Interesse an weiteren Kontakten im Kindergarten und in der Grundschule. In der Pubertät war sie sehr schüchtern, sie fühlte sich als Außenseiterin durch unmoderne Kleidung (der Geschmack der Mutter), anderen Musikgeschmack (sie liebt Klassik) und weil sie gar nicht gelernt hatte, sich einen Freundeskreis aufzubauen. Erst jetzt, seit einigen Monaten, habe sie einen guten Freundeskreis in einer christlichen Gemeinde. Zum ersten Mal fühle sie sich akzeptiert und integriert. Die Patientin hatte noch nie eine Beziehung zu einem Mann, in der Gemeinde gibt es aber einen, in den sie sich verliebt hat. Sie weiß aber nicht, wie sie sich verhalten muss, um ihm zu gefallen und sich ihm zu nähern. Sie kann sein Verhalten nicht deuten und Rückschlüsse ziehen, ob er sie etwa auch mag.

Schulische und berufliche Entwicklung: Mit Hilfe des Vaters, der viel mit ihr lernte, schaffte die Patientin das Fachabitur mit der Durchschnittsnote 3,6 (Mathe 5). Innerhalb von drei Jahren machte sie eine Lehre zur Musikalienhändlerin, bei der Abschlussprüfung fiel sie beim ersten Mal im kaufmännischen Bereich durch. Danach arbeitete sie jeweils drei Monate in zwei großen Fachgeschäften, wo sie beide Male gekündigt wurde. Die Patientin kennt den Kündigungsgrund nicht, auf genaues Nachfragen wird deutlicher, dass ihre Vorgesetzten mit ihrem Wissen und der Kundenberatung nicht zufrieden waren und dass sie immer, wenn Zahlen mit im Spiel waren, Fehler machte, z. B. beim Einsortieren oder bei Bestellungen.

Aktuelle Lebenssituation: Die Patientin wohnt in einem Studentenheim in einem Zimmer zur Miete. Sie ist momentan arbeitslos, versucht aber wieder in ihrem Beruf unterzukommen. In der Freizeit ist sie sehr engagiert und gut integriert in der Katholischen Hochschulgemeinde KHG, wo sie viel unternimmt, wie gemeinsam Feste feiern, Tanzen und Musizieren.

3 Psychischer Befund zum Zeitpunkt der Antragstellung

Die Patientin ist im Kontakt freundlich und offen. Ihre Bewegungen, (z. B. das Gangbild), wirken unsicher und ungelenk. Ihre Stimmung scheint subdepressiv, doch äußert sie die Hoffnung auf Besserung ihrer Probleme durch entsprechende Therapiemaßnahmen. Emotional ist sie schwingungsfähig, es ist ein guter Rapport herzustellen. Sie äußert sich etwas umständlich, man muss ihr helfen, ihre Aussagen auf den Punkt zu bringen. Auch in der therapeutischen Interaktion wird deutlich, dass sie soziale Hinweisreize, wie Kontaktbeendigung (wenn die Stunde zu Ende ist) nicht wahrnimmt. Intelligenz scheint durchschnittlich, Denken formal geordnet, keine wahnhaften Ideen. Keine Suizidgedanken.

4 Somatischer Befund

BWS-Kyphose, weswegen die Patientin regelmäßig zur Krankengymnastik geht. Die Kyphose ist für die Patientin ein körperlicher Makel, der auch schon Grund für Hänseleien war. Der Verlauf ihrer Geburt war ohne besondere Schwierigkeiten.

5 Verhaltensanalyse

Problemverhalten: Fehlende Selbsteinschätzung in sozialen und beruflichen Situationen.

Situation:
Alle sozialen Situationen. Besonders unsicher ist die Patientin, wenn für sie bedeutsame Personen zugegen sind und sie sich nicht sicher akzeptiert fühlt. Beruflich: Sehr undeutlich wahrgenommene Schwierigkeiten am Arbeitsplatz, zweifache Kündigung ohne für die Patientin ersichtlichen Grund.

Organismus:
BWS-Kyphose. Grundüberzeugung: Allein kann ich nichts. Ich brauche Hilfe. Ich habe keine Verantwortung.

Reaktionen:
Kognition: Privat: Ich werde nicht so gemocht und bin ausgeschlossen – im Wechsel mit – der/die mag mich wohl so sehr, dass er/sie das aus Rücksicht auf die anderen nicht so deutlich zeigen kann. Im Beruf: Ich kann vieles nicht, ich bin dumm – im Wechsel mit – vieles kann ich aber besser als die anderen.
Emotion: Gefühle von Unsicherheit, Minderwertigkeit, sich überflüssig fühlen im Wechsel mit sich noch besser, geliebter und fähiger fühlen als andere.
Physiologie: Schwerfälligkeit, Schlappheit.
Verhalten: sozial zurückhaltend, schüchtern, aber sehr anhänglich und klebrig, wenn sie Aufmerksamkeit erfährt. Im Beruf: meist lustlos und wenig engagiert.

Konsequenzen:
Extern: wenig Freunde, berufliche Kündigungen. *Intern:* Verunsicherung, Nie-

dergeschlagenheit im Wechsel mit unrealistischen Hoffnungen. Positive Konsequenzen scheint das Verhalten der Patientin im Gegensatz zu früher im Elternhaus nicht mehr zu haben. Dies ist sicher ein Grund für die Verwirrung der Patientin, die nun plötzlich andere (negative) Konsequenzen auf ihr inadäquates Verhalten erfährt.

Makroanalyse: Verdacht auf kognitive Teilleistungsstörung (Dyskalkulie). Die Patientin hat nicht lernen können, diese wirklich in ihrem Ausmaß einzuschätzen, da der Vater (Mathematiklehrer) exzessiv mit ihr übte, vieles ausglich und der Tochter die Verantwortung abnahm. Dadurch erworbenes kognitives Programm: Ich kann das nicht, aber irgendwie wird es schon gehen. Es wird mir schon jemand helfen. Im sozialen Bereich: Mangelnde eigene Erfahrung im Umgang mit Gleichaltrigen, Erleben von Andersartigkeit durch die biedere Kleidung. Die Eltern konnten durch ihren sozialen Rückzug auch keine Modelle für sichere soziale Wahrnehmung sein. Verstärkt wurde das familienorientierte Verhalten der Tochter durch vermehrte Fürsorge der Eltern. Erworbenes kognitives Programm: Es ist gar nicht so schlimm, wenn ich bei manchen Leuten nicht ankomme, dafür mögen mich andere um so mehr.

Funktionsanalyse: Die mangelnde Selbst- und Fremdwahrnehmung in sozialen Situationen wie im Leistungsbereich scheint die Funktion zu haben, eine realistische Auseinandersetzung mit den eigenen Grenzen (und Möglichkeiten) zu verhindern. Damit kann ein positiveres Selbstbild aufrechterhalten bleiben. Die Enttäuschung über die eigenen Defizite kann vermieden werden, ebenso die Übernahme der Eigenverantwortung für die Umsetzung eines realistischen Lebens- und Berufsziels und die Anstrengungen für Verhaltensänderungen.

Verhaltensexzesse: Starkes Schwanken zwischen Selbstab- und Selbstüberbewertung.

Verhaltensdefizite: in der Selbstwahrnehmung sozial und beruflich; in der Fremdwahrnehmung in sozialen Situationen; in sozialen Fertigkeiten; in der Übernahme von Eigenverantwortlichkeit.

Verhaltensaktiva: Bedürfnis nach sozialen Kontakten, seit einigen Wochen eingebunden in die Gemeinde. Musisches Interesse und Verständnis, Singen im Chor.

6 Diagnose zum Zeitpunkt der Antragstellung

Unreife Persönlichkeit (F60.8); Rechenstörung (F81.2)

7 Therapieziele und Prognose

- Diagnostische Abklärung der Teilleistungsstörung
- Aufbau von sozialer Kompetenz
- Förderung der Übernahme von Eigenverantwortlichkeit, dabei Erleben von Selbsteffizienz
- Förderung der realistischen Eigenwahrnehmung der beruflichen Fähigkeiten und des Arbeitsverhaltens mit dem Ziel einer realistischen beruflichen Weiterorientierung.

Die Prognose ist als günstig zu betrachten, da die Patientin unter beträchtlichem Leidensdruck steht und ausreichend motiviert scheint für eigene Veränderungen. Sie scheint psychologische Zusammenhänge zu verstehen und ist ausreichend introspektionsfähig.

8 Behandlungsplan

- Motivierung zur diagnostischen Abklärung der Dyskalkulie und zu weiteren therapeutischen Maßnahmen (Entscheidungstraining)
- Selbstbeobachtung (Protokollieren) des eigenen Sozialverhaltens in den Bereichen Emotion, Kognition, Verhalten und Konsequenzen
- Identifikation der Muster der sozialen Wahrnehmung und der Selbstwahrnehmung durch kognitive Techniken, aber auch durch Rollenspiele. Einüben von sozial kompetenten Verhaltensweisen im Rollenspiel, durch Rollentausch (Erlernen von Perspektivwechsel)
- Kognitive Techniken zur Identifikation von dysfunktionalen Denkmustern und Entwicklung von Einstellungsänderung, v.a. bezüglich der Selbstbewertung und Eigenverantwortlichkeit
- Veränderung der Einstellung gegenüber Verantwortungsübernahme. Danach Planung der praktischen Umsetzung und Einübung mit Betonung des Erlebens von Selbsteffizienz. Erlernen von positiver Selbstbewertung und -verstärkung und internaler Attribuierung von Erfolg. Zur allgemeinen Stärkung des Selbstwerts soll dies auch in leistungsunabhängigen Bereichen eingeübt werden
- Rückwirkend (da im Moment arbeitslos): Herausarbeiten und genaue Differenzierung der beruflichen Fähigkeiten und des Arbeitsverhaltens. Realistische Planung des weiteren beruflichen Wegs, dabei Miteinbeziehen der gegebenen kognitiven Grenzen, aber auch Herausarbeiten ihrer Möglichkeiten. Einüben eines effektiveren Arbeitsverhaltens. Konzentrationstraining
- Herausarbeiten der Ressourcen und weiterer Aufbau von leistungsunabhängigen Verstärkerquellen

Als erstes soll die Patientin zur genauen Diagnostik motiviert werden. Erst danach werden die beruflichen Fähigkeiten und das Arbeitsverhalten angegangen. Darüber hinaus wird das Sozialverhalten und das Thema der Eigenverantwortlichkeit bearbeitet.Insgesamt ist es wichtig, ständig auch an den Ressourcen zu arbeiten,um über das Wissen und die Erfahrung der eigenen Möglichkeiten die Annahme der eigenen Grenzen als Voraussetzung einer realistischen Selbsteinschätzung zu erleichtern.

9 Behandlungsverlauf

Therapieziel: Motivierung zur diagnostischen Abklärung der Teilleistungsstörung und gegebenenfalls zu gezielten therapeutischen Maßnahmen

Es wurde mit der Patientin die Möglichkeit einer bestehenden Dyskalkulie und der Nutzen einer diagnostischen Abklärung besprochen. Es wurde ihr aufgezeigt, dass sie durch genaue Kenntnis eventuell vorhandener Schwächen diese auch gezielt fördern und andererseits sich beruflich so orientieren könnte, dass Überforderungen umgangen werden. Die Patientin schien dies einzusehen, sagte dann aber schon ausgemachte Termine wieder ab. Sie gab Zeitgründe an. Die Therapeutin hatte den Eindruck, dass sie noch nicht bereit war, sich wirklich damit auseinander zusetzen. Ein weiterer Motivierungsversuch scheiterte.

Therapieziel: Aufbau von sozialer Kompetenz

Die Patientin brachte in die Stunden vorwiegend Probleme im Umgang mit Freunden ein. Was sie sehr belastete war, dass sie die Reaktion der anderen auf sie und ihr Verhalten nicht richtig einschätzen konnte. Beispielsweise reagierten zwei Freundinnen vermehrt mit Rückzug.Die Patientin konnte dies nicht einordnen, selbst als die Freundinnen ihr offen rückmeldeten, dass sie sich durch die dauernden Kontaktversuche der Patientin eingeengt fühlten. So war zunächst einmal die Vermittlung von grundlegenden Kommunikationsregeln nötig.Diese wurden im Rollenspiel mit Videoeinsatz eingeübt,ebenso ein Diskriminationstraining zur Selbst- und Fremdbeobachtung, dazu adäquates soziales Verhalten in unterschiedlichen Situationen (privat, beruflich, Einzelkontakt, in der Gruppe).

Um ihre Empathiefähigkeit zu schulen, wurde mit der Patientin erarbeitet, was ihr Verhalten im Interaktionspartner auf gedanklicher, Gefühls- und Verhaltensebene auslösen kann und woran sie merken kann, welche Erwartungen andere an sie haben. Weiter wurde dann besprochen, welche Bedürfnisse die Patientin in Beziehungen hat und welches eigene Verhalten zur Zielsetzung nützlich wäre. Der angemessene Ausdruck eigener Bedürfnisse und Gefühle wurde auch im Rollenspiel eingeübt. Parallel dazu wurden dysfunktionale

Denkmuster identifiziert und hinterfragt, wie z. B. in einer guten Freundschaft muss man oft zusammen sein. Die Patientin setzte das Erlernte im Alltag um, ließ ihren Freundinnen mehr Freiheit, äußerte vermehrt auf adäquate Weise ihre Meinung und lernte das Verhalten der anderen besser einzuschätzen. Sie bekam bald positive Rückmeldung von anderen, dass sie lockerer und selbstbewusster wirke und nicht mehr so einengend. Ihre Freundinnen suchten wieder von sich aus Kontakt mit der Patientin, was ihr neuerworbenes soziales Verhalten verstärkte.

Im Umgang mit Männern, für die sich die Patientin interessierte, sind bisher nur vorsichtige Ansätze einer Veränderung erreicht worden. Da ihr jegliche Erfahrung in Beziehungen zu Männern fehlt und ebenso diesbezüglich der Austausch mit Freundinnen, haben sich ihre wenig altersgemäßen Einstellungen und Phantasien noch keiner Realitätsprüfung unterzogen und verändert. Im sokratischen Dialog wurde versucht, ihre irrationalen Ansichten (z. B. vom trauten Glück in einer ganz engen, symbiotischen Partnerschaft) zu identifizieren und zu korrigieren.

Das Verhalten der Männer ihr gegenüber konnte sie nicht einordnen; schaute sie einer länger an, dachte sie, er sei in sie verliebt. Schaute er sie nicht an, dachte sie ebenso, er sei in sie verliebt, er wolle aber, dass es niemand merke. Es wurde mit der Patientin besprochen, dass sie die Situation besser beurteilen kann, wenn sie gleichzeitig verschiedene Kriterien aufstellt und beobachtet (und nicht nur: schaut er mich an oder nicht). Die Patientin wagte es nicht, ihre vagen Vermutungen zu überprüfen, indem sie sich auf näheren Kontakt, z. B. ein Gespräch mit den betreffenden Männern einließ, um zu sehen, wie die sich ihr gegenüber weiter verhalten. Dieses Vermeidungsverhalten konnte in der Therapie bisher nicht aufgelöst werden.

Therapieziel: Förderung der Übernahme von Eigenverantwortlichkeit, dabei Erleben von Selbsteffizienz

Es wurde immer wieder deutlich, dass die Patientin zwar »etwas machen wollte«, aber mit möglichst wenig Anstrengung. Dies zeigte sich auch in der Therapie. Sie sah es z. B. nur sehr schwer ein, dass es für die Therapeutin aus organisatorischen Gründen nicht möglich war, ihren Termin eine halbe Stunde früher anzusetzen, so dass sie es bequemer haben und direkt nach der Schule kommen konnte ohne eine halbe Stunde Zwischenraum. Auch schob sie den Termin beim Delegationsarzt ständig vor sich her und ging erst hin, als ihr klargemacht wurde, dass sie die Sitzungen selbst bezahlen müsse, wenn die Therapie nicht genehmigt werde. In einem anderen Bereich konnte sie dagegen sehr gut dazu motiviert werden, Verantwortung zu übernehmen: Sie wurde in der Gemeinde zur Tutorin gewählt, was sie sehr stolz machte und aufwertete. Hier setzte sie sich sehr ein und plante und organisierte selbstverantwortlich Veranstaltungen. Sie konnte dabei lernen, dass man Ziele oft nur erreichen kann, wenn man kurzfristig Unannehmlichkeiten auf sich nimmt, dass aber die Zielerreichung eine große positive Verstärkung ist, zusätzlich zu der positiven Erfahrung, sich selbst als handlungsfähig und effektiv zu erleben.

Therapieziel: Förderung der realistischen Eigenwahrnehmung der beruflichen Fähigkeiten und des Arbeitsverhaltens mit dem Ziel einer realistischen beruflichen Weiterorientierung

Die Patientin litt sehr darunter, nicht zu wissen, warum sie mehrfach gekündigt wurde. Es wurde anhand von konkreten Situationen im früheren Berufsleben eine Verhaltensanalyse erstellt. So wurde ersichtlich, dass die Patientin sich schon vor Stellenantritt sehr unsicher fühlte und ihr zudem die Arbeit gar nicht so wichtig war.

Sie war innerlich vor allem mit ihrer privaten Situation beschäftigt und redete mit ihren Kollegen während der Arbeitszeit darüber. So zeigte sie wenig Eigeninitiative und Interesse, vergaß viel und machte auch einiges falsch. Dies hatte zur Folge, dass ihre Vorgesetzten unzufrieden mit ihr waren, ihr nichts zutrauten und ihr die einfachste, langweiligste Arbeit gaben, was ihre Unsicherheit und Lustlosigkeit verstärkte. Somit schloss sich ein Teufelskreis, der mit den Kündigungen endete. Die Patientin war froh, dass sie durch das Analysieren ihrer bisherigen Erfahrungen zu differenzieren lernte, welche Anteile sie selbst an den Schwierigkeiten hatte, wo es ihr andererseits aber die Vorgesetzten und Kollegen zusätzlich schwer machten und wie sich das Verhalten gegenseitig aufschaukelte.

Etwa nach der zehnten Behandlungsstunde begann die Patientin eine vom Arbeitsamt geförderte Weiterbildung zur kaufmännischen Sachbearbeiterin. Die Bedenken der Therapeutin wegen der vermutlichen Rechenschwäche bagatellisierte die Patientin mit dem Argument, Zahlen würden in jedem Beruf vorkommen. Es wurde mit der Patientin erarbeitet, mit welchen Einstellungs- und Verhaltensänderungen sie weitere berufliche Fehlschläge vermeiden kann. Sie wollte den Beruf nun wichtig nehmen, während des Unterrichts konzentriert dabei sein, nachfragen, was sie nicht gleich verstand, sich auch manches selbst in Eigeninitiative erarbeiten und ihr Privatleben danach richten, wieviel Zeit ihr die Schule ließ.

Was den Umgang mit Zahlen betraf, setzte sie mit Erfolg Kontrollstrategien ein, um leichtsinnige Verwechslungsfehler zu vermeiden. Nach einem halben Jahr schloss die Patientin die Weiterbildung mit guten Noten ab, bekam in einem Verlag eine Praktikantenstelle, wo sie ihr neues Arbeitsverhalten ebenso erfolgreich einsetzte. Sie bekam dort erstmalig in ihrem Berufsleben positive Rückmeldung von den Vorgesetzten und wurde anschließend in ein richtiges Arbeitsverhältnis übernommen.

10 Interaktionsanalyse

Durch ihre Unbeholfenheit löste die Patientin bei der Therapeutin das Bedürfnis zu helfen aus. Dies zeigte sich dann auch in dem Engagement der Therapeutin, die sich z. B. informierte und Adressen von Kontaktstellen zur Testung und Therapie der Rechenstörung besorgte. Als die Patientin dann aber blockte und die Termine (die sie selbst dort vereinbarte) immer wieder absagte, gleichzeitig den Termin beim Delegationsarzt hinauszögerte und bei der Therapeutin einen – für sie nicht machbaren, aber für die Patientin ganz bequemen Termin – haben wollte, spürte die Therapeutin Ungeduld und Ärger über ihr Verhalten, Veränderungen zu wollen, aber sich selbst möglichst wenig einzusetzen und lieber die anderen machen zu lassen. Dies konnte ihr vorsichtig rückgemeldet und dazu genutzt werden, einen Bezug zur Lebensgeschichte einschließlich der aktuellen beruflichen Schwierigkeiten herzustellen und einen Ansatz zu neuen Einstellungen und Verhaltensweisen (siehe oben) zu entwickeln. Im weiteren Therapieverlauf kam es immer wieder zu ähnlichen Verhaltensmustern. Als die Therapeutin und die Patientin um die 20. Stunde gemeinsam überlegten, welche Therapieziele erreicht worden waren und welche die Patientin noch erreichen wollte, gab sie an, dass sie unbedingt ihr Übergewicht reduzieren möchte. Doch war sie nicht bereit dazu, ihre Ernährungsgewohnheiten zu ändern. Zu diesem Zeitpunkt konnte die Therapeutin sie mit ihrem Vermeidungsverhalten besser konfrontieren und es gleichzeitig ihr überlassen, in welchen Bereichen sie weiterarbeiten wollte.

Die Therapie wurde nach 30 Stunden verhaltenstherapeutischer Einzelsitzungen wie geplant beendet.

Dipl.-Psych. Heide Oeverland

Fall M Abnorme Gewohnheiten und Störung der Impulskontrolle (F63.9)/Zwangshandlungen, Kontrollzwänge (Zwangsrituale) (F42.1)

1 Angaben zur spontan berichteten und erfragten Symptomatik

Die 19-jährige Patientin berichtet, sie habe ein »komisches und unnormales Verhalten«: oft verbringe sie einen Großteil des Nachmittags und des Abends vor dem Radio und träume, vor allem wenn sie wütend sei. Ihr mache Angst, dass sie ihrem Drang, bei Musik zu träumen, nicht widerstehen könne. In ihren Tagträumen könne sie all das, was sie im Alltag nicht könne. Mehr wolle sie noch nicht erzählen, da sie niemandem über den Inhalt ihrer Träume berichten wolle aus Angst, für verrückt gehalten zu werden. Ihr momentanes Leben empfinde sie als trostlos und sie fühle sich oft niedergeschlagen. Sie besuche die zehnte Klasse einer Realschule und fühle sich von ihren Mitschülern ausgeschlossen und abgelehnt. Zuhause grüble sie darüber nach, was sie in den Kontakten zu Gleichaltrigen falsch mache. Sie selber habe den Wunsch nach einer Psychotherapie, da ihre Träume in den letzten Jahren stärker geworden seien und sie sich seit einigen Monaten stark beeinträchtigt fühle.

An weiteren Beschwerden nennt die Patientin ihre Angst, sie könne sich bei Sport oder Hobbys schwer verletzen oder einen Unfall erleiden. Diese Angst hindere sie daran, Unternehmungen auszuüben, die ihr Spaß machen würden, wie z. B. Roller-Skate fahren oder reiten. Gelegentlich habe sie Angst, unheilbar an Krebs zu erkranken. Ferner müsse sie mehrmals täglich kontrollieren, ob in der Wohnung die Wasserhähne zugedreht sind. Sie wisse, dass dies Zwangsverhaltensweisen seien, fühle sich davon momentan aber wenig beeinträchtigt.

2 Lebensgeschichtliche Entwicklung und Krankheitsanamnese
a) Lerngeschichtliche Entwicklung

Die Patientin empfindet sich ihrer Mutter als sehr ähnlich. Von ihr habe sie ein hohes Ausmaß an Ängstlichkeit und eine pessimistische Grundhaltung übernommen. Lerngeschichtlich fällt der Patientin dazu ein, dass ihre Mutter ab der Grundschulzeit sehr ängstlich reagiert habe, wenn sie als Kind spontane Unternehmungen durchgeführt habe (wie z. B. auf dem Heimweg von der Schule mit Freundinnen spielen oder Fahrradfahren weiter weg von zu Hause). Am Modell ihrer Mutter lernte sie somit, dass spontane Unternehmungen gefahrenvoll sind und dass Gefahren auch an Orten lauern, an denen sie nicht gleich erkannt werden können. Die häufigen Maßregelungen ihrer Mutter – und ihrer Großmutter – erlebte sie als so belastend, dass sie sich angewöhnte, bei alleinigen

Unternehmungen erst um Erlaubnis zu fragen. Die Patientin isolierte sich durch dieses Verhalten von Gleichaltrigen, da ihr Verhalten, sich abzusichern, auch auf kleine gemeinsame Aktivitäten (z. B. spontan den Namen einer Popgruppe mit Kugelschreiber auf die Jeans schreiben) generalisierte. Der Erwerb sozialer Kompetenzen im Umgang mit Gleichaltrigen wurde ihr somit erschwert. Des weiteren hatte die Patientin wenig Lernmöglichkeiten im Ausdrücken von Ärger und Bewältigen von Konflikten, da ihr weder Vater noch Mutter hierzu ein geeignetes Modell boten. Die Ehe ihrer Eltern sei immer schon sehr harmonisch gewesen, sie habe noch nie eine größere Auseinandersetzung beobachtet. Von ihrem Vater bekam die Patientin als wichtigsten Lebensgrundsatz vermittelt, »dass man im Leben aktiv und lebenslustig sein muss, um etwas zu erreichen/um beliebt zu sein«. Die Patientin erlebt es als Versagen, dass sie diesem Grundsatz so oft nicht nachkommt.

b) Psychische und körperliche Entwicklung unter Berücksichtigung der familiären Situation, des Bildungsgangs und der beruflichen Situation

Die Patientin berichtet, sie sei gemeinsam mit ihrem vier Jahre jüngeren Bruder behütet im Elternhaus aufgewachsen und habe sich körperlich normal entwickelt. Ihr Vater (48 Jahre, Bautechniker) sei ein lustiger, geselliger, sehr realistisch eingestellter Mensch. Als Kind habe sie viel Spaß mit ihm gehabt und sich gebalgt, dies habe sich seit vier Jahren geändert. Geängstigt habe sie eine Bemerkung ihrer Großmutter mütterlicherseits, sie solle aufpassen, dass sie von ihrem Vater nicht vergewaltigt werde. Sie könne diese Bemerkung nach wie vor nicht verstehen, aber sie habe sich seit dieser Zeit zurückhaltender ihrem Vater gegenüber verhalten, was dieser wiederum nicht zu verstehen scheine. Ihr Vater habe ihren Zwängen und Träumen von jeher völlig unverständig gegenüber gestanden, sie aber auch nie zu einer Therapie motiviert. Ihre Mutter (46 Jahre, Hausfrau) habe ihr von klein auf näher gestanden als ihr Vater, sie habe immer alles über sich erzählt. Nur über den Inhalt ihrer Tagträume wisse ihre Mutter nicht bescheid. In ihrer Kindheit sei ihre Großmutter mütterlicherseits eine wichtige Bezugsperson gewesen, die auf sie des öfteren aufgepasst habe. Wie ihre Mutter sei auch ihre Großmutter sehr ängstlich und oft pessimistisch. Sie sei von beiden Frauen sehr religiös erzogen worden. Sexualität sei bisher ein unerwünschtes Thema in ihrer Familie gewesen. Ihre erste Periode im Alter von 13 Jahren habe sie dennoch mit Stolz erlebt. Bereits in der Grundschule habe sie wenig Freundinnen gehabt. Als Problem habe sie ihre Kontakte zu Gleichaltrigen aber erst ab ihrem zwölften Lebensjahr erlebt, als sie sich auf Grund ihrer Zwangsgedanken immer mehr zurückgezogen habe. Besonders gehemmt fühlte sie sich im Kontakt zu Jungen. Nach der siebten Klasse Hauptschule habe sie aus eigenem Wunsch und gegen die Bedenken ihrer Eltern, sie könne sich überfordern, auf die Realschule gewechselt. Dort sei sie eine mittelmäßige Schülerin.

c) Besondere Belastungen und Auffälligkeiten in der Entwicklung

Die Patientin nennt keine besonderen Belastungen in ihrer Entwicklung. Das erstmalige Auftreten ihrer Zwangsgedanken im Alter von zehn Jahren sei für sie völlig überraschend gewesen.

d) Krankheitsanamnese

Im Alter von zehn Jahren habe sie die Angst entwickelt, sie könne andere Menschen töten. Die ersten diesbezüglichen Gedanken habe sie gegenüber der fünfjährigen Tochter einer befreundeten Familie gehabt. Auslösend sei eine Situation gewesen, in der sie starke Wut gegenüber dem Mädchen empfunden habe und gleichzeitig Schuldgefühle, da das Mädchen leukämiekrank gewesen sei. Ausgenommen von ihren Gedanken zu töten sei ihr Vater gewesen. Diese Zusammenhänge habe sie in einer ambulanten Kurzzeittherapie herausgefunden, die sie im Alter von 14 Jahren bei einem Kinder- und Jugendpsychiater durchgeführt habe. Sie habe die Therapie aufgesucht, da sie sich seit dem zwölften Lebensjahr zunehmend von Kontakten und Hobbys zurückgezogen habe und unter der Angst gelitten habe, an Krebs und Aids zu erkranken, sowie unter der Angst, in Geschäften etwas zu stehlen. Nach der Therapie habe sie sich weniger niedergeschlagen gefühlt und ihre Ängste hätten in der Folgezeit immer mehr abgenommen.

Ihre Angst, jemanden zu töten, sei nicht mehr vorhanden. Allerdings hätte im gleichen Ausmaß ihr Verhalten, in der Freizeit vor dem Radio zu träumen, zugenommen. 1996 habe sie einen Psychiater aufgesucht, der Jugendliche und Erwachsene behandele. Entsprechend dessen Hinweis, sie solle sich von einer Frau behandeln lassen, habe sie sich an eine Fachärztin für Allgemeinmedizin/Psychotherapie gewandt und sei von ihr wegen zu langer Wartezeit zur jetzigen Therapeutin überwiesen worden.

e) Aktuelle soziale Situation

Die Patientin lebt im Eigenheim ihrer Eltern. Ihr Taschengeld von DM 25,– pro Monat gibt sie für Schulsachen und Bücher aus. Sie hat noch keine konkreten beruflichen Pläne.

3 Psychischer Befund zum Zeitpunkt der Antragstellung

Es zeigen sich keine Defizite im Bereich der Wahrnehmung, des Denkens, der mnestischen Funktionen und der Intelligenz. Es gibt keine Anhaltspunkte für psychotisches Erleben. Im Kontaktverhalten zeigt sich die Patientin unsicher, gehemmt und misstrauisch. Auf gestellte Fragen antwortet sie stockend, von sich aus erzählt sie nichts. Emotional ist sie eingeschränkt schwingungsfähig. Die Patientin verneint glaubhaft das Vorliegen von Suizidalität.

4 Somatischer Befund

Keine Auffälligkeiten. Altersentsprechender Allgemein- und Ernährungszustand.

5 Verhaltensanalyse

Verhaltensdefizite:
- mangelnde Konfliktbewältigungsmöglichkeiten
- mangelnde Entspannungs- und Genussfähigkeit
- Äußern von Gefühlen, v. a. von Ärger
- aktives Gesprächsverhalten zeigen (Fragen stellen, spontanes Erzählen)
- Eingehen von kleinen Risiken, z. B. eine neue Sportart ausprobieren (die Patientin würde gerne Roller-Skaten und reiten) aus Angst vor Verletzungen

Verhaltensexzesse:
- sozialer Rückzug vor Gleichaltrigen
- Tagträumen
- Kontrollzwänge

In der vierten Therapiesitzung erzählt die Patientin ansatzweise über den Inhalt ihrer Träume. Für das im Vordergrund stehende Beschwerdebild der Patientin »stundenlanges Tagträumen vor dem Radio« ergibt sich folgendes funktionales Bedingungsmodell:

Situation:
SD: Vor drei Jahren (Beginn des Problemverhaltens) hing die Patientin nur dann Tagträumen nach, wenn sie zuvor Belastungen, meist im Kontakt zu Mitschülern, erlebt oder sich sonst wie geärgert hatte.

Inzwischen geht die Patientin automatisch nach dem Mittagessen auf ihr Zimmer, hört Radio und träumt dabei. Allerdings erlebt sie ihren Drang zu träumen immer noch als besonders stark, wenn sie sich geärgert hat. Ein auslösender Gedanke ist meist auch: »ich sollte jetzt eigentlich lernen oder rausgehen (Fahrradfahren, etwas mit anderen unternehmen u. ä.) aber ich will nicht«. Dieser Gedanke ist mit dem Empfinden einer unangenehmen Anspannung verbunden.

SΔ:
Wenn eine dringliche Klassenarbeit ansteht, nimmt sich die Patientin vor »nicht so lange Radio zu hören«. In den Urlaub und auf Klassenfahrten nimmt sie kein Radio mit, sie berichtet allerdings auch dann über kurze Tagträume.

Organismus:
Programmbedingung:»Spontan und aktiv sein ist gefährlich und unerwünscht« (Modell Mutter). Diese Programmbedingung steht in einem Widerspruch zu dem Anspruch ihres Vaters, dass sie ein aktiver und lebenslustiger Mensch sein solle.

Reaktion:
a) *kognitiv:* während der Tagträume stellt sich die Patientin gedanklich und bildhaft vor, dass sie innere Stärke, Selbstvertrauen und Lockerheit besitzt und damit Situationen, teilweise von phantastischem Charakter, teilweise Alltagssituationen, bewältigt. Dazwischen tritt der Gedanke auf: ich sollte jetzt endlich aufhören, es tut mir nicht gut.
b) *emotional:* während der Traumsequenzen Empfinden von Glück und Freiheit, dazwischen Gefühle von Unruhe, Unzufriedenheit.
c) *Verhalten:* sie steht in ihrem Zimmer vor dem Radio und hört ohne Kopfhörer Musik. Teilweise wird die Patientin beim Träumen durch ihre Mutter unterbrochen, die ohne anzuklopfen in ihr Zimmer kommt und sie auffordert, »mit dem Radiohören aufzuhören und zu lernen oder in die Küche zu kommen«. Die Patientin reagiert darauf abweisend und sagt, sie komme später. Kurz vor Klassenarbeiten beendet die Patientin ihre Tagträume nach etwa 30 Minuten, um zu lernen. Nach dem Lernen setzt sie ihre Tagträume fort.
d) *Physiologie:* Während der Traumsequenzen körperliche Entspannung, während der Unterbrechungen körperliche Anspannung.

Konsequenzen:
C^+ Kurzfristig: Gefühl von Freiheit und Glück
$\cancel{C}^-$ Kurzfristig: Hinauszögern von unliebsamen Aufgaben, v. a. Lernen für die Schule, aber auch von sportlichen und sozialen Aktivitäten
C^+ Die Patientin setzt sich gegenüber ihrer Mutter durch, indem sie nicht auf deren Aufforderung, das Radiohören zu beenden, eingeht.
$\cancel{C}^-$ Kurzfristig: Vermeidung des inneren Konfliktes, der sich durch die widersprüchlichen Programmbedingungen (»Aktiv sein ist gefährlich« versus »sei aktiv«) ergibt.
C^- langfristig: hohe Anspannung, die sich auf Grund der ungelösten Konfliktsituationen mit Gleichaltrigen und ihrer Mutter und auf Grund ihres Gefühls ergibt, nicht aktiv zu sein und deswegen versagt zu haben.

Verhaltensaktiva und bereits entwickelte Selbsthilfemöglichkeiten:
Vor einem Jahr versuchte die Patientin auf Anregung ihrer Mutter, das Radiohören dadurch zu unterbrechen, dass sie ihrer Mutter das Radiokabel aushän-

digte. Nach zehn Tagen, in denen sie sich sehr unwohl fühlte und einen Großteil ihrer Freizeit mit Fernsehen verbrachte, brach die Patientin den Versuch als gescheitert ab.

Verhaltensaktiva sind ihre Teilnahme an einer Volkstanzgruppe einmal wöchentlich sowie ihre Teilnahme an Tanzkursen bis vor einigen Monaten. Da sie keinen festen Tanzpartner habe, wolle sie Jazztanz beginnen. Weiterhin ist eine Willensstärke bei der Patientin zu beobachten. Dies zeigt sich auch in ihrem Wechsel auf die Realschule, den sie entgegen der Bedenken ihrer Eltern durchführte.

6 Diagnose zum Zeitpunkt der Antragstellung

Abnorme Gewohnheiten und Störung der Impulskontrolle (F63.9) / Zwangshandlungen, Kontrollzwänge (Zwangsrituale) (F42.1)

7 Therapieziele und Prognose

- Eine plausible Erklärung für die Entstehung und Aufrechterhaltung ihrer Tagträume (bedarfsweise auch der Zwänge) mit der Patientin erarbeiten
- Entwicklung von Verhaltensalternativen zu Tagträumen
- Entwicklung einer feineren sozialen Wahrnehmung und Diskriminationsfähigkeit
- Verbesserung der sozialen Kompetenz im Umgang mit Gleichaltrigen

Prognostisch günstig ist die hohe Motivation der Patientin, das Entstehen ihrer Problemverhaltensweisen zu verstehen und Verhaltensalternativen zu ihren Tagträumen aufzubauen. Günstig ist auch, dass ihre Eltern die Therapie befürworten. Ungünstig ist, dass sich die Patientin seit ihrem zehnten Lebensjahr niemals völlig beschwerdefrei erlebte. Sobald ihre Zwänge gebessert waren, trat das Problemverhalten des dranghaften Tagträumens auf.

Da sich die Patientin durch ihre Kontrollzwänge nicht wesentlich beeinträchtigt fühlt, wird das Therapieziel einer Bewältigung ihrer Zwangsverhaltensweisen vorerst aufgeschoben.

8 Behandlungsplan

zu Therapieziel 1 : Mit der Patientin sollen zum einen die Lernbedingungen (Lernen am Modell, operante Verstärkung) besprochen werden, die zu der Herausbildung ihrer Programmbedingung geführt haben. Um mit ihr ein Verständnis darüber zu erarbeiten, wie ihre Tagträume aufrechterhalten werden, soll mit ihr ausführlich die Verhaltensanalyse besprochen werden. Ferner soll eine kognitive Umstrukturierung ihrer Programmbedingung »aktiv sein ist gefährlich und unerwünscht« durchgeführt werden.

zu Therapieziel 2 : Es soll eine Ziel- und Werteklärung durchgeführt werden, um persönliche lohnenswerte Verhaltensalternativen zu den Tagträumen zu erarbeiten. Die Patientin soll zum schrittweisen Aufbau von Aktivitäten ermutigt werden und lernen, sich selbst hierfür zu verstärken.

zu Therapieziel 3 : Da die Patientin in schwierigen Situationen mit Gleichaltrigen oft mit ihren Gedanken abschweift, sollen zunächst Wahrnehmungsübungen des Verhaltens anderer im Rollenspiel und als Hausaufgabe durchgeführt werden. Anschließend werden mögliche Kommunikationsabsichten ihrer Gesprächspartner überlegt.

zu Therapieziel 4 : Wie gravierend die Defizite der Patientin im Bereich sozialer Kompetenz sind, soll mittels einer Verhaltensbeobachtung im Rollenspiel geprüft werden. Darauf aufbauend sollen soziale Kompetenzübungen anhand von Situationen aus dem Alltag der Patientin durchgeführt werden.

Geplant sind 45 wöchentliche Einzelsitzungen à 50 Minuten.

9 Therapieverlauf

Insgesamt fanden 37 Therapiestunden statt. Zu Beginn der Therapie war die Patientin sehr verschlossen, erzählte nichts über den Inhalt ihrer Träume und sprach nur wenig und in kurzen Sätzen, unterbrochen von langen Redepausen. Um die Patientin beim Aktivwerden zu unterstützen, wurde begonnen, Anhaltspunkte für alternative Aktivitäten zu überlegen und eine funktionale Analyse des jetzigen Verhaltens (Tagträume) zu erarbeiten *(Therapieziel 1)*. Als wichtigste Konsequenz stellte die Patientin fest, dass sie während der Träume Gefühle von Glück, Freiheit und Lebenssinn empfinde, die sie ansonsten nicht erlebe. Sie traue es sich nicht zu, aktiv ein zufriedeneres Leben zu erarbeiten, da sie im Umgang mit Menschen sehr unsicher sei und auch nicht wisse, wo sie anfangen solle.

Als Hausaufgabe in den kommenden zwei Wochen erstellte die Patientin eine Liste mit persönlichen Zielen für das folgende Jahr. Dabei wurde ihr klar, dass sie eine Berufswahl treffen und »raus von zu Hause und mehr unternehmen« wolle. Beim genaueren Besprechen nannte sie, dass sie ein neues interessanteres Hobby anfangen wolle, um dabei auch neue Kontakte knüpfen zu können. Die Therapeutin ermutigte die Patientin, nicht zu hohe Ansprüche zu haben, z. B. gleich das passende Hobby finden zu müssen. Es komme mehr darauf an, überhaupt zum Handeln zu kommen *(Therapieziel 2)*. Nach einigen Stunden berichtete sie, dass sie mit Bogenschießen angefangen habe und dies ihr Spaß mache. Thema in der 8. bis 13. Stunde war das während der Ziele- und

Wertklärung aufgetretene Gefühl der Patientin, sich von ihrer Mutter und ihrer Großmutter eingeengt und kontrolliert zu fühlen.

Das Verhalten beider Frauen, hinter jeder Aktivität Gefahren zu befürchten (beim Sport: schlimme Verletzungen; bei Kontakten mit Gleichaltrigen: die Gefahr, von Männern belästigt oder vergewaltigt zu werden), verunsichere sie und nehme ihr die Lust an Unternehmungen. Von klein auf erlebte sie die Angst ihrer Mutter als bestrafend. Teilweise erlebte die Patientin ähnliche Gefühle in der Therapie, wenn die Therapeutin Fragen stellte, auf die sie keine Antwort wusste. Dies wurde thematisiert, nachdem die Patientin während des Gesprächs plötzlich nicht mehr sprach und zu träumen schien. Sie schilderte, dass sie in einen Zustand von Gefühllosigkeit gerate. Bei einer Rollenspielübung mit dem »leeren Stuhl«, bei der dieser »gefühllose Teil« zu Wort kommen sollte, berichtete sie, dass ihr dieser Zustand helfe, sie vor weiteren Bedrängungen zu schützen. Bei der Nachbesprechung der Übung erkannte die Patientin aber auch, dass sie dies wütend mache, da sie dann noch weniger in der Lage sei, für ihre Interessen einzutreten. Es wurde vereinbart, dass die Klientin im therapeutischen Gespräch zukünftig gleich äußert, wenn sie in diesen Zustand abzugleiten droht.

Zu Beginn musste die Therapeutin die Patientin an diese Vereinbarung noch mehrmals erinnern. Mit der Zeit gelang es ihr deutlich besser zu sagen, wenn sie mit einer Frage nichts anfangen konnte. In den kommenden Stunden arbeiteten wir an einer Umstrukturierung ihrer Programmbedingungen »spontan und aktiv sein ist gefährlich und unerwünscht«, da die Patientin äußerte, dass sie von der Richtigkeit der von Mutter und Großmutter vertretenen Ängstlichkeit eigentlich kaum noch überzeugt sei.

(Therapieziel 1) Als erweiterte Einstellung erarbeiteten wir, dass es keine 100-prozentige Absicherung gegenüber Gefahren gibt und dass gewisse Risiken zum Aktivsein gehören. Hierbei berichtete die Patientin zum ersten Mal ausführlicher über ihre Träume, in denen sie oftmals von Kampfhandlungen träumt, aus denen sie nicht immer unverletzt, aber lebend heraus kommt. Die Patientin zeigte sich während der kommenden zwei Therapiestunden traurig darüber, dass ihr Vater ihr nicht häufiger Mut zuspreche, dass ihr die Aktivitäten, zu denen er sie auffordert (Sport, Unternehmungen) auch gelingen könnten. Die Patientin ging in der kommenden Woche das Risiko ein, an einer Feier ihrer Schulklasse anlässlich des Realschulabschlusses teilzunehmen, bei der ein ausgedehnter Kneipenbummel geplant war.

Die Patientin erlebte ihre Teilnahme als Erfolg und berichtete, dass sich ihre Eltern hinterher gestritten hätten, da ihre Mutter diese Unternehmung als zu gefahrenvoll empfunden habe. Ihre Mutter wünsche nun, zu einem Therapiegespräch mitkommen zu dürfen, da sie Angst habe, dass die Träume ihrer Tochter ein Anzeichen für eine Schizophrenie seien. Die Patientin, die ihre Träume derzeit als deutlich gebessert wahrnahm, stimmte dem gemeinsamen Gespräch zu. In dem Gespräch konnte die Mutter rasch überzeugt werden, dass keine schizophrene Erkrankung bei ihrer Tochter vorliege. Sie äußerte, dass der Vorteil einer solchen Diagnose gewesen wäre, dass sie sich dann keine Selbstvorwürfe wegen den Beschwerden ihrer Tochter machen müsse. Auf ihre Frage, wie sie ihre Tochter noch mehr unterstützen könne, wurde besprochen, dass sie zukünftig versuchen solle, »eher weniger« zu tun, um die allmähliche Ablösung ihrer Tochter von ihrem Elternhaus zu erleichtern. In der Folgezeit (ab 16. Stunde) berichtete die Patientin von mehrfachen Aktivitäten. Sie führte erfolgreich ein Bewerbungsgespräch durch und begann eine Lehre zur Technischen Zeichnerin. Selbstvertrauen gab ihr auch das Bestehen der Führerscheinprüfung. Die Patientin zeigt nun eine hohe Motivation, ihre soziale Kompetenz zu verbessern. Sie habe zwar beim Bogenschießen erste Kontakte geknüpft und achte auch darauf, weniger ins Träumen zu verfallen, sondern den Gesprächen zu folgen, habe jedoch den Eindruck, sie werde recht bald aus Gruppengesprächen ausgeschlossen und auch Zweiergespräche würden ihre Gesprächspartner rasch beenden. Eine genauere Selbstbeobachtung, an welchen Stellen im Gespräch sie nicht mehr weiter wisse oder in Träume abgleiten möchte, ergab, dass dies immer dann der Fall sei, wenn sie Angst habe, etwas Falsches zu sagen oder ihre Meinung zu äußern *(Therapieziel 3)*. Es wurden daraufhin Kommunikationsübungen im Rollenspiel vereinbart, in denen die Patientin systematisch üben sollte, interessant von sich zu erzählen *(Therapieziel 4)*. Sie schilderte jeweils zu Stundenbeginn von angenehmen Erlebnissen während der Woche, während die Therapeutin die Rolle einer interessiert zuhörenden Freundin oder Kollegin spielte. Zu Beginn der Übungen war es notwendig, die Patientin anzuregen, mehrere Sätze hintereinander zu sprechen, in lebendigen Bildern zu erzählen und auch anzudeuten, wie es ihr dabei gegangen sei. Dies gelang ihr zunehmend besser und die Übungen machten ihr Spaß. Ferner wurde geübt, Nachfragen als Zeichen von Interesse ihres Gesprächspartners zu werten und sich nicht wie in einer Prüfung ausgefragt vorzukommen. Es wurde dazu übergegangen, dass sie auch von Missgeschicken erzählt und selbst die Rolle der Zuhörerin übernimmt, die nachfragt. Die Patientin berichtete, dass es ihr nun leichter falle, sich in Zweierkontakten und zunehmend auch in kleinen Gruppen zu unterhalten. In der Therapie erzählte sie nun ebenfalls flüssiger und lebhafter. Es gelang ihr recht gut, sich für erste Erfolge zu loben. Wichtig waren auch Übungen aus dem sozialen Kompetenztraining zum Nein-Sagen gegenüber Freundinnen, wenn ihr eine Verabredung ungelegen kam. Ihre ursprüngliche Angst, sie dürfe niemals eine Verabredung ablehnen, weil sie dann nie mehr gefragt werde, legte sich bald. Als hilfreich erkannte sie den Gedanken, dass sie auch im Umgang mit anderen Menschen gewisse Risiken eingehen müsse und sich nicht völlig absichern könne. Es gelang ihr auch, von sich aus ihren Freundinnen Unternehmungen vorzuschlagen. Sie erzählte, dass sie seit längerer Zeit seltener und auch kürzer vor dem Radio träume. In der 23. Stunde entschloss sich die Patientin doch eine Bewältigung ihrer Zwangshandlungen (kontrollieren, ob Licht im Keller gelöscht ist und Wasserhähne abgedreht sind sowie eine Angst vor der Benutzung fremder Toiletten) versuchen zu wollen. Ihre Zwänge empfinde sie zwar nur als wenig belastend, aber als störend. Nach der Durchführung von Zwangskonfrontationsübungen, die wir im Gebäude der Klinik und in öffentlichen Toiletten durchführten, und nach alleinigen Übungen berichtete die Patientin, dass sie keine Kontrollhandlungen mehr durchführen müsse und zumindest einige öffentliche Toiletten wieder aufsuche. Das Thema der letzten Therapiestunden (33. bis 35. Stunde) war, wie die Patientin ihre belastenden Gedanken an mögliche Verletzungen bei ihrem neuen Hobby Snowboardfahren bewältigen kann. Hier erkannte sie selbst, dass es wie auch in anderen Bereichen darauf ankomme, die realistischen Anteile ihrer Angst zu akzeptieren, ansonsten aber mit dem Risiko von Verletzungen zu leben.

10 Interaktionsanalyse

Das vor allem zu Therapiebeginn stark ausgeprägte Verhalten der Patientin, in kurzen Sätzen mit vielen Pausen zu sprechen, Fragen oftmals mit »ich weiß nicht« zu beantworten und wenig Blickkontakt aufzunehmen, empfand die Therapeutin als anstrengend. Die Therapeutin versuchte, das Gespräch in Gang zu halten, indem sie zu Stundenbeginn jeweils an die Themen der letzten Stunden anknüpfte und sich während der Stunde bemühte, ihr transparent zu machen, warum sie bestimmte Fragen stellte. Der Kontakt verbesserte sich, nachdem die Therapeutin ihr Verhalten, während der Stunde in eine Art Traumzustand abzugleiten, thematisierte und sie ihre Gefühle dabei äußern konnte. Hilfreich war auch, dass die Therapeutin sich angewöhnte, nur noch offene Fragen zu stellen. Am meisten trugen jedoch die Kommunikationsübungen und die erlebten Erfolge der Patientin bei der Durchführung von Sozialkontakten und Unternehmungen dazu bei, dass die Patientin im Therapieverlauf deutlich lockerer wurde und von sich aus mehr erzählte. Es zeigte sich, dass es an dieser Stelle wichtig war, das sehr strukturierende Gesprächsverhalten der Therapeutin wieder auszuschleichen, um ein weiteres Aktivsein der Patientin nicht zu behindern.

11 Diskussion und abschließende Bewertung der Therapie

Die Patientin konnte im Therapieverlauf ihr gewohntes Verhalten, täglich stundenlang vor dem Radio zu träumen und in sozialen Kontakten Tagträumen nachzugehen, deutlich reduzieren. Sie hört nur noch gelegentlich und zur Erholung Musik. Im Umgang mit anderen Menschen fühlt sie sich sicherer und konnte auch soziale Kontakte zu Gleichaltrigen sowie neue Unternehmungen aufbauen. Am Ende der Therapie traten keine Kontrollzwänge mehr auf.

Dipl.-Psych. Isabella von Bohlen

Fall N Demenz bei Alzheimerscher Erkrankung mit frühem Beginn Typ2 (F00.0)

1 Angaben zur spontan berichteten und erfragten Symptomatik

Die 58-jährige Patientin befindet sich seit drei Jahren in regelmäßiger ambulanter Betreuung der Alzheimer-Sprechstunde des Klinikums. Im Oktober erfolgte die Aufnahme in die Tagklinik, um sowohl die Wirksamkeit der Medikation als auch die Fähigkeiten zur Alltagsbewältigung zu überprüfen und ggf. zu modifizieren. Frau H. klagt vorwiegend über eine Sehstörung, die dazu führe, dass sie nichts mehr lesen könne. Sie ist der Überzeugung, dass es sich hier um eine Augenerkrankung handle, die im Prinzip reversibel sei. In der Exploration betont die Patientin wiederholt, dass sie sonst keinerlei Probleme bei der Alltagsbewältigung habe.

In der weiteren Exploration fällt auf, dass die Patientin ausgeprägte Wortfindungsstörungen hat. Darüber hinaus ist sie nicht in der Lage, Angaben zu ihrem Tagesablauf zu machen. Sie weicht auf Kompensationsstrategien aus, wie z. B. »das kann ich Ihnen jetzt nicht so genau sagen«, »bis jetzt bin ich noch nicht verhungert«, »irgendwas finde ich immer« etc. Hilfsangebote lehnt sie höflich, aber bestimmt ab, wobei eine defensive Haltung deutlich wird.

Während Frau H. räumlich noch relativ gut orientiert ist, hat sie Probleme, pünktlich zu kommen. Einen Terminkalender kann sie wegen ihrer (zentral bedingten) Sehstörung nur mit Mühe führen.

2 Lebensgeschichtliche Entwicklung und Krankheitsanamnese

Biographie

1937 in Ostpreußen als jüngstes von vier Geschwistern geboren. 1945 Flucht in den Westen, die mit mehreren traumatischen Erfahrungen, wie z. B. Vergewaltigung der Mutter, verbunden war. Die Familie wurde von einem Verwandten im Allgäu aufgenommen. Dort besuchte die Patientin weiter die Schule, die sie mit der Mittleren Reife abschloss. Anschließend Ausbildung zur MTA in Freiburg. Nach Abschluss der Ausbildung Umzug nach M., wo sie mit ihrer Schwester zusammen wohnte, bis diese vor 20 Jahren an Krebs verstarb. Seitdem lebt sie allein. Ein Bruder lebt in den USA, ein anderer in der Nähe von M. Frau H. berichtet, zwar keinen großen Bekanntenkreis, dafür aber wenige und gute Freunde zu haben. So habe sie eine sehr zuverlässige Freundin, die ihre Bankgeschäfte erledige. Frau H. arbeitete zuerst in diversen Arztpraxen, später als Röntgenassistentin im Krankenhaus und zuletzt zehn Jahre beim Blutspendedienst. Inzwischen ist sie berentet.

Krankheitsentwicklung

In der Familie ist keine psychiatrische oder neurologische Vorgeschichte bekannt. Vor 9 Jahren traten erstmals Konzentrations-, Gedächtnis- und Wortfindungsstörungen auf, die ihre berufliche Leistungsfähigkeit deutlich beeinträchtigten. Bei einem stationären Aufenthalt im Bezirkskrankenhaus und einer viermonatigen teilstationären Behandlung in der Tagklinik wurde die Diagnose Alzheimer-Demenz gestellt. Während dieses Klinikaufenthalts wurden kompensatorische Strategien zur Alltagsbewältigung, wie z. B. das Führen eines Terminkalenders eingeübt, die zum damaligen Zeitpunkt die Selbständigkeit noch verbessern konnten. Seitdem ambulante Betreuung in der Alzheimer-Ambulanz, durch die auch die erneute Aufnahme in die Tagklinik mit dem Ziel der Überprüfung der kognitiven und sozialen Kompetenzen veranlasst worden war.

3 Psychischer Befund zum Zeitpunkt der Antragstellung

Die Patientin ist zur Person sowie räumlich gut orientiert, es zeigen sich jedoch deutliche Mängel in der zeitlichen Orientierung. Besonders auffällig sind eine Störung des Gedächtnisses, die sich u. a. darin zeigt, dass Frau H. dieselben Fragen mehrfach wiederholt, sowie Wortfindungsstörungen. Affekt und Antrieb wirken regelrecht. In der testpsychologischen Untersuchung wurden eine Schreib-, Lese- und Rechenschwäche sowie eine Störung der Objekterkennung erkennbar. Die Prognose für ein weiteres kognitives Training ist ungünstig. Kein Hinweis auf psychotische Symptomatik oder Suizidalität. Gegenüber Hilfsangeboten zeigt sie sich eher reserviert und betont ihre Fähigkeit zu einer selbstständigen Lebensführung, wobei ein ausgeprägtes Autonomiebedürfnis deutlich wird.

Seit Beginn der Erkrankung zeigte sich eine zunehmende Verschlechterung der testpsychologischen Befunde:
Während die Patientin 2 Jahre zuvor im MMSE (Mini Mental State Examination) noch einen Wert von 22 bei 30 möglichen Punkten erreichte, erzielte sie nunmehr nur noch 16 Punkte. Anlässlich eines von der Therapeutin durchgeführten Hausbesuchs zeigte sich, dass die Wohnung in sehr ordentlichem Zustand war, dass Frau H. aber bei einem gemeinsamen Einkauf im Supermarkt deutlich überfordert war, da sie die Beschriftungen nicht lesen konnte und mit dem Wechselgeld Probleme hatte.

4 Somatischer Befund

Hyperthyreose. Die Szintigraphie der Schilddrüse ergab eine gering vergrößerte Struma. Das ophthalmologische Konsil ergab keinen Anhalt für eine periphere Sehstörung. Die Sehstörung ist durch das Fortschreiten der Alzheimerschen Erkrankung bedingt.

Medikation: Nivalin, Polybion forte, Carbamizol.

5 Verhaltensanalyse

Kognitionen: Schwanken zwischen einer vagen Ahnung ihrer Erkrankung und Attribuierung auf vermeintlich äußere bzw. somatische Ursachen, wie z. B. schlechte Tagesform oder Augenerkrankung.
Emotionen: Schwanken zwischen Hoffnungslosigkeit und der Hoffnung, ihre Erkrankung sei doch reversibel.
Physiologie: Deutliche Defizite in der visu-motorischen Koordination.
Verhalten: Nivellieren, Runterspielen der Symptomatik.

Situation:
Situationen, die visu-motorische Koordination erfordern, wie z. B. Einkaufen; Situationen, die die Fähigkeit erfordern, längere Handlungsabläufe zu planen und durchzuführen

Organismus:
Alzheimer-Demenz, insbesondere Störung des Gedächtnisses und der Lese-, Schreib- und Rechenfähigkeit sowie Störung der Objekterkennung

Reaktionen:
kognitiv: Ich bin unfähig
emotional: Verunsicherung
physiologisch: Unruhe
Verhalten: Rückzug, Ablehnen von Hilfsangeboten

Konsequenzen:
$\cancel{C}^-$: Vermeidung von Gesichtsverlust bzw. Selbstwertverlust
C^-: Unzureichende Ernährung
C^-: Überforderung im Alltag (wobei die Patientin dies nicht sehr initiert

Verhaltensaktiva:
Gut erhaltene soziale Kompetenz, großes Interesse an Kunsttherapie, feste soziale Bindungen.

Verhaltensdefizite:
Mängel in der Selbständigkeit.

Verhaltensexzesse:
Zeitweises Beharren auf der eigenen Unabhängigkeit

Funktionsanalyse:
Die organisch bedingte Störung führt sekundär zu einer erheblichen Beeinträchtigung des Selbstwertgefühls, da persönliche Autonomie für sie einen sehr hohen Stellenwert hat. Es fällt ihr schwer, Hilfe anzunehmen, die sie als Einmischung empfindet. Ein Verbleiben in der eigenen Wohnung ist daher nicht nur wegen ihrer Erkrankung, sondern auch wegen ihrer geringen Akzeptanz von ambulanten Hilfsangeboten langfristig schwierig. Dies gefährdet weiter das Selbstwert- und Autonomiestreben der Patientin und führt aber auch dazu, dass sie doch bereit ist, unsere verhaltenstherapeutische Hilfe anzunehmen.

6 Diagnose zum Zeitpunkt der Antragstellung

Demenz bei Alzheimerscher Erkrankung mit frühem Beginn Typ 2 (F00.0)

7 Therapieziele und Prognose

- Verbesserung bzw. Erhaltung der Selbständigkeit, insbesondere der Fähigkeit, noch in der eigenen Wohnung zu leben
- Förderung noch vorhandener künstlerischer Interessen
- Verstärkung der Verhaltensaktiva

Die Prognose hängt davon ab, ob die Patientin bereit ist, Hilfsangebote anzunehmen.

8 Behandlungsplan

- Training sozialer Kompetenz, stützende Gespräche, Tagesstruktur
- Training lebenspraktischer Fertigkeiten, wie z. B. Einkaufen oder Kochen
- Konzentrations- und Gedächtnistraining
- Teilnahme an der Kunsttherapie
- Problemlöseorientierte Gruppentherapie
- In-vivo Übungen zur Alltagsbewältigung

Behandlungsfrequenz:
- zwei bis drei in-vivo Übungen pro Woche mit unterschiedlicher Dauer
- ein bis zwei Einzelgespräche pro Woche (entsprechend 25 Stunden Kurzzeittherapie)

9 Therapie und Verlauf

Im Rahmen der teilstationären Behandlung fanden neben den wöchentlichen Gruppenterminen (zwei Stunden Training sozialer Kompetenz, eine Stunde problemlöseorientierte Gesprächsgruppe, eine Stunde Konzentrations- und Gedächtnistraining) insgesamt 25 Einzelkontakte statt, davon ein Hausbesuch und drei in-vivo Übungen außerhalb der Klinik. Wegen der Gedächtnisprobleme der Patientin wurden die Einzelsitzungen teilweise auf 25 Minuten begrenzt.

Zu Beginn der Behandlung wurde ein Hausbesuch durchgeführt, um einen Einblick in den Zustand der Wohnung sowie in die Orientierung der Patientin im Wohnviertel zu erhalten. Dabei zeigte sich, dass Frau H. räumlich relativ gut orientiert war und sich die Wohnung in einem sehr ordentlichen Zustand befand. Die Küche schien jedoch wenig benutzt, der Kühlschrank war leer. Wegen ihrer Sehstörung hatte Frau H. Mühe, Kaffee zu kochen, es gelang ihr aber schließlich doch und löste ein deutlich sichtbares Gefühl von Freude aus. Eine Besichtigung der Einkaufsmöglichkeiten ergab, dass sie überfordert wäre, in einem größeren Supermarkt einzukaufen, dass sie aber in kleineren Geschäften durchaus noch einkaufen konnte.

Die daran anschließende Behandlung orientierte sich am Ergebnis des Hausbesuchs:
Um den Umgang mit Wechselgeld zu trainieren, wurden außerhalb der Klinik zusammen mit der Patientin mehrfach kleinere Einkäufe getätigt. Das anschließende Zubereiten einfacher Mahlzeiten wurde mit der Patientin in der Küche der Tagklinik eingeübt.

Der Wiedererwerb von Alltagsfertigkeiten und die therapeutischen Einzelkontakte waren für die Patientin außerordentlich wichtig. Sie konnte dadurch negative Kognitionen über sich selbst abbauen und ihre Erkrankung noch realistischer sehen, was uns auch besonders im Hinblick auf die Prognose beruhigte.

Die Patientin wurde darin bestärkt, auch nach der Entlassung weiter an der Kunsttherapie teilzunehmen, um Sozialkontakte zu pflegen und sie in ihren Ressourcen zu bestärken. Gleichzeitig half ihr das auch beim Erhalt ihres Selbstwertgefühls.

Insgesamt schien es verantwortbar, der Patientin noch für einen gewissen Zeitraum eine selbständige Lebensführung in der eigenen Wohnung zu ermöglichen. Noch während des Aufenthalts in der Tagklinik wurde die Betreuung durch eine Krankenschwester für die Zeit nach der Entlassung organisiert, die der weiteren Beobachtung und der Sicherstellung der Medikamenteneinnahme dienen soll. Darüber hinaus wird die Patientin weiterhin in der Alzheimer-

Ambulanz behandelt, der gegenüber sie nun auch emotional einen guten Kontakt aufgebaut hat.

10 Interaktions- und Motivationsanalyse

Die Interaktion mit Frau H. war von dem verzweifelten Bemühen der Patientin gekennzeichnet, mit den Auswirkungen ihrer Erkrankung zurecht zu kommen. Sie schwankte zwischen Perioden, in denen sie eine Ahnung von der Irreversibilität der Erkrankung zu haben schien und Phasen, in denen sie sich an die Hoffnung klammerte, ihre Gedächtnisschwierigkeiten seien auf einen schlechten momentanen Allgemeinzustand zurückzuführen. Ihre Einstellung gegenüber Hilfsangeboten hing von der jeweils vorherrschenden Einstellung gegenüber ihrer Erkrankung ab. Zeitweise war sie sehr aufgeschlossen gegenüber kompensatorischen Hilfsangeboten, zeitweise lehnte sie diese aber auch ab. Erschwert wurde die Interaktion durch zunehmenden Sprachzerfall. In der Therapeutin löste sie Besorgnis und die Befürchtung aus, sie könne eines Tages in ihrer Wohnung tatsächlich verhungern oder es könne sich ein Haushaltsunfall aufgrund von Unachtsamkeit ereignen. Da sie wegen ihrer Fehlleistungen unter Schamgefühlen litt, versuchte die Therapeutin, ihr die im Rahmen der Behandlung vorgesehenen kompensatorischen Strategien zur Alltagsbewältigung als normale Erleichterungen der Haushaltsführung nahe zubringen. Da die Patientin nach einigem Zögern dann doch gut mitarbeitete, entstand langfristig eine gute therapeutische Beziehung. Die Behandlung konnte in der geplanten Zeit (25 Stunden Kurzzeittherapie) abgeschlossen werden.

Dipl.-Psych. Eva Dragon

Fall O   Organisch amnestisches Syndrom, nicht durch Alkohol oder andere psychotrope Substanzen bedingt (F04)

1 Angaben zur spontan berichteten und erfragten Symptomatik

Der 72-jährige Patient wird auf Vermittlung der Demenzambulanz in die Tagklinik aufgenommen.

Herr U. klagt über ein Nachlassen seines Kurzzeitgedächtnisses, das sich u. a. darin zeige, dass er im Gegensatz zu früher zum Einkaufen einen Notizzettel benötige, den er dann wiederum häufig nicht wiederfinden könne. Er selbst erklärt sich dieses Problem mit Unterforderung seit seiner Berentung. Er ist jedoch zuversichtlich, dass es sich durch ein entsprechendes Training wieder beheben lasse.

Im Gespräch fällt auf, dass der Patient Fragen mehrfach wiederholt, ohne dies selbst zu bemerken.

Ein weiteres Problem sei das Verhältnis zu seiner körperbehinderten Ehefrau, das sich seit seiner Berentung vor zwölf Jahren zunehmend verschlechtert habe, insbesondere seit es seiner Frau nicht mehr möglich sei, Urlaubsreisen zu unternehmen. Er bemühe sich, ihr möglichst viel abzunehmen, könne es ihr jedoch häufig nicht recht machen. Wegen ihrer Launenhaftigkeit komme es zu Auseinandersetzungen. Darüber hinaus sei seine Frau aufgrund ihrer Behinderung, insbesondere ihrer Schwerhörigkeit, schon immer sehr verschlossen gewesen und habe viel gelesen, so dass wenig gemeinsame Freizeitaktivitäten möglich seien.

2 Lebensgeschichtliche Entwicklung und Krankheitsanamnese

Der Patient ist Sohn eines Berufsmusikers und einer Hausfrau. Vier Geschwister. Nach der Volksschule Lehre als Flugzeugbauer. Während des Krieges zuerst bei der Luftwaffe in N., später in Italien stationiert. Dort kurzzeitige amerikanische Kriegsgefangenschaft.

Nach dem Krieg Rückkehr nach M. und Heirat. Seitdem als Dreher, Monteur und zuletzt als Industriemeister für Metall berufstätig. Dabei wegen Montagearbeiten häufig mehrere Wochen im Ausland. Zwei inzwischen erwachsene Kinder. Seit zwölf Jahren berentet.

In der Familie ist keine psychiatrische Vorgeschichte bekannt. Die vom Patienten geschilderten Beschwerden traten erstmals vor etwa einem Jahr auf. Seine Schilderungen ergeben keine Hinweise auf ein vorangegangenes Trauma oder auf Alkoholabhängigkeit. Ebenso kein Hinweis auf eine psychiatrische Erkrankung in der Vorgeschichte.

Herr U. spricht häufig davon, wie er seine Frau während des Krieges kennen gelernt habe. Es scheint, als ob er sehr an der Erinnerung hängt, wie seine Frau damals war. Da sie in der Tat sehr schwerhörig ist, wie sich beim Hausbesuch zeigte, führt dies in der Interaktion mit ihm häufig dazu, dass sie ihn nicht ausreden lässt, wenn sie ihn (akustisch) nicht versteht und ungeduldig wird. Insgesamt scheint er sich mehr ihren Bedürfnissen anzupassen als umgekehrt.

Ebenso spricht er häufig von seiner früheren Berufstätigkeit. Dabei werden die Identifizierung mit dem Beruf, auf den er sehr stolz ist, und sein ausgeprägtes Pflichtgefühl deutlich. Darüber hinaus bot der Beruf für ihn eine wichtige Möglichkeit, soziale Kontakte zu knüpfen und Anerkennung zu erhalten.

3 Psychischer Befund zum Zeitpunkt der Antragstellung

Der Patient ist bewusstseinsklar und zur Person gut orientiert. Zeitliche (Wochentag) und räumliche Orientierung (Klinik) gelingen jedoch schlecht. Die qualitative Beurteilung des Altgedächtnisses sowie des passiven und aktiven Sprachverständnisses ergibt keine Auffälligkeit. Die Fähigkeit, neue Informationen zu verarbeiten, ist dagegen beeinträchtigt. Antrieb und Affekt wirken regelrecht. Kein Hinweis auf Suizidalität oder psychotische Symptomatik. Ebenso kein Hinweis auf reduzierte Impulskontrolle.

Quantitativ ergab die neuropsychologische Untersuchung: Eine überdurchschnittliche formale Intelligenz (Reduzierter Wechsler Intelligenztest WIP: 131 IQ-Punkte), eine unterdurchschnittliche Leistung im verbalen (Münchner Gedächtnistest) und nonverbalen Gedächtnistest (Recurring Figures Test). Weiterhin eine unauffällige Aufmerksamkeitsleistung (Computergestützte Testbatterie von Zimmermann & Fimm) sowie unauffällige Leistungen im Sprachverständnis (Aachener Aphasie Test, AAT).

4 Somatischer Befund

Commotio 1970. Prostata-OP 1994.

Der Befund des cranialen MR-Tomogramms spricht für einen Verdacht auf kleineren älteren corticalen Mediateilinfarkt links parietal.

Ebenso spricht der Befund des SPECT für einen Verdacht auf ein thromboembolisches Geschehen.

Das PET korrespondiert mit dem bereits MR-tomographisch nachgewiesenen Infarkt.

Regelmäßig durchgeführte Alkohol- und Benzodiazepinkontrollen verliefen negativ.

Medikation: Normabrain 6g/Tag, Dociton, Valdispert, Prostagutt forte, Timonil, Adalat.

5 Verhaltensanalyse

Kognition: Der Patient macht sich selbst Gedanken über mögliche Ursachen und erklärt sich seine Störung mit Unterforderung seit der Berentung.
Überlegungen zur Behandlungsbedürftigkeit seiner Erkrankung.
Sorgen wegen der Beziehung zur Ehefrau.

Emotion: Emotionale Belastung und Stress, die aufgrund der hohen Leistungsansprüche des Patienten an sich selbst weiter verstärkt werden (circulus vitiosus).
Trauer (Berentung wird als Verlust früher vorhandener Kompetenzen erlebt).
Belastung durch die Behinderung der Ehefrau und die daraus resultierenden Konflikte, Unzufriedenheit.

Physiologie: Unruhe, Nervosität.

Verhalten: Teilweise zielloses Umherirren in der Klinikumgebung bzw. generell außerhalb des eigenen Stadtteils.

Situationen:
Situationen, die die Verarbeitung neuer Informationen erfordern, wie z.B. Orientierung außerhalb des eigenen Stadtteils oder Einprägen neuer Namen; Kommunikationssituationen mit der Ehefrau

Organismus:
Amnestisches Syndrom bei Verdacht auf corticalen Mediateilinfarkt links parietal; habituelles Pflichtbewusstsein und Verantwortungsgefühl

Reaktionen:
Kognitiv: ich muss es schaffen, ich trage Verantwortung
Emotion: Niedergeschlagenheit, Stressempfindlichkeit
Verhalten: Rückzug auf eigenen Stadtteil; Nachgiebigkeit gegenüber der Ehefrau

Konsequenzen:
$C^+, \not{C}^-$: Zuwendung durch Personal und Mitpatienten; kurzfristige Erleichterung; Tagklinik entlastet den Patienten
C^-: zunehmende Unselbständigkeit
C^-: Konflikte mit Ehefrau nehmen zu

Verhaltensaktiva:
Gut ausgeprägte soziale Kompetenz.
Patient ist in der Lage, selbst sinnvolle Therapievorschläge zu machen.

Positive Einstellung gegenüber Hilfsangeboten sowie Veränderungsmotivation. In der Beschäftigungstherapie zeigen sich eine gut erhaltene Aufmerksamkeits-, Konzentrations- und Planungsfähigkeit sowie entsprechende manuelle Geschicklichkeit.

Verhaltensdefizite:
Wenig private Interessen, Hobbies, wenig Bewusstsein für eigene Bedürfnisse.

Verhaltensexzesse:
Häufige Wiederholung von bereits erwähnten Sachverhalten oder bereits gestellten Fragen. Hohes Pflichtbewusstsein.

Bedingungsanalyse:
Herr U. ist zusätzlich zu seiner organisch bedingten Erkrankung durch seine familiäre Situation belastet und teilweise überfordert, da er sich aufgrund seines ausgeprägten Pflichtgefühls für seine Frau sehr verantwortlich fühlt. Er versucht nicht nur, ihr Haushaltsangelegenheiten abzunehmen, sondern auch ihr emotionales Gleichgewicht stabil zu halten. Darüber hinaus leidet er seit der Berentung unter Verstärkerverlust, da er sich sehr mit seinem Beruf identifizierte. Durch seine Wertvorstellungen traut er sich auch nicht, sich mehr gegen seine Frau durchzusetzen.

6 Diagnose zum Zeitpunkt der Antragstellung

Organisch amnestisches Syndrom, nicht durch Alkohol oder andere psychotrope Substanzen bedingt (F04)

7 Therapieziele und Prognose

Kognitive Verfahren zur
- Verbesserung der räumlichen Orientierung außerhalb des eigenen Stadtteils
- Verbesserung der zeitlichen Orientierung bei der Wahrnehmung von Terminen
- Verbesserung des Namensgedächtnisses
- Verbesserung der Freizeitaktivitäten. Verbesserungen der partnerschaftlichen Interaktion und des Selbstwertgefühls

Prognostisch ungünstig ist das Alter des Patienten, günstig sind seine überdurchschnittliche Intelligenz sowie seine gute Kooperation und Motivation.

8 Behandlungsplan

- Führen eines Kalenders als externen Speicher zur Verbesserung der zeitlichen Orientierung.
- Verknüpfung verbaler und visueller Gedächtnisinhalte, wobei folgende Alltagsaufgaben mit steigendem Schwierigkeitsgrad bewältigt werden:
  räumliche Orientierung in der Tagklinik mit Hilfe eines vom Patienten selbst erstellten »Lageplans«;
  räumliche Orientierung außerhalb der Klinik, zuerst in Begleitung der Therapeutin oder von Mitpatienten, später selbständige Bewältigung derselben Aufgaben, wie z. B. Erledigen eines Einkaufs oder U-Bahnfahren;
  Verbesserung des Namensgedächtnisses durch Zuordnung äußerer Merkmale zu den entsprechenden Personen
- Freizeitplanung, besonders für die Wochenenden
- Übungen im Rollenspiel zur partnerschaftlichen Interaktion; Hausbesuch
- Übungen zur positiven Selbstverbalisation für seine Stärken nach deren Bewusstmachung in den Einzelsitzungen

Behandlungsfrequenz:
Drei bis vier Einzelsitzungen pro Woche mit zwei bis drei in-vivo Übungen pro Woche, insgesamt 20 Behandlungsstunden.

9 Therapie und Verlauf

Im Rahmen der teilstationären Behandlung fanden neben den wöchentlichen Gruppenterminen (zwei Stunden Training sozialer Kompetenz, eine Stunde problemlöseorientierte Gesprächsgruppe, eine Stunde Konzentrations- und Gedächtnistraining) insgesamt 20 Einzelkontakte statt. Darunter waren vier in-vivo Übungen außerhalb der Klinik, ein Hausbesuch sowie 15 Einzelsitzungen, die teilweise auf jeweils 25 Minuten begrenzt wurden. Die Begrenzung der Einzelkontakte auf 25 Minuten war erforderlich wegen der Schwierigkeiten des Patienten, neue Informationen zu verarbeiten.

Die Beobachtungen in der Tagklinik zeigten, dass Herr U. anfangs erhebliche zeitliche und räumliche Orientierungsschwierigkeiten hatte. So war es ihm nicht möglich, sich das Personal, die Räume und den Wochenplan der Tagklinik zu merken bzw. wiederzuerkennen. Mehrfach entfernte er sich unangekündigt.

Eine Integration in die Gruppe der Mitpatienten gelang ihm dagegen problemlos. Wegen seiner Hilfsbereitschaft und seines Humors war er sogar ausgesprochen beliebt.

Ein von der Therapeutin durchgeführter Hausbesuch zeigte, dass Herr U. sich in seinem Stadtteil problemlos zurechtfindet und sogar in der Lage ist, wöchentliche Großeinkäufe mit dem eigenen Auto zu bewältigen. Die Angaben des Patienten bezüglich der Behinderung seiner Ehefrau und der daraus resultierenden Konsequenzen erwiesen sich als zutreffend.

Zu Behandlungsbeginn wurde mit dem Patienten geübt, sich innerhalb der Klinik räumlich und zeitlich zurechtzufinden. Um räumliche, visuelle und verbale Gedächtnisinhalte zu verknüpfen, wurde mit dem Patienten zunächst ein »Kliniklageplan« erstellt und die räumliche Orientierung mit ihm gemeinsam eingeübt. Sobald der Patient sich innerhalb der Klinik zurechtfinden konnte, wurde mit steigendem Schwierigkeitsgrad die räumliche Orientierung außerhalb der Klinik geübt, so dass es ihm zuletzt gut gelang, alleine in einem nahegelegenen Supermarkt einkaufen zu gehen. Darüber hinaus gelang es ihm zuletzt, selbständig mit öffentlichen Verkehrsmitteln in die Tagklinik zu gelangen.

Zur Verbesserung der zeitlichen Orientierung begann der Patient, einen Terminkalender zu führen, um so kompensatorisch seine Gedächtnisdefizite auszugleichen. Dabei erwies es sich als problematisch, dass Herr U. häufig seinen Kalender entweder verlegt hatte oder auf losen Zetteln Notizen machte, die er später nicht wiederfand. Das Namensgedächtnis konnte durch Zuordnung von Namen und Beschreibungen wichtiger Personen verbessert werden.

Anlässlich eines von der Therapeutin durchgeführten Hausbesuchs zeigte sich allerdings, dass Herr U. von seiner Ehefrau aufgrund ihrer eigenen körperlichen Behinderung, insbesondere ihrer gravierenden Schwerhörigkeit, wenig Unterstützung erwarten kann. Es war daher für ihn besonders wichtig, dass er von den Mitpatienten gut akzeptiert wurde. Er wurde darin verstärkt, geeignete Freizeitaktivitäten, wie z.B. einen Malkurs zu beginnen, die gleichzeitig die Möglichkeit zu sozialen Kontakten nach der Entlassung bieten.

Im sozialen Kompetenztraining erlernte er trotzdem sehr gut, wie er seine Frau adäquat »steuern« konnte und dadurch einen besseren Gesprächskontakt erzielte. Dies vermittelte ihm auch wesentlich das Gefühl von »Entlastung«.

In den Einzelgesprächen wurden ihm immer wieder seine Stärken rückgemeldet, so dass er sich doch nach einiger Zeit wieder positiver sehen konnte und sein Selbstwertgefühl wieder anstieg.

Zusammenfassend lässt sich feststellen, dass der Patient in mehrfacher Hinsicht von der Behandlung profitieren konnte und deutliche Fortschritte machte. Die weitere Prognose hängt davon ab, ob es dem Patienten gelingt, die in der Tagklinik erlernten kompensatorischen Techniken des Gedächtnistrainings weiterhin anzuwenden.

10 Interaktionsanalyse

Bei Aufnahme in die Tagklinik war die Interaktion mit Herrn U. dadurch gekennzeichnet, dass er infolge seines amnestischen Syndroms neue Informationen nur sehr schwer erfassen konnte. So konnte er sich auch anfangs an die Kontakte mit der Therapeutin nach kurzer Zeit bereits nicht mehr erinnern. Durch tägliche Kontakte und Bestätigung seiner jeweiligen Fortschritte gelang es aber, zunächst ein vages Wiedererkennungsgefühl herzustellen. Dies zeigte sich darin, dass Herr U. die Vermutung äußerte, mit der Therapeutin schon einmal etwas »zu tun« gehabt zu haben. Dies führte bei der Therapeutin zu verstärkten Bemühungen um eine gute Beziehung. Im weiteren Verlauf orientierte Herr U. sich zunächst an äußeren Personenmerkmalen. Zuletzt konnte er teilweise Namen und äußere Merkmale richtig zuordnen. Erst später konnte er allmählich die Funktionen des Klinikpersonals – wie etwa Arzt, Psychologin oder Pflegepersonal – unterscheiden und die entsprechenden Personen zutreffend benennen.

Wegen seiner gut erhaltenen sozialen Kompetenz, seiner überdurchschnittlichen Intelligenz und seiner Motivation war es aber insgesamt trotz seiner Behinderung gut möglich, mit ihm in Kontakt zu kommen. Herr U. war sehr kooperativ und machte eigene Therapievorschläge, für die er verstärkt wurde. Ebenso wurde er in seinem Vorhaben verstärkt, mit seiner Ehefrau über seine eigenen Bedürfnisse zu sprechen.

Dipl.-Psych. Eva Dragon

Anhang

Informationsblatt für Verhaltenstherapie – Kassenanträge nach der Vorgabe durch die Kassenärztliche Bundesvereinigung

Der Fragenkatalog für den Erst- und Fortführungsantrag wie auch für den Ergänzungsbericht des Therapeuten ist als Hilfsmittel zur Abfassung der Berichte an den Gutachter erstellt worden. Der Therapeut kann daher in seinem Bericht unter den aufgeführten Hinweisen seine fallbezogene Auswahl treffen. Die Berichte sollen sich auf die Angaben beschränken, die für das Verständnis der psychischen Erkrankung, ihrer ätiologischen Begründung, ihrer Prognose und ihrer Behandlung erforderlich sind.

Bericht zum Erstantrag – VT 3a

1 Angaben zur spontan berichteten und erfragten Symptomatik

Schilderung der Klagen des Patienten und der Symptomatik zu Beginn der Behandlung – möglichst mit wörtlichen Zitaten ggf. auch Bericht der Angehörigen/Beziehungspersonen des Patienten.
(Warum kommt der Patient zu eben diesem Zeitpunkt und durch wen veranlasst?)

2 Lebensgeschichtliche Entwicklung des Patienten und Krankheitsanamnese

a) Darstellung der lerngeschichtlichen Entwicklung, die zur Symptomatik geführt hat und für die Verhaltenstherapie relevant ist.
b) Angaben zur psychischen und körperlichen Entwicklung unter Berücksichtigung der familiären Situation, des Bildungsgangs und der beruflichen Situation.
c) Darstellung der besonderen Belastungen und Auffälligkeiten in der individuellen Entwicklung und der familiären Situation (Schwellensituation), besondere Auslösebedingungen.
d) Beschreibung der aktuellen sozialen Situation (familiäre, ökonomische, Arbeits- und Lebensverhältnisse), die für die Aufrechterhaltung und Veränderung des Krankheitsverhaltens bedeutsam ist.
(Bereits früher durchgeführte psychotherapeutische Behandlungen (ambulant/stationär) und möglichst alle wesentlichen Erkrankungen, die ärztlicher Behandlung bedürfen, sollen erwähnt werden.)

Bei Verhaltenstherapie von Kindern sind möglichst auch Angaben zur lerngeschichtlichen Entwicklung der Beziehungspersonen, soweit sie für die Verhaltensanalyse relevant sind, zu machen.

3 Psychischer Befund zum Zeitpunkt der Antragstellung

a) (Testbefunde, sofern sie für die Entwicklung des Behandlungsplans und für die Therapieverlaufskontrolle relevant sind)
b) Aktuelles Interaktionsverhalten in der Untersuchungssituation, emotionaler Kontakt.
c) Intellektuelle Leistungsfähigkeit und Differenziertheit der Persönlichkeit.
d) Psychopathologischer Befund (z. B. Bewusstseinsstörungen, Störungen der Stimmungslage und der Affektivität, Störungen der mnestischen Funktionen, Wahnsymptomatik, suizidale Tendenzen).

4 Somatischer Befund

Das Ergebnis der körperlichen Untersuchung, bezogen auf das psychische und das somatische Krankheitsgeschehen, ist mitzuteilen. Der somatische Befund soll nicht älter als 3 Monate sein. Die Mitteilung des körperlichen Befundes ist grundsätzlich erforderlich. Wenn ein somatischer Befund nicht mitgeteilt wird, muss der antragstellende Arzt dies hier begründen. Falls die körperliche Untersuchung nicht vom ärztlichen Psychotherapeuten selbst durchgeführt wird, müssen Angaben zum somatischen Befund eines anderen Arztes, evtl. auch zu dessen Therapie (ggf. gebietsbezogen) beigefügt werden.

5 Verhaltensanalyse

Beschreibung der Krankheitsphänomene, möglichst in den vier Verhaltenskategorien: Motorik, Kognitionen, Emotionen und Physiologie. Unterscheidung zwischen Verhaltensexzessen, Verhaltensdefiziten und qualitativ neuer spezifischer Symptomatik in der Beschreibung von Verhaltensstörungen.
Funktions- und Bedingungsanalyse der für die geplante Verhaltenstherapie relevanten Verhaltensstörungen in Anlehnung an das S-O-R-K-C-Modell mit Berücksichtigung der zeitlichen Entwicklung der Symptomatik.
Beschreibung von Verhaltensaktiva und bereits entwickelten Selbsthilfemöglichkeiten und Bewältigungsfähigkeiten.
Wird die Symptomatik des Patienten durch pathogene Interaktionsprozesse aufrechterhalten, ist die Verhaltensanalyse auch der Beziehungspersonen zu berücksichtigen.

6 Diagnose zum Zeitpunkt der Antragstellung

Darstellung der Diagnose aufgrund der Symptomatik und der Verhaltensanalyse. Differentialdiagnostische Abgrenzung unter Berücksichtigung auch anderer Befunde, ggf. unter Beifügung der anonymisierten Befundberichte.

7 Therapieziele und Prognose

Darstellung der konkreten Therapieziele mit ggf. gestufter prognostischer Einschätzung (dabei ist zu begründen, warum eine gegebene Symptomatik direkt oder indirekt verändert werden soll);
Motivierbarkeit, Krankheitseinsicht und Umstellungsfähigkeit; ggf. Einschätzung der Mitarbeit der Beziehungspersonen, deren Umstellungsfähigkeit und Belastbarkeit.

8 Behandlungsplan

Darstellung der Behandlungsstrategie in der Kombination bzw. Reihenfolge verschiedener Interventionsverfahren, mit denen die definierten Therapieziele erreicht werden sollen.
Angaben zur geplanten Behandlungsfrequenz und zur Sitzungsdauer (25 Minuten, 50 Minuten, 100 Minuten).
Begründung der Kombination von Einzel- und Gruppenbehandlung, auch ihres zahlenmäßigen Verhältnisses zueinander, mit Angabe der Gruppenzusammensetzung und Darstellung der therapeutischen Ziele, die mit der Gruppenbehandlung erreicht werden sollen.
Bei Verhaltenstherapie mit Kindern: Soll bei einer begleitenden Behandlung der Bezugspersonen vom Regelverhältnis 1 : 4 abgewichen werden, muss dies hier begründet werden. Begründung der begleitenden Behandlung der Bezugspersonen in Einzel- oder Gruppensitzungen sowie zur Gruppengröße und Zusammensetzung.
Andere Verfahren als die in den Psychotherapie-Richtlinien genannten therapeutischen Interventionen (B I 1,2) können nicht Bestandteil des Behandlungsplans sein.

Literatur

Arend H. (1994). *Alkoholismus – Ambulante Therapie und Rückfallprophylaxe*. Weinheim: Beltz PVU.

Bandura A.(1977). Self-efficacy. *Toward an Unifying Theory of Behavioral change*. Psychological Review 84, 191–215.

Bartling, G. Echelmeyer, L., Engberding,M.& Krause, R.(1992). *Problemanalyse im psychothe - rapeutischen Prozess* (Bd.3.Aufl.). Stuttgart: Kohlhammer.

Bast H.(1996). *Struktur und Funktion des Entlassungsberichts nach einer psychosomatischen Rehabi - litationsmaßnahme*. Ein Beitrag zur Qualitätssicherung. Praxis der Klinischen Verhaltensmedizin und Rehabilitation 35,194–203.

Baumann, U. & Scheer, C. (1987).Meta-Publikation – Vergleich *Zeitschrift für Klinische Psycho - logie* und *Journal of Consulting and Clinical Psychology*. Zeitschrift für Klinische Psychologie, 16,284–289.

Bergin A.E.,Garfield S. L.(Hrsg.) (1994). *Handbook of Psychotherapy and Behavior Change*. New York: Wiley.

Butollo W. (1997). *Traumapsychologie und Traumapsychotherapie*. Praxis der Klinischen Psychologie, Psychotherapie und Psychiatrie, Bd.1,Heft 2.

Caspar, F. (Hrsg.).(1996). *Psychotherapeutische Problemanalyse*. Tübingen:dgvt.

Chambless,D.L.& Ollendick,T.H.(2001). *Empirically supported psychological interventions:contro - versies and evidence*. Annual Review of Psychology, 52,685–716.

Ehrhardt T., Plattner A., Padberg F., Müller H.-J., Hampel H. (1999). *Verhaltenstherapeutische Behandlung eines Patienten mit beginnender Alzheimer-Demenz*.Verhaltenstherapie 9,154–161.

Ewing J. A. (1984). *Detecting alcoholism.The CAGE questionnaire*. Journal of the American Medical Association 252,1905–1907.

Eysenck,H. J. (Ed.).(1976). *Case studies in behaviour therapy*. London:Routledge & Kegan.

Filipp S. H.,Freudenberg E. (Hrsg.) (1989). *Der Fragebogen zur Erfassung dispositionaler Selbst - aufmerksamkeit* (SAM-Fragebogen).Göttingen:Hogrefe.

Filipp, H.-S. (1981). *Kritische Lebensereignisse*. München: Urban und Schwarzenberg.

Freeman, A. & Dattilio, F. M. (Eds.). (1992). *Comprehensive casebook of cognitive therapy*. New York:Plenum.

Freyberger, H. J. & Dilling, H.(Hrsg.).(1993). *Fallbuch Psychiatrie*. Kasuistiken zum Kapitel V (F) der ICD-10.Bern:Huber.

Galassi, J. P. & Gersh,T. L.(1993). *Myths, misconceptions, and missed opportunity:Single-case designs and counseling psychology*. Journal of Counseling Psychology, 40,525–531.

Glass, G.V.,Willson,V. L.& Gottman, J. M.(1975). *Design and analysis of time-series experiments*. Boulder: Colorado Assoc.

Hautzinger M. (1998). *Kognitive Verhaltenstherapie bei depressiven Störungen.* In: Hautzinger M. (Hrsg.), *Kognitive Verhaltenstherapie bei psychischen Erkrankungen.* Weinheim: Beltz PVU, 2.Aufl., 48–65.

Hautzinger M.(1999). *Verhaltenstherapeutische Behandlung depressiver Störungen im Alter.* Verhaltenstherapie und Verhaltensmedizin 20, 3,359–375.

Hayes, S. C. (1981). *Single case experimental design and empirical clinical practice.* Journal of Consulting and Clinical Psychology, 49,193–211.

Haynes, S. N. & O'Brien, W. H. (1990). *Functional analysis in behavior therapy.* Clinical Psychology Review, 10,649–668.

Hersen,M.& Barlow, D. H.(1976). *Single case experimental designs:Strategies for studying change.* New York: Pergamon.

Hilliard, R. B. (1993). *Single-Case Methodology in Psychotherapy Process and Outcome Research.* Journal of Consulting and Clinical Psychology, 61,373–380.

Hinsch, R. und Pfingsten, U. (Hrsg.) (1998). *Gruppentraining sozialer Kompetenzen GSK.* (3.Aufl.) Weinheim:Beltz PVU.

Huber, H. P. (1973). *Psychometrische Einzelfalldiagnostik.* Weinheim:Beltz.

Kächele, H. (1981). *Zur Bedeutung der Krankengeschichte in der klinisch-psychoanalytischen For - schung.* Jahrbuch der Psychoanalyse 12,118–178.

Kanfer F. H.,Reinecker H.,Schmelzer D. (Hrsg.) (2000). *Selbstmanagement – Ein Lehrbuch für die klinische Praxis.* Berlin:Springer.

Kazdin,A. E.(1980). *Research design in clinical psychology.* New York:Harper & Mow.

Klages U. (Hrsg.) (1989). *Fragebogen irrationaler Einstellungen* (FIE).Göttingen: Hogrefe.

Köhlke H.-U. (1998). *Qualitätssicherung durch Gutachterverfahren:Aber wie qualitätsgesichert ist das Verfahren selbst?* In: Laireiter A.-R.,Vogel H. (Hrsg.), *Qualitätssicherung in der Psychotherapie und psychosozialen Versorgung.* Tübingen: dgvt,785–835.

Kottler J. A.und Blau D. S. (1991). *Wenn Therapeuten irren.* Köln: Edition Humanistische Psychologie.

Kraemer S. (2001). *Kognitive Verhaltenstherapie einer Patientin mit einer schizophrenen Störung – Ein Fallbericht.* In:Lempa G.,Troje E.(Hrsg.), Forum der psychoanalytischen Psychosentherapie, Band 4, 55–71.

Kraemer S., v. Starck J.,Dietzel A.,Dragon E. (1999). *Kognitive Verhaltenstherapie schizophrener Patienten unter Berücksichtigung der therapeutischen Beziehung:Erste Ergebnisse einer Einzelfallstu - die.* Psychotherapie 4.Jg.,Bd.4, Heft 1,57–65.

Krampen G. (1981). *IPC-Fragebogen.* Göttingen: Hogrefe.

Laireiter A.-R.,Vogel H.(Hrsg.) (1998). *Qualitätssicherung in der Psychotherapie und psychosozi - alen Versorgung.* Tübingen:dgvt.

Last, C. G. & Hersen, M. (Eds.). (1994). *Adult behavior therapy casebook.* New York: Plenum.

Lazarus A. A.(1978). *Multimodale Verhaltenstherapie.* Fachbuchhandlung für Psychologie. Frankfurt.

Lazarus,A.(1993). *Innenbilder. Imaginationen in der Therapie und als Selbsthilfe.* Reihe:Leben lernen, Band 47.München:Pfeiffer.

Lehr U. & Thomä H. (1987). *Formen seelischen Alterns*. Ergebnisse der Bonner Gerontologischen Längsschnittstudie (BOLSA).Stuttgart:Enke.

Linden M., Förster R.,Oel M. & Schlötelborg R. (1993). *Verhaltenstherapie in der kassenärztlichen Versorgung:Eine versorgungsepidemiologische Untersuchung*.Verhaltenstherapie 3,101–111.

Lindenmeyer J. (1996). *Lieber schlau als blau*. Informationen zur Entstehung und Aufrechterhaltung von Alkohol- und Medikamentenabhängigkeit.Weinheim:Beltz PVU.

Linehan M. M. (Hrsg.) (1993). *Cognitive-Behavioral Treatment of Borderline Personality Disorder*. New York,London:Guilford Press.

Maltz,W. (1993). *Sexual Healing. Ein sexuelles Trauma überwinden*. Reinbek bei Hamburg:Rowohlt.

Mayer K. U. & Baltes P. (1996). *Die Berliner Altersstudie*. Berlin:Akademieverlag.

Morgan, D. L. & Morgan, R. K. (2001). *Single-participant research design – Bringing science to Managed Care*. American Psychologist,56,119–127.

Perst,A.& Baumann, U. (1999). *Einzelfallstudien in klinisch-psychologischen,psychotherapeutischen Fachzeitschriften*. Zeitschrift für Klinische Psychologie, 28,205–213.

Petermann, F. (Hrsg.).(1996). *Einzelfallanalyse* (3.Aufl.). München:Oldenbourg.

Praxis der klinischen Verhaltensmedizin und Rehabilitation, 4.Jg. / Heft 14 (1991).Themenschwerpunkt: *Grenzverletzungen:Sexueller Mißbrauch und Vergewaltigung*.

Rabaioli-Fischer B. (1994). *Soziales Rollenspiel nach Liberman:Training zur Entwicklung sozialer Fertigkeiten*. In:Sulz S.K.D.: *Das Theraapiebuch*. CIP-Medien, S. 168–177.

Rabaioli-Fischer B. (2000). *Gefühle aus der Kindheit entdecken*. In: Sulz S.K.D. und Lenz G.: *Von der Kognition zur Emotion*. Psychotherapie mit Gefühlen.CIP-Medien, S. 217–249.

Reinecker H. (Hrsg.) (1999). *Fallbuch der Klinischen Psychologie*. Göttingen:Hogrefe.

Reinecker H.(1994). *Soziale und spezifische Phobien*. In:Reinecker H.(Hrsg.), *Lehrbuch der Klinischen Psychologie*. Göttingen:Hogrefe.

Reinecker, H. (Hrsg.).(1995). *Fallbuch der Klinischen Psychologie*. Göttingen:Hogrefe.

Scholz W. (1994). *Die therapeutische Beziehung*. In:Sulz S.K.D. (Hrsg.), *Das Therapiebuch – Erfahrene Psychotherapeuten berichten,wie sie Therapie machen*. CIP-Medien,77–91.

Schulte, D. (1999). *Verhaltenstherapeutische Diagnostik*. In:H.Reinecker (Hrsg.), *Lehrbuch der Verhaltenstherapie* (S. 45–85).Tübingen:dgvt-Verlag.

Scott, J., Williams, J. M. G. & Beck,A.T. (Eds.). (1989). *Cognitive therapy in clinical practice:An illustrative casebook*. London:Routledge.

Smucker M.R.,Niederee J. L.(1995). *Imagery Rescripting:A new treatment for survivors of childhood sexual abuse suffering from post-traumatic stress*. Journal of Cognitive Psychotherapy: An International Quarterly 9 (1),3–17.

Spitzer, R. L., Gibbon, M., Skodol, A. E., Williams, J. B. W. & First, M. B. (Eds.). (1994). *DSM-IV casebook:a learning companion to the diagnostic and statistical manual of mental disorders*. Washington DC:American Psychiatric Association.

Strotzka, H. (Hrsg.). (1979). *Fallstudien zur Psychotherapie*. München: Urban & Schwarzenberg.

Sulz S. K. D. (2000): *Psychotherapierepetitorium*. Der Therapieabschlußbericht in der verhaltens-therapeutischen Aus- und Weiterbildung.Psychotherapie 5. Jahrg. Band 5,Heft 2.

Tonscheidt S. (1994). *Der Entlassungsbericht*. In:Zielke M.& Sturm J. (Hrsg.), *Stationäre Verhal - tenstherapie*. Weinheim:PVU.

Ullrich de Muynck R.,Ullrich R.(1976). *Der Unsicherheits-Fragebogen*. München:Pfeiffer.

Ullrich de Muynck,R.,Ullrich,R.(1995). *Das Assertiveness-Training-Programm ATP:Einübung von Selbstvertrauen und sozialer Kompetenz*. München:Pfeiffer, 6.Aufl.

Vogel F.,Merod R.,Stark A.,Strauß E.-H.,Zilly G. (Hrsg.) (1994). *Verhaltenstherapeutische Fall - berichte*. Tübingen: dgvt.

Zank S.& Niemann-Mirmehdi M.(1998). *Psychotherapie im Alter. Ergebnisse einer Befragung von Psychotherapeuten*. Zeitschrift für Klinische Psychologie 27,125–129.

Zerssen, v. (1981): *Klinische Selbstbeurteilungsskalen*. In Collegium Internationale Psychiatriae Scalarum (CIPS). Internationale Skalen für Psychiatrie. Weinheim: Beltz.

Zimmer D. (Hrsg.) (1983). *Die therapeutische Beziehung*. Weinheim: Edition Psychologie.

Zimmer F. T. (1990). *Tübinger Anhedonie Fragebogen* (TAF) in:Hank G.,Hahlweg K.,Klann N. (Hrsg.) *Diagnostische Verfahren für Berater*. Weinheim: Beltz Test.

Autorenverzeichnis

Dipl.-Psych. Professor Dr.
Urs Baumann
Institut für Psychologie der
Universität Salzburg
Hellbrunnerstraße 34
A-5020 Salzburg

Dipl.-Psych. Iris Bowman
Veldenerstraße 53
80687 München

Dipl.-Psych. Isabella von Bohlen
Erlacher Straße 31
84359 Simbach

Dipl.-Psych. Eva Dragon
Andréestraße 6
80634 München

Dipl.-Psych. Ute Eckstein
Arndtstraße 7
80469 München

Dipl.-Psych. Professor Dr.
Heinrich Ellgring
Institut für Psychologie der
Universität Würzburg
Marcusstraße 9–11
97070 Würzburg

Dipl.-Psych. Dr. Sibylle Kraemer
Klinik und Poliklinik für Psychiatrie
und Psychotherapie der Technischen
Universität, Klinikum rechts der Isar
Ismaningerstraße 22
81675 München

Dipl.-Psych. Heide Oeverland
Psychotherapeutische Praxis
Nibelungenstraße 12
80639 München

Dipl.-Psych. Barbara Rabaioli-Fischer
Psychotherapeutische Praxis
Pestalozzistraße 40
80469 München

Dipl.-Psych. Bettina Zoepf-Kabel
Psychotherapeutische Praxis
Heinrich-Weitz-Straße 13
76228 Karlsruhe

Die Autorinnen

Barbara Rabaioli-Fischer, Dipl. Psych. Studium der Psychologie und Slawischen Philologie an den Universitäten Tübingen und München. Danach wissenschaftliche Mitarbeiterin am Max-Planck-Institut für Psychiatrie und am Lehrstuhl für Sportpsychologie der Technischen Universität München. Seit 1983 Tätigkeit in freier Praxis mit den Schwerpunkten Verhaltensmedizin und psychiatrische Krankheitsbilder. Seit 1986 Tätigkeit als Dozentin und Supervisorin für Verhaltenstherapie.

Sibylle Kraemer, Dipl. Psych., Dr. phil., Akademische Oberrätin und Leitende Psychotherapeutin an der Klinik für Psychiatrie und Psychotherapie der Technischen Universität München. Ihre Tätigkeiten sind die kognitiv-verhaltenstherapeutische Behandlung von Patienten mit psychiatrischen Störungsbildern, Ausbildung und Supervision der ärztlichen und psychologischen Kollegen, Lehrtätigkeit sowie Forschung mit dem Schwerpunkt Kognitive Störungen und Psychotherapie bei Patienten mit schizophrenen Störungen.

Die Herausgeberinnen dieses Buches sind Mitglieder des Vorstands der Ausbildung zum Psychologischen Psychotherapeuten des Instituts für Therapieforschung (IFT) in München. Das IFT hat die Entstehung dieses Buches von Anfang an unterstützt.

Das IFT wurde 1973 von Prof. Dr. mult. Johannes C. Brengelmann und anderen Wissenschaftlern des Max-Planck-Instituts für Psychiatrie als unabhängiges Forschungs- und Ausbildungsinstitut für anwendungsnahe Fragestellungen gegründet. Satzungsgemäße Aufgabe des IFT ist die Förderung des öffentlichen Gesundheitswesens. Der Satzungszweck wird insbesondere durch die Planung, Durchführung und Unterstützung von wissenschaftlichen Forschungsvorhaben verwirklicht. Der Schwerpunkt liegt dabei seit Jahren auf dem Gebiet der Forschung zu substanzbezogenen Störungen (Epidemiologie, Prävention, Therapie und Versorgungssysteme) sowie zum pathologischen Spielverhalten und Essstörungen. Der Satzungszweck wird darüber hinaus u. a. verwirklicht durch ein breites Angebot von Aus-, Fort- und Weiterbildungsveranstaltungen für Fachkräfte im Gesundheits- und Sozialbereich wie z. B. die Verhaltenstherapiewochen, die Ausbildung zum Psychologischen Psychotherapeuten, eine Ausbildung für Supervisoren, eine Ausbildung zum Sozialtherapeuten im Bereich Sucht, Fortbildungen zu den Themen Tabakentwöhnung und Abnehmen. Alle Aktivitäten sollen dazu beitragen, das Gesundheitswesen auf der Basis aktueller wissenschaftlicher Kenntnisse zu verbessern (Transfer von neuen wissenschaftlichen Erkenntnissen in die Praxis). Aktuelle Informationen zum IFT und dessen Aktivitäten erhalten Sie unter www.ift.de und www.vtausbildung.de.